网络暴力治理

法治化研究

刘艳红　主编

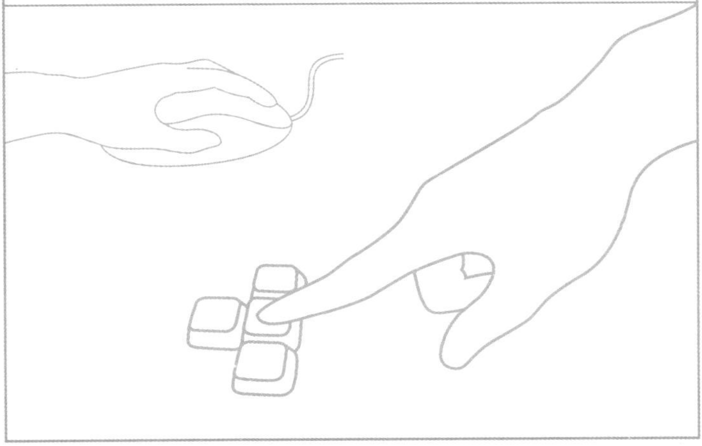

法律出版社 LAW PRESS · CHINA

北京

图书在版编目（CIP）数据

网络暴力治理法治化研究 / 刘艳红主编. -- 北京：法律出版社, 2023
ISBN 978-7-5197-8081-4

Ⅰ. ①网… Ⅱ. ①刘… Ⅲ. ①互联网络－科学技术管理法规－研究－中国 Ⅳ. ①D922.174

中国国家版本馆CIP数据核字（2023）第125396号

网络暴力治理法治化研究
WANGLUO BAOLI ZHILI FAZHIHUA YANJIU

主　　编：刘艳红
责任编辑：王　珊
装帧设计：贾丹丹
出版发行：法律出版社
编辑统筹：学术·对外出版分社
责任校对：张翼羽
责任印制：陶　松
经　　销：新华书店
开　　本：710毫米×1000毫米　1/16
印　　张：19.75
字　　数：309千
版　　本：2023年10月第1版
印　　次：2023年10月第1次印刷
印　　刷：天津嘉恒印务有限公司
书　　号：ISBN 978-7-5197-8081-4
定　　价：98.00元

销售电话：010-83938349　客服电话：010-83938350　咨询电话：010-63939796
地　　址：北京市丰台区莲花池西里7号(100073)
网　　址：www.lawpress.com.cn
投稿邮箱：info@lawpress.com.cn
举报盗版邮箱：jbwq@lawpress.com.cn
凡购买本社图书，如有印装错误，我社负责退换。电话：010-83938349

主编简介

刘艳红

中国政法大学刑事司法学院院长、《政法论坛》主编、中国政法大学钱端升讲座教授、博士生导师。教育部“长江学者奖励计划”特聘教授、全国十大杰出青年法学家、享受国务院政府特殊津贴专家、国家百千万人才工程入选者暨国家级“有突出贡献中青年专家”。兼任国务院学科评议组委员、教育部教指委委员、最高人民检察院企业合规检察研究基地主任等。主持国家重点研发计划“社会治理与智慧社会科技支撑”重点专项2021年度“揭榜挂帅”项目“立法公众意见综合分析及法律条文智能审查技术研究”；主持国家社科基金项目等各类项目30余项，其中国家社科基金重大招标项目2项。曾获教育部人文社会科学优秀成果一等奖、第八届钱端升法学研究成果奖一等奖、江苏省哲学社会科学优秀成果一等奖等奖项。在《中国社会科学》《法学研究》《中国法学》等期刊发表论文200余篇；出版学术专著“实质刑法系列”《开放的犯罪构成要件理论研究》《实质刑法观》《实质犯罪论》《实质出罪论》，著作《网络犯罪的法教义学研究》入选国家哲学社会科学文库暨2022年度国家社科基金中华学术外译项目推荐书目；另出版《企业合规中国化的民行刑体系性立法》《法律人的谋生与谋道》《行政刑法一般理论研究》《反腐败国家立法体系战略问题研究》等著作近10部。主编教材《刑法学》（上、下）（北京大学出版社2023年版）。

前　言

“网络暴力”是以网络为媒介，通过诽谤侮辱、煽动滋事、公开隐私等人身攻击方式，侵害他人人格权益、危害网络正常秩序的失范行为。透过诸多谣言诽谤型、谩骂侮辱型、恶意剪辑型、骚扰拱火型、公开隐私型与煽动滋事型的典型案例可以发现，近年来网络暴力愈演愈烈，在利益驱动下呈现出组织产业化、专业分工化的态势，割裂了网民的共识基础。由于网络暴力是在网络空间中公民之间产生的虚拟化、数字化的具有群体属性、跨越双重空间的新型暴力模式，传统的法治化治理模式则趋于失效。2022年4月，中央网络安全和信息化委员会办公室发起的“清朗·网络暴力专项治理行动”，彰显了政策层面对网络暴力治理的新关切。因此，确定网络暴力治理的法治化理念、梳理治理的法治化逻辑并且构建治理的法治化路径成为网络暴力治理法治化进程的必由之路，只有这样才能在新兴的网络社会形态中满足社会治理体系和治理能力现代化提出的新要求。

但当前我国网络暴力治理现状不容乐观。屡禁不绝的“网络水军”现象以其行为隐蔽性、虚拟性、人数众多等特点直接影响了治理精准度；舆情领域中长期存在的“按闹分配”现象过度占用了治理资源；多元而分散的施暴群体与信息传播群体致使责任追究难以落实；而无论是主动选择或被迫让步，众多网络暴力受害者息事宁人的选择亦往往使治理效力无从维系。从制度层面来看，我国现有的法律、法规尚未能搭建起足够完善的网络暴力治理框架，实际的执法取证因程序规则缺陷与信息技术门槛而受到限制，在自诉程序中存在的制度“僵尸化”问题也压抑了司法救济参与治理的活性，过分强调平台监管义务与责任承担亦显示出治理错位。

如果我们将目光投向远方，可发现域外网络暴力治理早已形成四种典型的治理模式：一是以美国为代表的各领域并进治理模式，通过司法判例与个别领域立法来解决具体领域的治理难题，并尤其重视未成年人群体的保护；二是以日本为代表的多方主体参与治理模式，对普通公民、网络服务供应商、学校等多方主体设定不同的法律规范，促进网络暴力的共同治理；三是以韩国为代表的多方博弈共建治理模式，以政府机构为主导，探索不同重点领域内政府、网络服务提供者、网民协商共治的互联网内容治理机制；四是以德国为代表的多元协同治理模式，以基本法对人的尊严和个性自由发展保护为核心原则，通过刑法、民法、网络执行法、反右翼极端主义和仇恨犯罪法等进行具体保护。上述不同治理模式为我国网络暴力治理法治化提供了有益经验。

回归本土视角，破解我国网络暴力治理困局的关键是重塑治理理念和重构治理路径。为此，政府、行业组织、网络平台应当从立法、行业准则与社区规则的维度实现协同性介入；深入监管制度、网络伦理等问题源头进行标本兼治；依托大数据、人工智能等数字技术完成从粗放治理到靶向式精准治理的转变；并充分发挥软法预防与阻断的主要功能、硬法保障与监督的辅助功能，构建软硬法互补式的系统治理体系。在此基础上通过构建多方协同治理、分类分级治理、全链闭环治理机制，实现主体维度、对象维度、时序维度的差异化治理，以彰显网络暴力治理法治化的最大成效。

在上述治理理念与治理路径的指导下，应对政府、平台与公民在网络暴力治理中的作用进行准确定位，实现治理权责的科学配置。具体而言，政府应当发挥统一引导功能，为网络暴力治理设定明确的规范依据，理顺网络暴力治理监管机构的职能与治理机制。平台企业应发挥在网络暴力治理中的基础性作用，这需要改变当前过度限制平台治理能动性、过分强调平台义务与责任的现状，充分信任并赋予平台自主裁量权以释放其治理活力。此外，当前社会个体具有不同以往的数字公民身份标识，应当以网络逻辑对公民的伦理、权利与行为模式进行迭代升级，以阻遏其实施网络暴力。

面对网络暴力立法中存在的规范空白、滞后、错位等问题，法治化治理最终仍应将落脚点置于法律规则体系的完善。就专项立法而言，先以位阶低的行政法规或部门规章的形式制定统一的“网络暴力防治条例（办法）”，后续逐步推进预防、遏制和惩治网络暴力的专项立法。同时，根据网络暴力的严重程度，完善民事、行政、刑事的规则体系，搭建多法域互动的阶梯化规则网络，并从程序法维度破解网络暴力案件的追诉难题。此外，针对网络暴力中的重点问题即未成年人保护，应当通过倾斜保护力度、完善保护网络、强化惩治力度等举措，实现专项治理。

尽管网络暴力在当前社会如同顽瘴痼疾，一朝一夕之间似乎难以治愈，但是，在科学把握网络暴力治理规律的基础上，社会多元主体通力协作，采用多种综合举措，网络暴力现象必将得到有效治理，风清气正、积极向善的网络文明亦将得以塑造。

目　录

第一章

当前网络暴力的生发态势与成因分析

互联网的飞速发展，在促进各行各业创新繁荣，为人们生活提供便利的同时，也造成了网络暴力的泛化与蔓延，并塑造了其独特的生发态势。因此，围绕网络暴力概念界定、特征分析、表现形式、最新态势、生成机理、多重危害的讨论，有助于更好地把握网络暴力的实质样态和未来趋势，并在此基础上寻求合理的治理策略。

第一节　网络暴力的概念界定与典型特征

对网络暴力概念与特征的梳理，有利于准确把握网络暴力的内涵与外延，并在此基础上探讨其生成机理和应对策略。

一、网络暴力的概念界定

网络暴力，是指针对个人集中发布侮辱谩骂、造谣诽谤、侵犯隐私等违法信息及其他不友善信息，侵害他人合法权益，扰乱正常网络秩序的违法失范行为。① 当前常见于各国的网络暴力主要包括网络欺凌（cyberbullying）、网络侮辱诽谤、网络仇恨言论（cyber hate speech）、网络敲诈勒索、网络跟踪（cyber stalking）、网络恐吓等几类典型，这也形成了域内外网络暴力治理的核心区域。

---

① 参见《中央网信办印发〈关于切实加强网络暴力治理的通知〉》，载中央网络安全和信息化委员会办公室官网，http://www.cac.gov.cn/2022-11/04/c_1669204414682178.htm。

(一)网络欺凌

网络欺凌,主要指以青少年群体为侵害对象的网络暴力行为。“网络欺凌”一词首见于1998年美国巴克纳尔大学的一份研究报告,该报告提出,网络欺凌系一种“通过电脑、手机等电子设备,以反复实施且具有敌意的方式,意图对他人进行强暴、胁迫、骚扰等造成他人心理痛苦的行为”①。2006年,美国发生了著名的“梅根事件”,13岁的少女梅根由于不堪忍受网民辱骂而自杀身亡。该事件轰动全美,引发全社会对于青少年网络欺凌问题的关切。有议员因此向当局提出了名为“梅根·梅尔网络欺凌预防法”(Megan Meier Cyberbullying Prevention Act)的法案,该法案将网络欺凌定义为“在跨州或跨国交流中,通过使用电子通信的方式,意图胁迫、恐吓、骚扰或对某人造成重大精神伤害的严重、重复、敌对行为”,并对于实施上述行为者设置了一定的处罚措施。尽管该法案最终未能颁布,但其对于网络欺凌的界定,仍具有重要的参考价值。

在网络欺凌的概念界定上,最科学合理的权威解读来源于美国网络欺凌研究中心(Cyberbullying Research Center)。该中心的研究结论认为,网络欺凌是指通过计算机、手机和其他电子设备造成的故意重复伤害行为,其构成要件包括四个部分:①故意:行为必须是故意的,而不是偶然的;②重复:欺凌反映了一种行为模式,而不仅仅是一个孤立的事件;③伤害:目标必须感知到伤害被造成;④使用计算机、手机和其他电子设备:这使得网络欺凌与传统欺凌相区别。②

在国内,对于网络欺凌的场景化讨论主要涉及两个方面:一是将网络欺凌置于校园欺凌的框架下,网络欺凌被视为传统校园欺凌在信息时代的产物;二是从网络暴力的视角看待网络欺凌,作为一种以青少年为主要侵害对象的网暴行为,网络欺凌被定义为使用现代通信技术,通过骚扰、人肉搜索、集体孤立、冒名顶替、挑衅威胁等形式,造成青少年群体身心伤

① 吴亮:《学生网络欺凌的法律规制:美国经验》,载《比较教育研究》2018年第10期。

② 参见 Cyberbullying Res. Ctr., *What is Cyberbullying*, https://cyberbullying.org/what-is-cyberbullying,2022年9月2日访问。

害的重复且恶意的行为。①

(二)网络侮辱、诽谤

作为侵犯他人名誉权、荣誉权等重要人格权益的网络暴力行为,网络侮辱和网络诽谤在世界各国也受到了相当的重视。

例如,英国为强化对互联网诽谤、诋毁等行为的管控,在《诽谤法》《公共秩序法》等法律之外,还在《通信法》中特别针对与网络服务相关的犯罪进行了规定。根据英国《通信法》第 127 条,网络侮辱被界定为"通过公共通信网络向外发送具有严重攻击性或带有不雅、淫秽、威胁等内容的信息,并导致该信息被公之于众"的行为;网络诽谤则被界定为"行为人在明知信息属于虚假信息的前提下,为造成他人的烦恼、不便或焦虑,而使用公共通信网络对外发布或持续性发布上述虚假信息"的行为。再如,韩国在其《电子通信基本法》中,将网络诽谤定性为"以危害公共利益为目的,利用电子通信设备散播虚假信息",并对其配置了 5 年以下有期徒刑和 5000 万韩元以下的罚款处罚。在演员崔真实自杀后,韩国通过的《信息通信网法施行令修正案》(又名"崔真实法"),将"网民在网上发布严重损坏他人名誉或严重伤害他人身心健康的留言"的行为,界定为网络侮辱行为,从而以立法的形式赋予了网络侮辱与网络诽谤较为明确的概念界定。

可见,以诽谤、侮辱为代表的网络语言暴力,在形式上属于利用网络技术手段对当事人的名誉权、荣誉权等重要人格权益进行侵犯的网络侵权行为;从实质层面来看,它既反映了部分网民在行使言论自由权利时对自身责任的忽视,也体现了部分网民站在道德制高点,对他人肆意进行道德审判和道德强制,实属一种道德层面的暴力行径。

(三)网络仇恨言论

随着社交媒体的发展,散布于互联网的仇恨言论成为网络暴力的重要导火索。所谓网络仇恨言论,特指在仇恨意图指引下,基于性别、性取

---

① 参见孙时进、邓士昌:《青少年的网络欺凌:成因、危害及防治对策》,载《现代传播》2016 年第 2 期。

向、种族、民族、信仰或其他特征而对特定的个人或群体发表的具有侮辱性、歧视性、仇视性的网络言论。它既是传统仇恨言论在网络时代的变体,也是网络暴力的重要组成部分。为精准打击网络仇恨言论,各国政府、国际机构以及大型互联网平台纷纷出台了相应规定。

以德国为例,针对本国内部对于国际难民、移民的歧视和仇恨现象,2017年,德国联邦议会颁布《网络执行法》,对于网络仇恨性言论、煽动性言论等作出了一系列规制性规定。国际反网络仇恨网在其名为《什么是网络仇恨》(*What is Cyber Hate*)的报告中,将网络仇恨言论定义为"基于个人或群体的种族、语言、国籍、肤色、宗教信仰、性别、性别认同、性取向、政治信仰、社会地位、财产、年龄、心理健康、残疾、疾病等特征,为故意煽动仇恨、暴力或隔离而公开发表的歧视或诽谤性言论"[①]。除此之外,澳大利亚在线仇恨预防研究所、国际大屠杀纪念联盟等诸多机构,也分别从不同方面对网络仇恨言论给出了具体的定义。[②] 由此在国际社会层面形成了关于网络仇恨言论的较为全面的认知。

除政府与国际机构外,各大社交网络公司对于网络仇恨言论的界定也具有较高的参考价值。全球知名互联网头部企业纷纷在其运维规范中加入了对网络仇恨言论的规范界定,并与欧盟等国际组织合作,对行为准则的实施情况进行定期监测和评估。以国外某知名互联网公司为例,该公司很早就在其平台规则中明确了仇恨言论的定义,在2021年的修正案中又加入了对"难民、移居者和寻求庇护者"的保护性规定,进而将仇恨言论界定为基于特定群体的一定特征而实施的攻击性言论。这些受保护的特征包括种族、民族、国籍、残疾、宗教信仰、种姓、性取向、性别、性别认同、严重疾病、年龄、职业等,以及难民、移居者、移民、寻求庇护者等身份特征。另一国外大型互联网公司则以"仇恨行为"(hateful conduct)代替"仇恨言论"作为用户协议中的条例内容,该公司规定:"用户不允许做出针对、直接攻击或暴力威胁他人的种族、民族、国籍、种姓、性取向、性别、

---

① Inach, *What is Cyber Hate and Why Do We Want to Counter It*, https://www.inach.net/cyber-hate-definitions/,2022年9月4日访问。

② 参见赵玉现、胡春莉:《网络仇恨言论判别与治理探究》,载《信息安全研究》2019年第11期。

性别认同、宗教信仰、年龄、残疾或严重疾病的行为。”[①]国内互联网公司同样重视对于网络仇恨言论的界定与防控，如抖音 App 在其《用户服务协议》中，就明确要求用户在使用其服务时，必须同意并承诺不制作、复制、发布、传播涉及“宣扬恐怖主义、极端主义”“宣扬民族仇恨、民族歧视、破坏民族团结”“煽动地域歧视、地域仇恨”等信息的内容。

（四）网络敲诈勒索

网络敲诈勒索，指以非法获利为目的，利用互联网对他人实施敲诈勒索，使特定的个体或组织遭受财产损失的行为。随着网络暴力的产业化、趋利化、分工化，以敲诈勒索形式出现的网络暴力局势更加严峻。

根据 2013 年最高人民法院与最高人民检察院出台的《关于办理利用信息网络实施诽谤等刑事案件适用法律若干问题的解释》，利用信息网络实施敲诈勒索的犯罪行为被定义为“以在信息网络上发布、删除等方式处理网络信息为由，威胁、要挟他人，索取公私财物”；该文件同时指出，对于前述行为，如涉及数额较大，或者多次实施，可依照《刑法》第 274 条的规定，以敲诈勒索罪定罪处罚。由此，网络敲诈勒索在行为方式上便可区分出“发帖型”与“删帖型”两种类型。前者指行为人以发布被害人相关信息为由索取财物，后者则指行为人在收集并发布被害人相关信息后，以删除信息作为条件对被害人进行威胁、要挟，进而索取财物。比如，勒索者通过勒索软件对企业造成事实攻击或进行攻击威胁，然后联系相关企业，以避免或停止攻击为由向其提出金钱要求。2015 年，国家互联网信息办公室联合公安部等三部门开展“网络敲诈和有偿删帖”专项行动治理，该项行动进一步明确了网络敲诈的危害结果，网络敲诈因而被视为一种严重违反国家法律法规、严重侵害群众合法权益、严重破坏网络传播秩序、严重损害网络管理部门和网络媒体形象、严重扰乱社会主义市场经济秩序的网络不良行为。[②]

---

① 卞清、陈迪：《“易碎”的智能与“撕裂”的世界——西方主要社交媒体“仇恨言论”的界定、规制与算法困境》，载《中国图书评论》2021 年第 9 期。

② 参见《全国网信系统迅速动员开展“网络敲诈和有偿删帖”专项整治工作》，载中央网络安全和信息化委员会办公室官网，http://www.cac.gov.cn/2015-01/28/c_1114168151.htm。

(五)其他类型网络暴力

网络跟踪与网络恐吓,都属于利用信息网络技术对他人施以威胁、使他人产生恐惧心理的行为。

对网络跟踪的界定,在美国许多州的立法文件中都可找到依据。如加利福尼亚州通过立法将“使用电子通信设备跟踪他人”规定为一种犯罪行为。根据该州《刑法》,“跟踪”指行为人在主观故意和恶意下重复尾随他人,或者故意、恶意骚扰他人,或者通过确切的威胁使他人对自身及直系亲属的安全产生恐惧。而“电子通信设备”包括但不限于座机、移动电话、电脑、录像机、传真机以及传呼机等设备。佛罗里达州在其法规中指出,网络跟踪指行为人“使用电子通信设备或电子邮件,直接或间接地向特定对象发送文本、图像和语言”,或者“未经他人许可,进入或试图进入他人的网上账户或家庭联网电子系统”,其主观上不具备任何合法目的,并且会给他人造成巨大的精神痛苦。我国国内一般将网络跟踪视为行为人利用网络手段接近并控制受害者的行为。在行为方式上,网络跟踪与网络欺凌具有一定重叠性,都涉及网络空间定位、反复骚扰、恐吓等手段;从行为目的上看,相较于网络欺凌,网络跟踪更注重对被害人造成直接的身体或心理伤害。[①] 总之,作为线下跟踪的网络翻版,网络跟踪行为会对被跟踪人的安全产生直接威胁,其危害性不容小觑。

网络恐吓,特指在互联网上实施威胁、人身恐吓,以及进行犯罪预告等行为。据统计,全球几乎八成以上的国家正在加强对鼓吹暴力等网络言论的监控。[②] 以德国为例,2020 年,德国以“包裹立法”模式批准设立了与网络暴力治理相关的法律条文,将“在网上威胁对他人实施人身伤害或性侵、宣称焚烧汽车、威胁杀人以及对威胁言论进行点赞”等行为,纳入刑事犯罪范畴。英国更是多次进行反恐怖主义领域的立法,其《反恐怖主义法》规定,在网络等媒体上发布或导致美化、粉饰恐怖的信息被发布的行

---

① 参见朱嘉珺:《大数据视野下的网络侵害防治——一次运用技术解构新型犯罪的探索》,载《苏州大学学报(哲学社会科学版)》2019 年第 6 期。

② 参见《网络暴力玩笑在全球不被宽容》,载环球网,https://m. huanqiu. com/article/9CaKrnJBAaM,2022 年 9 月 10 日访问。

为,皆属于犯罪行为。在日本,人们将鼓吹暴力的网络恐吓言论称为“网络犯罪预告言论”。而美国自“9·11”事件之后,对出现在网络空间等公共言论场合并带有威胁公共安全意味的信息皆予以了高度重视,在其司法实践中也形成了包括事实基准检测、主观意图检测和客观理解检测等标准在内的网络恐吓言论认定标准。①

在我国,网络跟踪、网络恐吓与“人肉搜索”密切相关。所谓“人肉搜索”,是指利用互联网追查、搜索某些事件或当事人的隐私与个人信息,并将上述内容及其细节曝光于众,从而严重威胁、侵害被搜索对象权益的行为。在“人肉搜索”的过程中,往往伴随着大量的跟踪、骚扰、恐吓行径。“人肉搜索”的出现,也使得网络暴力在性质上由单一的语言暴力,演变拓展为线上、线下并行的双重暴力模式。

综上可见,网络暴力作为网络空间的违法失范行为,既是言论表达自由的异化,也是一种道德层面的暴力行径。② 前者旨在强调一部分网民突破言论自由的边界、滥用其言论自由权利,将发表过激、失实言论的行为当作正常的权利行使方式。后者则反映出部分网民站在道德的制高点、利用舆论的“集结”优势,强制对被网暴者进行道德约束,实属一场网络空间的无序“道德狂欢”。

二、网络暴力的典型特征

在外在特征上,网络暴力具备了复杂的主观动机、恶意的人身攻击、隐蔽的因果关系、广泛的参与群体及严重的危害结果等典型特征。揭示并披露网暴的上述特质,有助于进一步加深对于网络暴力的基本认知。

(一)主观动机的复杂性

多元的社会现实缔造了复杂多样的网络暴力主观动机。根据动机是否具有牟利性这一标准,可将网络暴力区分为具有牟利目的的网络暴力

---

① 参见卢家银:《真实威胁:美国对互联网恐吓言论的认定研究》,载《西北师大学报(社会科学版)》2019 年第 4 期。

② 参见姜方炳:《“网络暴力”:概念、根源及其应对——基于风险社会的分析视角》,载《浙江学刊》2011 年第 6 期。

和不具有牟利目的的网络暴力。主观上具备牟利性的网暴行为在当前的流量时代“遍地开花”,“上网喷人”既是一种营收手段,也是一份专门的职业;发动网络暴力并非极端的情绪宣泄,反倒是施暴者“理性创收”的表现。与之相对的,则是主观上不具备牟利动机的网络暴力,此类网暴行为与实际的物质利益往往没有直接关联,实施网络暴力并不能为施暴者本人带来个人财富的快速增长。

除牟利性外,根据动机是否打着“道德”旗号这一标准,可将网络暴力在主观动机上划分为道德审判式动机和情绪宣泄式动机。前者指部分网民以正义、道德为名,肆意对他人的权利进行践踏,但其所谓的善良道德初衷往往随着事态的演进逐渐扭曲。后者则指在明知自身行为不当的情况下,为发泄自身的不满,滥用其言论权利,单纯为宣泄个人情绪而夸大、歪曲事实,随心所欲地发表极端见解,通过谩骂、诽谤他人来短暂获得情绪上的安慰与排遣,此类网暴在动机上虽未与道德审判直接挂钩,但也充分展现了网络空间一种相当扭曲的群体心态。

(二)人身攻击的恶意性

许多网络暴力与恶意的人身攻击有着密切关联。以抖音为例,在其日常接到举报并做出处理的评论中,“谩骂、人身攻击”这一类评论的占比达到了32.79%。[①] 新媒体时代,互联网络上对他人人格的羞辱诽谤,在攻击方式上既花样迭出又更新迅速。从攻击对象看,既有直接针对受害者的人身攻击,也有通过攻击受害人的家人、朋友、同事、领导等,从而间接实现对其本人的抹黑与中伤。

这些人身攻击带有明显的恶意属性。包括恶意策划、恶意炒作、恶意谩骂、恶意剪辑、恶意中伤在内的种种行径,动机清晰、指向明确,且往往伴随一定的煽动行径。例如在一些网暴事件中,所谓的“网络意见领袖”利用自身的号召力,鼓动其拥趸以“多数压制少数”的方式对他人进行欺凌骚扰;再如一些“饭圈互撕”事件,背后就隐藏着偶像明星经纪公司的暗中操盘,这些幕后操纵者恶意利用粉丝的追星行为,挑动粉丝间的攻讦

---

① 参见蒲晓磊:《让“按键伤人”网暴者再不敢肆无忌惮》,载《法治日报》2022年8月16日,第6版。

对抗,以捍卫偶像为名,掩盖起人身攻击的严重恶意属性。

在网络上发生的恶意人身攻击,有时还会披着“犀利吐槽”“玩笑恶搞”的外衣,使得参与其间的“键盘侠”错误地产生“惩恶扬善”的行为错觉。“键盘侠”这一称谓形象生动地描述了部分现实生活中胆小怕事的网民,却能够在网络空间以键盘为武器肆意攻击他人。“键盘侠”虽带有“侠”字,其所作所为却毫无侠义精神,因而也常被戏称为“网络喷子”。由“键盘侠”主导的网络人身攻击,既有“职业黑”,也有“无脑黑”。但即便是“无脑黑”,也并非真的“无脑”,他们为搏出位,或利用媒体平台发布与主流价值相悖的煽动性言论,或采取偏激行为,在短时间内聚集大量社会关注、产生恶劣社会影响,而言论发布者本身的恶意却常常被人所忽视,导致互联网上的恶意人身攻击日渐泛滥。

(三)因果关系的隐蔽性

行为与结果之间因果关系的隐蔽性,既是网络暴力的外在特征,也是导致其难以根治的重要原因,这主要体现在以下两个方面:

其一,网络暴力的因果关系在事实上难以确定。一方面,网络暴力牵涉网络空间中的海量个体,本身存在行为定性难、证据固定难等问题;另一方面,网暴实施者利用新技术手段,通过文字、语音、图片、视频等渠道进行全方位入侵,不仅影响力大、易形成舆情,且具有识别难、提告难等特质,增加了网暴因果链条在事实上的认定难度。[①] 由于取证和调查难度巨大,在相当一部分网暴事件中,难以对行为与结果间的因果关系进行准确定位。这就导致了我国现行刑法中虽有侮辱罪、诽谤罪、侵犯公民个人信息罪、寻衅滋事罪等罪刑条款,但这些规定在设计之初都是围绕着物理空间违法犯罪的因果事实进行的立法设置,在追究侮辱、诽谤、威胁、散布谣言、侵犯他人隐私等网络暴力的刑事责任上发挥的作用有限,因而造成“严重网络暴力行为频发与刑法规制失位”的治理困境。[②]

其二,网络暴力中的因果关系在法理上难以论证。即便克服了事实

---

① 参见王静:《数字公民伦理:网络暴力治理的新路径》,载《华东政法大学学报》2022年第4期。

② 参见石经海、黄亚瑞:《网络暴力刑法规制的困境分析与出路探究》,载《安徽大学学报(哲学社会科学版)》2020年第4期。

上的归因困境，网络暴力的因果关系认定仍面临着法律归责层面的论证难题。网暴事件中行为与结果间的因果关系大多具有间接性，尤其对于一些酿成恶劣后果的网暴事件，往往难以适用传统的因果关系理论。原因在于，传统刑法理论重视有形暴力和有形伤害，对于以网络暴力为代表的无形暴力、无形伤害关注不足。因此，在适用传统理论判断诸如自杀等恶性结果与网络暴力之间的因果关系时易得出否定的结论。然而，越来越多的证据与案例显示，网络暴力与精神障碍、自杀自残等恶性后果间存在切实的关联。科学研究指出，不应将心理损害排除在故意伤害之外，根据现代脑神经科学，无形的精神伤害和有形的物理伤害具有等值性，言辞等冒犯行为可以产生和有形暴力一样的疼痛感，当受害者遭受言语威胁或情感虐待时，他们的大脑因疼痛感产生的生理变化与遭受物理伤害时的生理变化是一致的，因而精神伤害也是一种身体伤害。[①] 虽然网络暴力在摧残精神、引起身体伤害这点上与普通暴力一样值得警惕，但受限于传统归责理论对精神损害的轻视，网络暴力的法律因果关系很难得到确认，不利于对被网暴者展开全方位的保护。

（四）参与主体的群体性

网络的极高普及率使网络暴力呈现出明显的“多数人压制”特性，群体性因而成为当前网暴的又一典型特征。

首先，群体性意味着参与主体数量众多且分布广泛。根据中国互联网络信息中心（CNNIC）发布的《第 50 次中国互联网络发展状况统计报告》，截至 2022 年 6 月，我国网民规模为 10.51 亿，在线教育用户规模增长到 3.77 亿，而数量骤增的在线教育用户同时也引发了网络空间的秩序失范。例如杭州发生的女子取快递被造谣事件，被恶意偷拍的视频以及捏造的聊天记录截图被他人合并转发后扩散到 110 余个聊天群组，群成员总数达 2 万余人；多个自媒体账号、网站将上述聊天记录以推文形式进行合辑转载，总阅读量共计 2 万多次。[②] 即便在此事澄清后，后续报道依然热度不减，在 2020 年 8 月至 12 月，“被造谣出轨女子至今找不到工作”

---

① 参见徐颖：《论“网络暴力”致人自杀死亡的刑事责任》，载《政法论坛》2020 年第 1 期。

② 参见最高人民检察院第 34 批指导性案例：郎某、何某诽谤案（检例第 137 号）。

的话题在某社交网站上的阅读量达到了4.7亿次、讨论量为5.8万人次。这种程度的曝光率与讨论度，是传统的言论暴力极难达到的，充分体现了网络暴力参与群体在体量与规模上的惊人。

其次，群体性意味着内部成员素质的参差不齐。网民作为网络社会最基本的行为主体和组成单元，其素质和行为对网络社会的运行秩序具有重要影响。近20年来，我国网民的学历结构出现下沉现象，互联网在高学历群体中普及至基本饱和之后，转而向低学历群体普及，由原先的本科、大专、高中为主转变为初、高中为主，未成年人“触网”低龄化趋势表现得非常明显。根据中国互联网络信息中心的调查，截至2021年年底，我国未成年网民数量已达1.83亿；互联网在未成年群体中的普及率达到了惊人的94.9%，远高于其在成年群体中的普及率，其中，小学生的互联网普及率为92.1%。尽管不能断言低龄化和低学历化必然引发网络暴力，但不可否认的是，在上述两大趋势的合力加持之下，带有幼稚、冲动、情绪化色彩的不良言论在网络空间中更易传播泛化，造成的不良影响也更深远。

（五）危害结果的严重性

近年来，新型网络暴力层出不穷，不仅严重侵犯公民的人格权益，而且持续破坏网络空间公共秩序，这主要体现在以下三个方面：

其一，网络暴力造成的危害结果具有全方面性。在个人层面，网络暴力既损害被害人的身心健康，也威胁其物质财富安全。比如，由于网暴患上抑郁症而自杀离世，由于网络逼捐而背上沉重经济负担，由于网络信息泄露而危及个人财产安全。在社会与国家层面，网络暴力既荼毒互联网健康生态，破坏和谐、友善等社会价值观念，也影响一国对外形象。网络形象作为国家对外的一张重要名片，是一国软实力的重要体现，部分网暴事件给一些域外媒体提供了抹黑我国网民素质与网络环境的契机，使其有机会发布更多不实报道，对我国的国际形象造成较大的负面影响。

其二，网络暴力的危害具有持续性。网络暴力能够不断重复且持续较长时间，由此对被害人的情感与心理造成巨大伤害，尤其在一些公众人物身上，网暴的持续时间能够达到数月乃至数年。如我国的一位知名田径运动员在连续两届奥运会因伤退赛后，遭遇了长达十余年的网络谩骂与抨击；另一位体坛名将，围绕其执教他国、回归本国、奥运无缘八强等事件多次遭遇网络暴力。在反复交织、积年累月的恶劣影响下，网络暴力的危害持续性地得到强化。

其三，网络暴力造成的危害在一定程度上是不可逆的。一方面，网暴对于社会秩序、道德风气、价值观念造成的危害很难在短时间内修复。另一方面，网络数字内容永久留存和容易复制的特性，使个体遭受网暴的记忆难以被彻底抹去。施暴者利用网络不断扩大信息传播的受众面，留下永久性的数字内容攻击受害者，可能使受害者所受的身心摧残无法得到平息、康复，最终走向崩溃，做出极端行为。

（六）实施手段的多样性

互联网的更新迭代既拓宽了用户接收、发表意见的渠道，也增加了网络暴力实施手段的多样性。

当前以“网课爆破”案为代表的新型网暴形式层出不穷，充分展现了网络暴力在实施手段上的丰富多样。一方面，网络暴力依托于新媒介、新平台，实现了由单纯的语言暴力到文、图、视频等全方位攻击式暴力的转型。一段缺乏完整度的短微视频、一页掐头去尾的聊天截图、一条剪辑拼凑的录音、一张场景模糊的照片，皆可成为一起声势浩大的网暴事件的导火索。除传统具有社交功能的综合性平台外，以某个特定地域用户群为指向的区域性平台，以某行业为目标用户群的行业性平台，皆可成为网暴生发蔓延的空间场所，诸如弹幕刷屏、言语谩骂、视觉冲击、恶意剪辑、词条侮辱、私信轰炸、编造故事、捆绑话题等新型网暴手段在上述平台得以肆意传播。“网课爆破”作为一种新式网络暴力，主要是以播放刺耳音乐、恶意威胁等形式有组织地故意扰乱网课教学秩序。[①] 2022 年 11 月 5 日，河南省一名刘姓历史老师在上网课后于家中不幸去世，而刘老师家属提供的视频和图片显示，刘老师很大程度上是受到了上网课时有组织的“网课爆破”的影响而猝然离世。

---

① 参见赵丽：《“网课爆破”污秽不堪涉嫌违法犯罪》，载《法治日报》2022 年 11 月 5 日，第 4 版。

另一方面,新技术也为高科技、多样化的网络暴力手段提供了加持。勒索病毒、恶意软件、网络钓鱼等新型科技不断威胁着互联网安全。以勒索类软件、病毒为例,此类形式的网络暴力已成为全球网络攻击的主角,给多国带来机密数据泄露、社会系统瘫痪等重大威胁,甚至危及国家安全与稳定。攻击者可借助勒索软件使被攻破的计算机数据无法使用,随后以提供恢复方法为由索取赎金;或者先创建数据的副本,然后以公开发布为由索要赎金。此外,应用程序欺诈、API(应用程序编程接口)攻击、中间人攻击等新形式网络攻击也不断刷新眼球。以API攻击为例,作为一种轻量化技术,API在全球范围内受到企业组织的高度青睐。随着应用接口的爆发式增长,这项技术带来的安全风险也随之增加,高德纳公司曾预测,API滥用会成为导致企业Web应用程序数据泄露的最常见攻击模式,[①]因为在使用该技术过程中需要进行身份验证和身份授权,由此而产生数据泄露的高危风险,为相关企业遭遇攻击式网暴袭击埋下隐患。

此外,随着新型技术的发展,由人工智能参与的网暴新形式也开始出现。一个典型的例子就是,以智能算法歧视为代表的新型互联网矛盾屡见报端。针对少数族裔、有色人种、弱势群体的歧视与偏见,伴随着新型技术由现实社会延伸到虚拟世界。这些刻板印象往往会引发巨大的社会争议,并发展为群体之间的网络暴力,使得人工智能算法在无形之中成为助推网暴的重要工具。

(七)防御救济的被动性

在来势汹汹的网络暴力面前,相关的防御和救济机制呈现出消极、被动的特质,加剧了互联网领域的诸多乱象。

首先,对于网络暴力的防御具有事后性,往往是在网络暴力已经出现并具有一定规模时,相关平台机构的应对与干预才开始运作,事前防御机制的缺位在此表现明显。尤其是涉及网民的个人信息时,囿于权限规定,平台无法主动监测和分析用户私人信息,各个平台间的标准和

---

① 参见刘霞:《"花样翻新"的网络威胁值得警惕》,载《科技日报》2022年9月1日,第6版。

行业尺度也不统一。因此,在2022年11月2日中央网信办秘书局发布的《关于切实加强网络暴力治理的通知》中,就着重提出了建立健全网暴预警预防机制、强化网暴当事人保护、严防网暴信息传播扩散等重要举措,尤其是强调了网站平台需加强内容识别预警、构建网暴技术识别模型、建立涉网暴舆情应急响应机制、设置一键防护功能、优化私信规则等手段,通过健全网络暴力的事前防范措施,以防微杜渐的方式升级网络暴力治理模式。

其次,网络暴力的救济具有片面性。第一,网暴事件中各方主体共同参与协同性的欠缺,限制了网络暴力救济的充分开展。多方协同的路径既要求政府监管、行业自律,也要求发挥公民参与和社会监督的作用。以行业内部协同为例,由于网络暴力信息常在多个平台间流转,需要在平台之间创建一定的联动处理机制,防止网络暴力利用跨平台的传播特质躲避监管。第二,当前对于网络暴力的救济仅停留在物质性救济层面,缺乏对被网暴者精神心理的关怀。对于受害者尤其是处于青少年阶段的被网暴者,其在人格形成的关键时期遭遇的精神创伤可能会留下一生的阴影,后续阶段的心理治疗、心理疏导等配套措施必须同步跟进。第三,在网络暴力的救济中,未足够重视对于网民的道德伦理教育。坚持依法治国与以德治国相结合是我国国家治理的重要特色,网暴的源头治理既需要法治手段的运用,也离不开网民素质的提升。在本质上,网络暴力的形成是一场网络空间的无序"道德狂欢",因此,欲真正实现对于网络暴力的救济,必须以案为鉴,通过对网暴事件的总结与反思,不断向社会公众普及文明上网、健康用网等道德理念。

第二节　网络暴力的表现形式与最新态势

在 Web 3.0 时代,互联网与现实社会之间的联系更为紧密,网络暴力也呈现出有别于传统的表现形式与发展态势。

一、网络暴力的多元表现形式

网络暴力事件的数量不断增长且表现形式不断翻新,可能涉及民事侵权、行政违法、刑事犯罪等多种不法后果。在网暴引发的违法犯罪案件处于多发期、高发期的背景下,应探讨多方主体参与、多种方式应对的网暴治理新模式。

(一)谣言诽谤型网络暴力

谣言诽谤型网络暴力,是指在互联网上制造、传播、利用各类虚假失真信息,以诽谤、诋毁和污蔑他人的行为。这类谣言本身或真假参半、事实不清,或纯属子虚乌有、凭空捏造。近年来,从普通公民到公众人物,受此类网暴事件波及者不计其数(见表1-1)。

表1-1　谣言诽谤型网络暴力

事件	事件经过	事件结果	事件焦点
2022年合肥女子晒订婚照被造谣、诽谤事件	2022年7月,安徽合肥的俞女士在社交媒体发布了自己的订婚照片,被评论区部分网友谣传为某洗浴会所技师	俞女士自行发布辟谣声明并报警	1. 本案中网友凭空捏造的事实侵害了被害人的名誉,"人肉搜索"的行为侵害了被害人的生活安宁、隐私权与个人信息自决权,情节严重,可能构成诽谤罪。 2. 俞女士在发布澄清声明、私力救济的同时,通过报警寻求公力救济,体现出网暴救济途径的多样性
2021年赵某颖起诉"黑粉"事件	演员赵某颖就某网友对其发表的过激性、侮辱性言论提起民事诉讼,要求被告删除侵权内容,公开赔礼道歉,并赔偿经济损失和精神损害抚慰金	赵某颖方胜诉,被告于《人民法院报》官网公开发表道歉声明并赔偿损失	1. 针对公众人物的谣言诽谤,既降低其社会评价,侵犯其名誉权,又严重影响其心理健康。 2. 强化对被害人的法律救济,除停止侵害、赔偿损失外,还应重视公开赔礼道歉的作用

续表

事件	事件经过	事件结果	事件焦点
2020年罗某某“性侵”事件	梁某在某网络内容平台上发表自己被前男友罗某某强奸、被逼堕胎的文章，此文章的转发量高达40万次。后来罗某某曝出梁某“只是为了出名”“因为分手没处理好，才污蔑罗某某强奸”的通话记录	舆论转向，罗某某呼吁大家不要网暴梁某，并称自己放弃所有对梁某的刑事控告，民事名誉侵权诉讼正常进行	1. 本案中“强奸、堕胎”等敏感词汇，激发了大众的同理心，持续性爆料推动了网友的道德谴责，引发了网民的“人肉搜索”行为，侵害了罗某某及其亲属的名誉权、隐私权和个人信息相关权益。 2. 被害人选择仅提起名誉权侵权诉讼，而放弃了侮辱罪、诽谤罪的自诉，此时检察机关是否可以提起诽谤罪公诉，以及如何处理诽谤罪与侵犯个人信息犯罪、寻衅滋事罪的竞合关系仍需进一步探索、明确
2020年一家长谎称教师体罚学生致吐血事件	2020年5月30日，某社交媒体网友“@小岛里的大海”（刘某）发长文反映广州一教师体罚其6岁孩子致吐血、凌晨2时孩子被老师威胁殴打、送老师6万元等问题，引发舆论广泛关注，该内容两天内被转发及评论近200万次	经公安调查取证，刘某承认照片展示的衣服“血迹”实为化妆品和水，其女儿因遭体罚吐血、凌晨2时被老师威胁殴打、送老师6万元等情节，系其雇请人员进行网络炒作，为扩大影响而故意编造的谎言，刘某因涉嫌寻衅滋事罪被警方立案侦查	1. 刘某编造虚假信息并在信息网络上散布，且组织人员炒作、起哄闹事的行为，侵害被害人名誉权的同时造成网络空间秩序严重混乱。 2. 本案以案释法，依据2013年9月6日最高人民法院、最高人民检察院公布的《关于办理利用信息网络实施诽谤等刑事案件适用法律若干问题的解释》第5条的规定，利用信息网络辱骂、恐吓他人，情节恶劣，破坏社会秩序的，以寻衅滋事罪定罪处罚
其他类似事件	演员白某何因“出轨”谣言被网暴事件；相声演员姜某普通合影被过度解读事件；张某君患癌舍命生子后，丈夫再婚遭诽谤事件；杭州保姆放火案中林某斌再婚被网暴事件；“95后”女生因染粉红色头发遭网暴事件；等等		

案例 1　杭州女子取快递被造谣案

2020 年 7 月 7 日，郎某在杭州市某快递驿站内，使用手机偷拍被害人谷某，并将视频发布在某网络内容平台的群组中，后伙同何某捏造谷某结识快递员并多次发生不正当性关系的聊天记录。2020 年 8 月至 12 月，此事经媒体报道引发网络热议，在另一网络内容平台上“被造谣出轨女子至今找不到工作”的话题阅读量高达 4.7 亿次。法院审理后认为，被告人郎某、何某出于寻求刺激、博取关注等目的，捏造损害他人名誉的事实在信息网络上散布，严重侵害了被害人谷某的人格权，影响其正常工作生活，使其遭受一定经济损失，社会评价也受到一定贬损，属于捏造事实通过信息网络诽谤他人且情节严重，二被告人的行为均已构成诽谤罪。

本案是一起典型的谣言诽谤导致的网络暴力事件，相关问题值得思考：其一，网络谣言诽谤形式多样，制造谣言的技术层次不断提高，谣言往往以图、文、影像一体化的面目出现，形式上的可信度很强，增加了辟谣的难度；其二，本案中，针对个人的谣言诽谤行为，既侵害了被害人的名誉权，又因为情节严重构成诽谤罪。在被害人提起刑事自诉后，公安机关对本案进行立案侦查，成为首例网络诽谤犯罪自诉转公诉的刑事案件，这对于未来处理网络诽谤案件中自诉与公诉的司法衔接问题有借鉴意义。

（二）谩骂侮辱型网络暴力

谩骂侮辱型网络暴力，是指通过表达立场、宣泄情绪、寻求认同、制造压力等方式诱发网络民众的道德审判、恶意情绪乃至歧视仇恨，导致滋生谩骂、侮辱、人身攻击等言语失范行为，造成舆情的发酵。如表 1－2 所示，在此类事件中，部分网络民众基于价值观念而抢占道德制高点，在不明真相的情形下，对被害人进行人身攻击，侵害被害人的人格权益；情节严重时，可能构成侮辱罪等犯罪。

表1－2　谩骂侮辱型网络暴力

事件	事件经过	事件结果	事件焦点
2022年打赏外卖员200元的上海女子被网暴自杀事件	新冠疫情期间，上海一女士委托送菜小哥给独居的父亲送生活用品后，女士多次给小哥发红包、转账均被拒绝。随后，该女士为其充值了200元电话费表示感谢。次日，该女士联系了一位在某网络内容平台有影响力的网络红人，希望帮忙宣传小哥的事迹。可是因为仅打赏“200元”，网民结合该女士的购物记录等个人隐私信息对其加以质问并连声咒骂，最后还上升至地域歧视	2022年4月6日，该女士跳楼自杀	1. 送菜小哥与被害人间的友好互助行为，在网络空间被放大后舆论失控。虽然购物记录是否属于法律保护的个人信息范畴存在争议，但部分网络民众“人肉搜索”被害人的信息，并对其施加言语暴力，侵害了被害人的隐私权与名誉权。 2. 由于法难责众，本案中网暴行为者尚未受到法律制裁，但网络平台可以采取禁言等处置措施，维护平台秩序
2018年德阳安某自杀事件	2018年8月20日，常某一之子在德阳某游泳馆游泳时，与安某发生身体碰撞，产生纠纷。次日，常某一要求安某及其丈夫乔某所在单位对二人进行处理未果。随后，常某一将获取的乔某、安某个人信息与游泳池视频关联，配注带有明显负面贬损、侮辱色彩的标题，发布在网络平台，引导网民对乔某、安某作出负面评价	安某遭到“人肉搜索”，2018年8月25日，安某自杀身亡。2021年8月6日，四川省绵竹市人民法院审理认为，常某一等人利用信息网络平台煽动网络暴力公然侮辱他人，致被害人安某自杀身亡，情节严重，其行为已构成侮辱罪	1. 本案被告人在获取被害人个人信息后，附加带有情绪性、侮辱性标题的帖文和评论，煽动网民对被害人发出侮辱性言论，侵害被害人的名誉权与个人信息权益。 2. 法院肯定了被害人自杀与网暴行为之间的因果关系，但该观点并未普遍化
其他类似事件	演员袁某某因整容、演技问题被网暴事件等		

案例2　江某母亲被谩骂侮辱案

张某某画出侮辱、讽刺江某及其母亲的漫画，并发布在网络平台上，经广泛传播，给江母生活造成恶劣影响。安徽省淮南市田家庵区人民法院认为，张某某利用信息网络辱骂他人，情节恶劣，破坏社会秩序，其行为已构成寻衅滋事罪。谭某在某网络内容平台上发布与江某在日本被杀害案件相关的文章及漫画，被法院认为，谭某通过网络对原本素不相识的江某及江母进行侮辱、诽谤，公然贬低、损害他人人格，破坏他人名誉，情节严重，其行为已构成侮辱罪、诽谤罪，依法应予数罪并罚。

该案是网暴案例的"集大成"者，相关问题值得思考：第一，被告人捏造、传播带有诋毁性、攻击性、侮辱性不实信息的行为，侵害了江某母亲的名誉权，情节严重，构成侮辱罪。同时，因严重侵害网络空间秩序，被告人的行为也构成寻衅滋事罪，此时需处理不同罪名间的竞合关系。第二，本案的被告人中既包含网络明星，也包括普通网络民众。不同于普通网络民众，网络明星的言论有较大影响力，甚至在一定程度上决定舆论的走向，其不实言论更易诱发网暴事件，故应注重发挥有影响力人员的正向引导作用。

案例3　河北寻亲男孩刘某州自杀案

2021年，某网络平台上有传言称寻亲男孩刘某州要求亲生父母为其购置房产并逼迫已经再婚的父母离婚，网络舆论对刘某州展开猛烈批判。刘某州在多个网络媒体平台进行了澄清，但是争议并没有平息，反而招致更多的侮辱、谩骂。2022年1月24日，刘某州留下遗书后自杀身亡。

本案作为谩骂侮辱型网络暴力的典型案件，相关问题值得思考：第一，部分网络民众通过捏造虚假事实，语言侮辱、诽谤刘某州的行为，严重侵害其名誉权，且泄露其个人隐私的行为，严重侵害其个人信息权益。在网暴行为催化了刘某州自杀的背景下，需明确如何认定网暴行为与自杀结果的因果关系，以及能否将导致被害人自杀的网暴行为归属于侮辱罪中的“情节严重”。第二，正如本案被害人刘某州为未成年人，2019 年《社会蓝皮书：2019 年中国社会形势分析与预测》调查数据显示，有 28.89% 的青少年遭遇过网络暴力辱骂。由此可见，未成年人遭受网络暴力的广泛性、严重性已不容忽视，应加强对于网络空间未成年人的特殊保护和正向引导，从事后追责转向事前预防。第三，对于此类网络谣言，不应片面强调事后追究施暴者的法律责任，应同时强化事前预防，尤其是整合网信部门、网络平台、行业协会等多方力量加强对网络谣言的审核、排查、筛除以及澄清，形成事前预防、事中监督、事后追责的全流程网络环境保障体系，尽可能避免发生针对未成年人的网络暴力事件。

(三)恶意剪辑型网络暴力

恶意剪辑型网络暴力，是指内容发布者通过剪辑拼凑视频、图片或音频，利用舆情、误导舆论，发表与事实真相存在出入的不实言论，侵害被害人的名誉权等民事权益(部分事例见表 1－3)。

表 1－3　恶意剪辑型网络暴力

事件	事件经过	事件结果	事件焦点
2021 年大庆姐弟因劝阻父亲翻垃圾箱被当“不孝夫妻”事件	张女士发现神志不清的父亲翻垃圾桶，便和弟弟、母亲一起劝说父亲回家，在劝说过程中，发生了一些撕扯。围观群众认为老人受到了欺负而拨打了“110”和“120”，救护车、民警来到现场，见老人身体无碍、劝说后离开。张女士也对拍摄者做出了解释，希望不要有误解，然而，次日网上，张女士和弟弟带父亲回家的过程被剪辑为一对年轻夫妇欺负自家患病老人	张女士欲提起民事诉讼	1. 被害人发现拍摄行为后及时做出解释、说明，但拍摄者仍恶意剪辑、发表虚假引导、煽动性言论，引发网暴，拍摄者的行为侵害了被害人的名誉权。 2. 不同于其他网暴案件向现实延伸，本案由现实转向网络，体现了网络空间与现实空间的交互性，反映出网络空间规制的必要性

续表

事件	事件经过	事件结果	事件焦点
2019 年演员杨某被 P 图、名誉权受侵犯事件[1]	张某某在某网络内容平台发布对演员杨某的侮辱性言论和诽谤言辞，并故意附有丑化杨某的恶意 P 图照片，意图令不明真相的公众误以为杨某整容	北京市互联网法院认为张某某故意发表侮辱、诽谤原告杨某的言论，已超过了对公众人物人格权利限制的必要界限，侵害了原告杨某的名誉权，应当承担侵权责任	1. 本案张某某发表大量侮辱被害人人格尊严的言论并恶意 P 图诋毁、造谣，此种语言暴力经互联网传播，影响恶劣，侵害了被害人的名誉权。 2. 作为恶意剪辑的一种，恶意 P 图多见于网暴案件中，对此究竟应通过名誉权进行保护抑或类似演员葛某案通过肖像权侵权进行保护，应予以明确

注：〔1〕参见北京互联网法院民事判决书，(2019)京 0491 民初 16384 号。

案例 4　中科大男生被恶意剪辑为“辱骂”民警案

2022 年 7 月，因部分媒体在报道时掐头去尾的视频误导舆论，导致一名中科大的男生由原本被志愿者殴打且被摔坏了价值 2 万余元单反相机的受害者，被剪辑为无端辱骂民警的行为不端者，由此受到网友们的攻击。

本案作为恶意剪辑型网络暴力的典型案件，相关问题值得思考：第一，虽然本案中被害人的“辱骂”行为是真实的，但是经不良用心者的恶意剪辑，被害人被刻画为无故辱骂民警的形象，激化了网络民众的道德感，引发了网络暴力，侵害了被害人的名誉权。第二，对此类被害人存在“过错”的案件，如何认定网络暴力行为与民事侵权后果之间的因果关系、责任承担比例是需要探讨的难题。

案例 5　2018 年重庆公交车坠江、无辜女司机被网暴案

2018 年 10 月 28 日上午 10 时，重庆一辆公交车突然偏离了车道，与迎面而来的小轿车相撞后继续向桥边快速行驶，并瞬间冲破护栏坠入江中。下午 3 时 40 分，某报社记者在网络内容平台上称从区应急办获得消息：“公交车坠江系一小轿车女车主驾车逆行导

> 致。”紧接着，部分影响力较大的媒体相继发布消息称“女司机坐在路边，脚穿高跟鞋”。部分媒体不约而同地把矛头指向了“穿高跟鞋”“逆行”的女司机邝某。网络民众对邝某及其家人的指责和谩骂充满了网络空间。下午5时46分，公安机关发布官方通报称：公交车是突然越线，撞击对向正常行驶的小轿车后坠入江中。

本案作为恶意剪辑型网络暴力案件，相关问题值得思考：第一，邝某及其亲属被“人肉搜索”、网暴，源于部分新闻媒体对于未加证实的虚假信息广泛报道。第二，本案凸显出公安机关等行政机关及时发布案情通报、公布案件事实的重要性与舆论影响力，体现了网民、行政机关等多方主体采取多元方式参与网暴治理，共同维护网络空间秩序的可行性。

（四）骚扰拱火型网络暴力

骚扰拱火型网络暴力，是指通过弹幕刷屏、私信轰炸、词条捆绑等方式，直接或间接影响被害人的身心健康、生活安宁等权益。虽然单个网络民众拱火行为的危害范围可能相对较小，但基于网络的放大效应、多因一果，通常情况下，骚扰拱火型网络暴力的传播范围较广且常导致较为严重的危害（部分事例见表1－4）。

表1－4　骚扰拱火型网络暴力

事件	事件经过	事件结果	事件焦点
2020年日本女摔跤手木某花自杀事件	2020年3月日本女摔跤手木某花因在节目中与另一位嘉宾发生冲突，在社交网络上遭到大量语言攻击，该节目制作组也每天收到上千条负面评论。2020年5月23日，木某花自杀当天在国外某网络媒体平台发布消息称，她每天都会收到上百条“消失吧”“去死”之类的留言	2020年5月26日，日本总务大臣高市早苗表示，对于网络上恶意诽谤、中伤他人的发帖者，政府正在考虑采取措施，“无法容忍匿名诽谤和中伤他人的卑鄙行为”，政府将就网络暴力的相关立法进行讨论，尽快调整制度框架	本案被害人坦言网暴行为与自杀结果间的事实性因果关系，但是否可以上升至法律层面的因果关系，并进行法律追责，需参考日本、德国等域外立法

续表

事件	事件经过	事件结果	事件焦点
其他类似事件	我国台湾地区女星杨某颖自杀事件;2022 年唐山烧烤店打人事件中多人被网暴;武汉糖水爷爷事件;等等		

案例 6　2022 年少女被网暴致死案

2022 年 4 月 30 日,有人在某游戏爱好者的交流"树洞"里认出了依某,并把她两年前在游戏里取的网名"打不到金头就自杀"拿出来恶意攻击,导致了对依某的网络暴力。当天晚上依某写下遗书准备自杀,被朋友救了下来。第二天,她在"树洞"投稿,解释了两年前网名的来由,并希望大家停止网暴,无果。7 月 26 日,依某直播自杀,网友或以不痛不痒的语言冷眼旁观,或催促自杀,在依某去世后,甚至有人发送"开香槟大笑"的表情包。

本案作为骚扰拱火型网络暴力案件,凸显了有影响力的网络明星、"大 V"在网暴案件中的作用。在某网络内容平台的"树洞"评论中充满针对被害人的网暴言论时,账号管理者并未加以干预、采取行动而间接导致被害者自杀,反映出当前网络媒体平台中的内容提供者、有影响力的网络明星等主体权责不一致的问题。

案例 7　河南女教师遭"网课爆破"猝死案

2022 年 10 月 28 日,河南一女教师刘某博的网课直播间突然闯进几个"网络暴徒",通过放音乐、语音辱骂、共享屏幕干扰课件投屏等方式扰乱课堂秩序,刘某博阻止无果后情绪激动地退出直播课堂,并突发心梗逝世。

本案作为"网课暴徒"骚扰拱火型网络暴力的典型案件,相关问题值得思考:第一,在新冠疫情暴发初期,部分不愿上网课的学生联合起来在直播课堂中扰乱课堂秩序、骚扰同学学习,并将这些视频放在网络平台炫耀并获利。部分网络民众看到其中蕴含的“商机”，接受部分厌学学生的“雇佣”破坏后者所在的直播课堂，于是“网课暴徒”逐步形成完整的黑灰产业链条。第二，某会议平台曾发布绿色网络直播间行动，对于网课直播间以及会议室都进行了升级管理，对于“网课暴徒”当前主要通过网络平台书面警告、封号等形式予以处罚，但“网课暴徒”事件仍层出不穷，故需探讨如何通过其他途径防范、遏制这类行为，重新审视追究“网课暴徒”法律责任的必要性与可行性。

（五）公开隐私型网络暴力

公开隐私型网络暴力，是指通过隐私窃取、信息泄露等方式非法获取被害人的个人信息或隐私并加以公布，导致被害人的个人信息权益或隐私权受损的行为（部分事例见表 1－5）。由于部分公开隐私型的网暴案件中还包括获取已合法公开的个人信息的行为，在《个人信息保护法》第 13 条明确规定“合理处理”已公开的个人信息无需取得信息主体知情同意的背景下，需要进一步明晰个人信息“合理处理”的边界，避免公开隐私型网络暴力的发生。

表 1－5　公开隐私型网络暴力

事件	事件经过	事件结果	事件焦点
2018 年南京摔狗事件	2018 年 6 月 18 日晚，南京童某两岁的小儿子被泰迪犬咬伤后，童某摔狗导致狗流血而死，在当事双方和解的情况下，童某摔狗的视频却掀起了网络声讨的巨浪。童某通过当地新闻媒体澄清无果，部分网络民众“人肉搜索”童某及其家人的个人信息，向其发送含有辱骂、指责、恐吓字眼的电话、短信，并进行死亡威胁	童某的妻子不堪骚扰割腕自杀后被救回	童某家庭住址、联系方式等个人信息被披露后，很多网民抵制童某店铺的正常运营，给童某的生活安宁造成很大侵扰。在《民法典》明确将自然人的生活安宁归为隐私权范畴且《个人信息保护法》颁布、施行后，类似童某的网暴案件既侵犯了被害人的隐私权又侵犯了其个人信息权益

续表

事件	事件经过	事件结果	事件焦点
两名儿童玩耍相撞后，女童家人猛踹男童被“人肉搜索”事件	2016年2月27日，一名男童在商场游乐设施玩耍时与一女童碰撞，两人倒地。女童家人突然起身狠踢男童后腰部，遭到重击后男童长时间无法站立并一直大哭，踢人男子的个人信息随后被“人肉”，有网友将其工作单位和手机号码公布于网上	2016年3月1日，该踢人男子被行政拘留	1. 本案以被害人存在不道德、违法行为为前提，成为网暴的培养皿，部分网民站在伦理道德、法律正义的制高点上，通过网络形成的无形舆论压力对被害人进行各种侵扰，发展为网络舆论攻击、侵犯他人隐私的“人肉搜索”，是一种非理性的侵权行为。 2. 部分网民出于正义，通过检索已公开信息等方式，“人肉搜索”该男子的个人信息，但即使是已公开的个人信息也有处理边界，不得随意使用，其行为侵害了该男子的个人信息权益
其他类似事件	主持人何某“吃空饷”爆料人隐私被曝事件；河工大女生因“劈腿”被“人肉”事件；等等		

案例8　2020年成都某确诊女孩被网暴案

2020年12月8日，成都市官方公布新增3例新冠确诊病例的行程轨迹。其中一位20岁女性赵某的活动轨迹牵涉美甲店、电影院和多家酒吧，很快有网友就给她冠以“转场皇后”的称呼。没过多久，赵某的身份证号码、手机号码和住址等个人信息被泄露。

本案作为新冠疫情期间公开隐私型网络暴力的典型案件，相关问题值得思考：第一，新冠疫情防控期间，部分确诊人员、涉疫地区往返人员的个人信息被“人肉搜索”“污名化”的行为侵害了被害人的个人信息权益。第二，正如本案，“人肉搜索”行为可能进一步发展为涉侮辱、诽谤的网络暴力案件，同时侵害被害人的名誉权，故应注重个人信息的源头保护，避免后续侵权、违法犯罪行为的出现。

案例9 2022年驻日记者曾某被网暴自杀案

2022年7月8日，日本前首相安倍晋三遭遇刺杀去世。作为某台临时连线的在日评论员曾某，在连线直播安倍去世的消息时，多次哽咽哭泣，被国内网友认定为“精日”分子，引发部分网络民众的“仇日”情绪。曾某的身份经“人肉搜索”后被公开并遭受网暴攻击。7月19日，曾某服用安眠药自杀，后经抢救得以生还。

本案系公开隐私型的网络暴力案件，相关问题值得思考：其一，本案是普通网络民众的爱国情感与道德谴责放大扩散后，由网络舆情激化对立、“仇日”情绪而导致“人肉搜索”及非理性的言语暴力，侵害了曾某的名誉权和个人信息权益。其二，保障网络民众言论自由的同时，应明确道德舆论的谴责与民事侵权行为、刑事违法行为间的界限。

（六）煽动滋事型网络暴力

煽动滋事型网络暴力，是指通过制造差异、矛盾，挑动性别、贫富、公民与政府等对立情绪，引起群体性的网络暴力，扰乱社会秩序的行为（具体案例详见表1-6）。

表1-6 煽动滋事型网络暴力

事件	事件经过	事件结果	事件焦点
刘某某编造虚假疫情事件	2020年1月24日，被告人刘某某在北京市通州区某小区暂住地内，编造其感染新冠后到公共场所通过咳嗽方式向他人传播的虚假信息，发布在某网络内容平台上被广泛传播，直接覆盖人员共计2700余人，后又被其他网络民众转发至其他网络内容平台	法院审理认为，被告人刘某某在新冠疫情防控期间编造虚假疫情信息，在信息网络上传播，严重扰乱社会秩序，其行为构成编造、故意传播虚假信息罪[1]	本案作为最高人民法院发布的第一批依法惩处妨害疫情防控犯罪的典型案例，表明网络空间秩序的不可亵渎性与维护必要性。在网络空间造谣生事的行为根据造谣内容、对象的不同可能构成民事侵权乃至诽谤罪，编造、故意传播虚假信息罪，寻衅滋事罪等刑事犯罪
其他类似事件	文登群殴事件；杭州马某某煽动颠覆国家政权事件；等等		

注：〔1〕参见北京市通州区人民法院刑事判决书，(2020)京0112刑初229号。

案例10 2020年“227大团结”案

2020年2月27日，某知名明星的粉丝因不满一篇网络文章而举报作者，连带举报提供文章的网络内容平台，同时波及多个文化社群。因粉丝的“过激反应”及在此过程中出现的肆意使用网络暴力、占用公权力以及公共资源等不当行为，该明星一度遭到全网抵制。

本案作为煽动滋事型的网络暴力案件，相关问题值得思考：其一，本案反映出“饭圈”文化的“畸形”，粉丝群体之间“互撕”，粉丝群体对网民进行网络暴力、报复及采用举报、封号等方式占用公权力、公共资源等现象对正常的网络空间秩序造成严重侵扰。其二，对于“饭圈”行为的追责对象较难确定，既需加强相关有影响力人员的正向引导作用，也可以采取普法宣传等模式培养、强化普通网络民众、“饭圈”粉丝的伦理道德感、法律意识，进而优化网络生态，促进网络环境的和谐繁荣。

案例11 2020年杨某“性别歧视”被网暴案

2020年杨某(女)在综艺节目上发表被男性网友认为侮辱男性的言论，男性网友开始网暴杨某，并抵制杨某代言的一互联网公司产品。该公司不得不解除了杨某的广告代言，然而支持杨某的女性网友认为使用该公司产品的不只是男性，也有女性网友，所以该公司没有必要取消合作。在杨某被网暴的同时，本案也引发男女性别歧视的口水战。

本案作为煽动滋事型网络暴力的典型案件，相关问题值得思考：其一，杨某被网暴自始与“性别歧视”相关联，与网络空间中信息极易被断章取义、发酵迅速、传播广泛的特点密切相关。其二，由于网络中容易形成群体性共识，加之道德评判易滋生网络暴力，此时需平衡公民言论自由与被网暴者名誉权之间的关系。

二、网络暴力的最新发展态势

在网络高速发展的 Web 3.0 时代,新兴网络技术的驱动性与普及性在创造新社会样态的同时,也导致了新兴网络空间内网络暴力的蔓延,并因为技术和场域的革新塑造了网络暴力独特的生发态势,这种越发专业化的犯罪趋势来源于某些新型关系的确立与重组。[①] 网络技术的更新、用户规模的增长和网络产业的勃兴,都导致网络暴力在发展态势上更加多样。

(一)网络暴力的利益驱动化

随着互联网经济的发展,越来越多的网络暴力在利益驱动下展开。围绕利益最大化的目标,网络暴力既将触角伸向特定的个人,也出现了专门锚定某一团体或组织的网暴现象。在以特定个人为目标对象的网暴事件中,实施网暴者或通过明码标价抹黑造谣的稿件,或以曝光黑料为饵直接向本人讹诈钱财。在其威胁下被迫支付金钱的被害人,既有以影视业者为代表的公众人物,也有普通网民,比如,在一些以普通公众为受害人的勒索案中,勒索者往往声称已收集到对方的裸聊视频、私密照片等,如不付费则将其公布在互联网平台,从而利用被害人的恐惧心理攫取非法利益。

以团体为目标的网暴行为,其利益驱动性表现得更为明显。比如,一些新的影视剧上线后,竞争对手或通过购买"水军"刷低分来抹黑作品,或组织大规模的粉丝团体对于片中人物或演员本人实施网暴以降低其风评,从而为自身谋求票房、收视率、流量等利益。近年来,此类以企业、公司为目标群体的牟利式网暴愈加严重。在信息透明化的背景下,通过天眼查、企查查等方式即可充分挖掘到企业相关信息,在掌握一定的信息后,行为人即着手以网暴攻击为威胁,借机向企业收取网络暴力保护费。在很多情况下,企业或对此毫无准备,或只采取了一些没有实际效果的预

---

① 参见[法]米歇尔·福柯:《规训与惩罚:监狱的诞生》,刘北成、杨远婴译,生活·读书·新知三联书店 2019 年版,第 298～299 页。

防措施，难以有效应对网暴威胁，只能按照要求支付钱款。可以看出，在巨额利益驱动下，实施网络暴力几乎成为了一种有市场、有组织的商业行为。

（二）网络暴力的组织产业化

不同于早期网络暴力多由网民自发组织进行，近年来，职业化的“网络黑公关”“网络水军”纷纷面世，网络暴力以一种有组织、有策划的产业形式得到了飞速发展。

一方面，网暴组织的规模空前膨胀。近三年来，公安机关依托“净网”系列专项行动，持续对“网络水军”相关违法犯罪开展侦查打击，侦办相关案件600余起，抓获嫌疑人4000余名。[①] 仅2021年一年，就依法关停“网络水军”账号620万余个、网站1200余个，解散网络群组17万个，证实了网暴组织在人数规模上的庞大。[②]

另一方面，网暴参与者的职业化呈快速上升趋势。有别于将“上网喷人”作为业余消遣的网民，“网络黑公关”与“网络水军”团体将实施网络暴力作为谋生职业。这类人群严格依照客户指令，通过密集发帖等形式，从事诋毁竞争对手、制造舆论恐慌、恶意诽谤他人、网上寻衅滋事、敲诈勒索等违法犯罪行为。参与者职业化程度的提升，既增加了网络暴力的专业性，也加剧了网暴危害的严重性。

（三）网络暴力的专业分工化

与组织产业化同时出现的，是网络暴力在分工上的日渐精细和专业。

一条成熟的“网络黑公关”产业链，往往由以下环节共同构成：首先，由“黑公关”的幕后指使者雇佣执行主体传达具体指示、布置相应任务；其次，“黑公关”的执行主体在接受上线指令后，发布并传播相关的网络信息。常见的执行主体包括“网络水军”、删帖公司、“网络枪手”等，其中“网络水军”主要受雇批量发送内容相近或相同信息，删帖公司负责删除

---

① 参见乙智：《整治“网络水军”维护网络诚信》，载《人民日报》2022年7月28日，第19版。

② 参见何亮：《“净网2021”专项行动交出亮丽成绩单》，载《科技日报》2022年1月17日，第3版。

不利于客户方的相关信息,而"网络枪手"作为"黑公关"的核心执行者,通常负责整个事件的策划。[①] 每个环节之间相互连接,共同构成一个违法犯罪的闭环。

在这条分工明确的黑灰产业链中,既有身处"前线"的造谣者、攻击者、曝光者,也有隐身"幕后"的指挥者、领导者。其实施手段多种多样:有的在利益驱动下,不断制造热点话题、扰乱舆情;有的利用负面信息实施敲诈勒索;有的非法提供有偿删帖和刷量控评炒作服务。依托于严密的组织结构与明确的分工合作,网络暴力的破坏性得到了极大加强。

(四)网络暴力的群体对立化

网民之间缺乏共识、观点与情绪对立严重,并由此引发互联网上性别对立、贫富对立、民族对立、"精英"与"草根"对立等纷争骂战,是当前网络暴力的又一典型态势。

以性别对立引发的网络事件为例,其既体现了男性对女性的偏见,也不乏针对男性的刻板印象。例如,在成都女司机被打事件中,大量男性网友趁机对女司机群体进行集体污名化,加重了对女性的歧视偏见;又如,"清华学姐"事件、罗某某强奸案等事件中,也随处可见舆论对于男性的固有偏见;再如,在唐山烧烤店打人事件发生后,互联网舆论场上既充斥着对于几名受害女性不怀好意的揣测与谣言,也大量散布着将部分男性的暴力行为上升到整个男性群体的偏激观点,将男女对立演绎到了极致。

再以所谓"精英"与"草根"的对立为例。随着收入差异、教育不均、地域分化等现实问题加剧,"反精英主义""反权威主义""反智主义"等思潮逐渐加强,并通过一定的话术诱导网民,以"我们对抗你们的方式"挑起民众对"精英"、权威人士的敌视,助推网民情绪发酵,诱发网络暴力。

在大多数情况下,互联网上的冲突并非由单一原因挑起的,而是融合了多种引发对立的因素。比如,巴西的研究人员通过搜索"漂亮的"和"丑陋的"女性照片这一方式,调查了谷歌、必应等网站在全球59个国家

---

① 参见张瑞涵、袁莉:《网络"黑公关"的法律责任》,载《社会科学动态》2020年第9期。

关于女性魅力的算法设置。研究人员发现，在上述平台的搜索结果中，更多地将漂亮女性与年轻白人女性的图片联系在一起，与此同时，把黑人女性、亚洲女性、老年女性的图片与丑陋女性相关联。在 2016 年，一位名叫罗莎莉（Rosali）的学生发现，用谷歌搜索“看起来工作不专业的发型”，结果显示的图片绝大多数是一头自然卷的黑色人种女性；但若搜索“看起来工作专业的发型”，结果大多是白人女性。① 上述情形同时体现了对于女性、黑人、老年人的歧视现象，囊括了现实中性别、种族、老龄化等争议问题，一旦引发冲突，受波及的人群范围无疑相当广泛。

（五）网络暴力的舆情戏剧化

持续、多次的情势反转，在许多网络热点事件中屡见不鲜，甚至成为互联网舆论场的“标准配置”。例如，成都女司机被打事件发生后，网络舆论在数天内反复逆转，网友们对当事女性司机的态度从同情到指责再到所谓的理性客观中立。由于在舆论变化的过程中不断伴随着网民对当事双方的谩骂、造谣乃至“人肉搜索”，即便真相揭开、事件平息，网络暴力留下的伤害也已挥之不去。再如，2020 年，一名广州家长在社交平台公开举报某小学班主任在明知其女儿患有哮喘的情况下，还体罚孩子跑 10 圈操场，6 岁的孩子因此出现吐血、高烧等症状，并放出了带血的校服等图片，相关内容引发网友热议，被大量转发、评论。后经当地部门调查，发帖人承认“其女儿因遭体罚吐血”“凌晨 2 时被老师威胁殴打”“送老师 6 万元”等情节，皆系其为扩大影响而故意编造的谎言，展示的带血衣物实际也是化妆品和水伪造而成的。此外，警方在调查中还发现了发帖人雇佣他人进行网络炒作的证据。此通报一出，舆论的攻击矛头立时由受诬陷的老师转向了伪造信息的家长。

此类反转现象在网络领域不胜枚举，甚至因此衍生出“反转新闻”“新闻反转”等专门概念，并受到了官方媒体的关注。如在 2013 年，新华网就针对此类现象，专门总结发布了《盘点 2013 十大“反转剧”：有图未必有真相》；2014 年，新华网再次发布类似主题的《2014 年，那些

---

① 参见汪怀君：《人工智能消费场景中的女性性别歧视》，载《自然辩证法通讯》2020 年第 5 期。

让你大跌眼镜的新闻“反转剧”》;2015 年,人民网推出《2015 十大新闻反转剧,剧情不要太跌宕……》;等等。[①] 综观近年来的反转新闻,其共同特征在于:事件的曝光通常以违背常理、挑战人伦的面目出现,由于内容极其违背社会主流价值观和人们惯常的认知逻辑,会在短时间内迅速成为舆论关注的焦点。即便事实真相在后续跟进报道中得以披露,网民们修正先前的观念仍需一定时间,导致一些澄清性报道被淹没在舆论场中,反倒是新闻反转前产生的负面效应能够长久地留在公众心中。[②]

戏剧化的舆情反转频频出现,一方面,损害了媒体公信力、削弱了社会诚信体系;另一方面,由于事件的不断发酵,其影响面、打击面也不断扩大,无论有无过错、有无责任,参与者们都难以抽身脱离,只能被动接受卷入旋涡中心的命运,成为失控、混乱的网络舆论场中无辜的牺牲品。

第三节 网络暴力的生成机理与多重危害

一、网络暴力生成机理的多角度阐释

网络暴力的生成,与社会伦理、网民心理、传播学规律以及社会现实、外部环境、技术手段等具有直接关联,对其展开解构与剖析是深入认识网络暴力的必要前提。

(一)网络暴力形成的社会伦理学根源

网络暴力的生成,有着深刻的社会伦理学基础。一方面,网络伦理规范的缺失,是诱发网络暴力的重要伦理因素。网络伦理不等同于现实伦理,也并非对现实伦理的简单移植和嫁接。尽管网络空间已成为与现实社会相并列的独立空间,但其内部始终缺乏共守的价值理念和共循的伦

---

① 参见王志立:《网络舆论场域中新闻反转现象的传播学反思》,载《新闻爱好者》2018 年第 2 期。

② 参见马树娟:《全媒体时代新闻反转成因及应对》,载《青年记者》2022 年第 16 期。

理规范,加之网络的虚拟性、隐蔽性,加剧了网络空间中法律约束和道德自律缺失带来的风险,导致网络暴力行为屡禁不止、屡见不鲜。

另一方面,在网络伦理规范缺失的前提下,网民们对道德伦理审判的滥用,是网络暴力泛化的又一原因。在历次网络道德审判事件中,审判对象都受到了各种形式的不公对待,如污蔑谩骂、公开信息、电话滋事、骚扰住所、威胁人身、辞退工作等。比如,在某电视剧热播期间,剧中"第三者"角色的扮演者由于对人物的刻画过于真实,导致许多网友因入戏太深而到演员本人的社交账号下进行声讨,使其不堪网暴折磨而关闭评论区。此外,网民滥用道德审判的行为也会导致正常的舆情转为不理智的网络暴力,这在一些负面的公众事件中尤为常见。数据分析发现,灾难和悲剧中更易出现备受大家同情的受难者,这些同情与怜悯会转化为对某一方职责缺失的不满与追问,并逐渐演变为网络暴力行为。[①] 由此可见,互联网上的道德审判,易走上极端、演化为多数人的"私刑",给当事人造成严重的困扰与伤害。

(二)网络暴力产生的行为心理学因素

从行为心理学角度看,网络暴力的产生和发酵,与支配网民的各种典型心理密切相关。

第一,从众心理诱发网络暴力。这种心理状态多体现在以"带节奏""跟风"为特征的网络暴力中。如在某一热点舆情发生后,由于几名"意见领袖"的转发评论,粉丝们便趋之若鹜地展开群体性攻击。大多数施暴者既缺乏独立思考的能力,也缺少对事物的理性判断和足够的社会经验,盲目迷信权威性话语,在从众心态驱使下沦为制造网暴的"乌合之众"。这种从众心理还易催生出法不责众的心态,尽管在司法实践中,实施网络暴力的"大V"和网民以寻衅滋事罪被定罪处罚的不在少数,但因其未引起舆论广泛关注,致使施暴者抱有处于法律"灰色地带"的错觉,存有侥幸态度庇护于群体之下,并借助群体力量肆无忌惮作为,致使网暴愈演愈烈。

第二,看客心理催化网络暴力。看客心理又被称为旁观者心理,人们

---

① 参见庄德通:《如何治理网络暴力》,载《民主与法制时报》2022年7月6日,第3版。

以旁观看戏的姿态置身事外,对当事人缺乏基本的理解与共情。这类人在主观上未必抱持很大的恶意,但在围观看戏的过程中,出于无聊、冷漠、自私、麻木不仁的心态,不断煽风点火,唯恐天下不乱。大量网暴事件中不乏网络看客、“吃瓜群众”的身影,这些人或起哄闹事、或以“理中客”(理智、中立、客观)身份语重心长地发表“风凉话”,将当事人的不幸作为自身取乐和博取关注的工具。

第三,泄愤心理加剧网络暴力。情绪的宣泄是支撑部分网暴者实施网络暴力的重要心理基础。随着贫富差距、阶层对立、收入不公、两性冲突、老龄化等现实矛盾加剧,社会内部负面情绪逐渐积累,互联网恰好成为了一块情绪的排遣宣泄之地。网民们以侮辱性语言发泄愤怒情绪,人格羞辱、外貌羞辱等屡见不鲜,客观、合理的声音反而被淹没,使得网暴传播陷入恶性循环。

除此之外,过分以自我为中心导致的自我意识过剩心态,娱乐至上和猎奇心理,肆意道德审判的消极道德心理,忍让、逃避的受害者“鸵鸟心理”等,都是网络暴力生成的重要内生性心理因素。总之,网络暴力的产生离不开多种心理因素共同作用,这些复杂的成因在无形之中也加大了对其实施有效治理的难度。

(三)网络暴力生发的新媒体传播规律

从传播学的角度,对网络暴力的生成机理可进行如下分析:

首先,互联网传播技术的更新迭代加快了网络暴力的生成与蔓延,多种媒体共生、多种传播主体共存的媒介生态既拓宽了用户接受信息、发表意见的渠道,也增加了网络暴力的发生概率。移动互联网的发展不仅促成了自媒体的高度繁荣,而且改变了传统媒体的运营模式,包括纸媒、广播、电视、电台等在内的大量传统媒体进驻商业互联网平台,带动了读者、听众、观众的迁移,但也扩大了网络暴力的发生源头。

其次,在多渠道传播背景下,一些客观的传播学规律也持续作用发酵。“群体极化”理论指出,在观点的同一方向上经由群体讨论之后所形成的群体态度,往往比讨论之前群体成员个人态度的平均值更趋向极端化,如在某些事件发生后,互联网上率先出现了较为强势的多数意见,在这些“一边倒”的言论带领下，舆情和观点会被反复极化乃至走向极端。[①] “沉默的螺旋”理论则指出，出于对被孤立的恐慌，大多数的个体会尽力避免因单独持有某些态度和观点而陷入孤立境界。[②] 当其作用于互联网时，即表现为持有较为弱势观点的网民为了防止自身受到孤立和攻击，在强大的舆情力量面前，或保持沉默或选择苟同。在上述传播学规律作用下，网络空间中的主导声音越来越壮大，反对的声音则越发沉默，个人的真实意见受到阻碍，网络暴力的走向也就更加偏激极端。

（四）网络暴力滋生的现实矛盾基础

网络与现实的深度融合，既塑造了“双层社会”这一独特态势，也为现实问题进入网络空间打开了通道，现实矛盾因而成为诱发网络暴力的重要源头。与世界上的其他国家相比，我国庞大的人口基数和快速发展的互联网技术造就了规模巨大的网民群体和广泛的互联网普及率。截至 2022 年 6 月，我国网民数量达到 10.51 亿人，互联网普及率为 74.4%，其中，城镇地区的普及率为 82.9%，农村地区的普及率为 58.8%。[③] 在抽象的数字背后，是来自五湖四海、出身各行各业的具体个体，迥异的社会背景和认知上的巨大差异决定了其在看待同一问题时极易出现分歧，为冲突和网暴埋下隐患。相较于发达国家，我国网民的整体素质状况堪忧，从学历结构来看，初中以及高中/中专/技校学历的网民总和比例较高，小学学历的网民占比也呈上升的趋势。这些年龄较小、受教育程度不高的网民群体缺乏社会经验，对事物的认知比较单纯浅显，在面对网络热点事件时难以进行独立的分析判断，容易出现跟风“喷人”、以讹传讹、挑衅谩骂、盲目跟风等表现，使得网络暴力更加难以控制。

此外，现实矛盾未能得到及时疏解、现实问题缺乏有效的处理路径，是网暴生成的又一重要社会因素。党的二十大报告指出，强化党在意识

---

① 参见夏倩芳、原永涛：《从群体极化到公众极化：极化研究的进路与转向》，载《新闻与传播研究》2017 年第 6 期。

② 参见虞鑫、许弘智：《意见领袖、沉默的螺旋与群体极化：基于社会网络视角的仿真研究》，载《国际新闻界》2019 年第 5 期。

③ 参见《第 50 次中国互联网络发展状况统计报告》，载中国互联网络信息中心，http://www.cnnic.net.cn/NMediaFile/2022/0926/MAIN1664183425619U2MS433V3V.pdf。

形态领域的领导，必须加强全媒体传播体系建设，塑造主流舆论新格局，健全网络综合治理体系，推动形成良好网络生态。[①] 因此，需要对网络暴力背后蕴藏的社会矛盾予以高度的重视。以网络反腐过程中出现的网暴为例，在部分网友仇官、仇富等逆反情绪催化下，网络反腐容易被异化为误伤无辜者合法权益的网络暴力，比如，以公示财产为名揭露他人私密信息、传播不实谣言等。再如，在网络反传销活动中，原本作为一项正义事业的网络曝光和舆论监督也可能会被异化为针对企业的敲诈勒索、寻衅滋事，网络反传销组织反而成为网络暴力的帮凶。上述现象主要源于现实社会中的一些冲突与矛盾未能得到及时、合理的释放与化解，久而久之便可能催生较为恶劣的网络暴力事件。

(五)网络暴力传播的环境犯罪学原理

随着 Web 3.0 时代线上线下双层社会形成，网络环境成为社会环境的重要组成部分，生发其间的网络暴力也展现出与环境犯罪学的紧密联系。作为犯罪学理论体系的分支学派，环境犯罪学被广泛运用于犯罪问题的分析研究，由于网络暴力等违法犯罪与传统犯罪发生于不同的场域，对其的分析考察需将之置于网络空间这一特定场域，通过宏观、微观两个视角展开。

根据环境犯罪学理论，犯罪发生的行为环境与犯罪机会呈正相关，控制犯罪机会比降低行为人的犯罪动机更有助于犯罪预防。[②] 在宏观的维度上，网络暴力的生成及传播与整体的网络环境密切相关。环境犯罪学的日常活动理论指出，犯罪的发生是“潜在犯罪者”“合适的目标”“犯罪防范缺失”三种条件时空汇聚的结果。[③] 具体到网络暴力领域，上述三种条件则表现为网络时空条件、被害人自身情况、现有的网暴控制机制等诱发因素。首先，网络时空条件为潜在网暴者创造了作案机会。随着数字

① 参见习近平：《高举中国特色社会主义伟大旗帜　为全面建设社会主义现代化国家而团结奋斗——在中国共产党第二十次全国代表大会上的报告》，载《中华人民共和国国务院公报》2022 年第 30 期。

② 参见阮重骏、单勇：《环境犯罪学的兴起：从观察到实验的发展路径》，载《青少年犯罪问题》2021 年第 4 期。

③ 参见阮重骏、单勇：《环境犯罪学的兴起：从观察到实验的发展路径》，载《青少年犯罪问题》2021 年第 4 期。

化科技的发展,网络时空脱离了传统地理空间限制。网络空间的高度延展性与流动性,既为网暴者提供了活动便利,也强化了违法犯罪的环境隐蔽性,并降低了事实真相的可见度。在网络环境中“野蛮生长”的大量黑灰产业,依托于复杂的产业链条,不断为网络空间输送潜在的网暴实施者。其次,网络环境强化了受害者遭受网暴侵袭的风险。尤其是以未成年人为代表的网络群体,自我保护能力弱、社会经验不足,对于负面消息具有较强的敏感性和感知力。在网络空间中,这部分人群更是完全暴露在网暴实施者的视野内,他们接触网暴信息的概率亦大幅度增加。最后,缺乏有效的社会控制机制,也是网络环境持续恶化的重要原因。以网络监管为例,网络的空间化发展直接导致监管难度跃升,隐蔽在暗处的网暴者借助境外服务器、多级跳转等方式躲避审查,仅对于预先设置的代码、图片、符号进行过滤已难以阻止相应的网络不法行为。①

在微观的维度上,环境犯罪学主要通过情节行动理论探讨具体的网暴事件中影响参与群体感知和选择的因素。根据该理论,一场网络暴力的发生,是网暴参与群体自我道德控制和外界环境道德约束互动的结果,个案行为人的行为选择在具体的网暴事件中能够发挥重要的影响。一般而言,网暴参与群体在类型上可分为源头行为人、有影响力的用户、一般公众等主体。源头行为人,指最开始实施造谣或侮辱诽谤的人,其实施源头行为的动机包括但不限于情感纠纷、经济利益、意见分歧等,动机的强烈程度与网络暴力的规模大小往往呈正向关系。有影响力的用户主要指“大V”、明星、“网红”等具备一定舆论影响力的群体,在热点事件中,这部分用户的表态和立场既能吸引外界关注,也会对事件的发展方向起到重要影响。参与的一般公众即通常所谓的“吃瓜群众”,这部分群体在作为单独个体时并没有附带太多流量,但当大量的“吃瓜群众”聚集在一起时,同样能够形成一股庞大的力量,在源头行为人或有影响力的用户的带领下,不断附和、转发、跟随,使群体事件的波及范围不断扩大,网络暴力更加失控。

---

① 参见李政达、涂欣筠:《未成年人遭受网络性侵害问题初探》,载《江苏警官学院学报》2022年第4期。

(六)网络暴力频发的科学技术诱因

科学技术是一把双刃剑,人工智能、区块链、5G/6G 等新技术新应用的百花齐放,既带来了互联网的繁荣昌盛,也提升了网络暴力的治理难度。

当前网络暴力事件的频频发生,与网暴实施者不断更新并强化的技术手段有着直接关联。以公开隐私型网络暴力为例,在科学技术尚未如此发达的年代,通过"人肉搜索"或其他网络途径所攫取的个人资讯相对有限,泄露的个人信息在种类和深度上都受到一定的限制。但随着数据采集技术的进步和生物信息利用技术的提升,各类终端 App 普遍重视起对于用户数据的泛在采集,包括人脸、指纹、掌纹、虹膜等在内的生物信息源源不断流入各类主体之手,构成了网络隐私安全的重大隐患。尤其是人脸等具有不可变更性的生物信息,一旦发生泄露,后续的补救、更改工作难度极大,网暴者可利用其收集到的信息全方位侵入被害人的私人领域,将网络威胁变为现实。

此外,一些新型网络暴力事件也与"深度伪造"技术的发展密切相关。所谓"深度伪造",指利用人工智能和大数据生成虚假的图片、视频、文本等。当前这项技术已相当成熟,逼真效果几乎达到真伪难辨的程度,使许多网暴实施者得以借助这项技术实现对他人的造谣、侮辱与抹黑。图片合成、语音合成、视频合成等是目前较为常见的"深度伪造"手段。例如,通过人脸替换、专属表情包制作等图片合成方式创造出与原图截然不同的图像,在网暴事件中常被用以伪造虚假新闻吸引流量,或者是进行侮辱性的 P 图来博人眼球。又如,借助人工智能技术生成接近真人音色、语调、频率的声音,在该技术加持下,网暴者既可利用合成的语音隐藏身份,也可伪造他人的录音传播网络谣言。再如,通过改变人的面部特征来操纵面部表情的技术手段,在网络暴力中也数见不鲜。早期的"鬼畜"视频会借助高度同步、快速重复的素材,与极具动感的背景音乐节奏相互配合,实现搞怪、讥讽等喜感效果,而现阶段的视频恶搞上至具有一定技术门槛的视频合成,下到手机软件中的"换脸"小程序,技术难度不断降低,技术的普及程度大幅提升。基于"深度伪造"的上述特质,在 2020 年正式施行的《网络音视频信息服务管理规定》中,国家明确规定,网络音视频信息服务提供者和网络音视频信息服务使用者利用基于深度学习、虚拟现实等的新技术新应用制作、发布、传播非真实音视频信息的，应当以显著方式予以标识，并且规定了相关的音视频提供者有建立健全辟谣机制的相应义务，以防止此类新型技术彻底沦为网络暴力等违法犯罪的工具与帮凶。

二、网络暴力危害结果的全方位解读

网络舆论乱象丛生，严重影响人们的思想和社会舆论环境。网络暴力的危害，既体现在其对人身权益、网络生态的破坏上，也反映在其施加于互联网文化建设、网络和谐风气以及青少年健康成长的不良影响上。

（一）侵犯人身权益，威胁人身安全

网络暴力对被施暴者人身权益的侵害，主要体现在以下两个方面：

第一，网络暴力严重侵犯被施暴者的名誉权、荣誉权、肖像权、隐私权、个人信息权等重要权益。网络上的谣言诽谤和谩骂侮辱，会对被网暴者的名誉、荣誉产生损害；网络恶意剪辑、恶意“P图”，有损被施暴者的肖像权；网络“人肉搜索”、隐私窥视，严重威胁到被施暴者的隐私权、个人信息权。以“人肉搜索”为例，由其导致的人身权益侵害在互联网领域屡见不鲜，如在某高校发生的一起网暴事件中，当事女生的家庭住址、电话号码以及与其他男生的聊天记录等信息被好事者扒上网络平台，引发大量网友的辱骂攻击；优衣库试衣间事件发生后，当事人的个人信息也相继遭到泄露，身份证件、社交账号、聊天记录、就读学校等资料被曝光于众，面临着隐私权和个人信息权益双重被侵犯的现实。

第二，网络暴力严重危及被施暴者的身心健康乃至人身安全。近年来，由网络暴力诱发抑郁症、焦虑症等现象常见诸报端，尤其是在演员、歌手、主持人等公众人物中，因网络暴力罹患抑郁症的情况时常出现。部分被施暴者在心理出现问题后，网络暴力仍然来势汹汹，致使其精神状态进一步恶化，进而以走极端的方式结束生命。如韩国就曾接连发生数起艺人因网暴患上抑郁症而自杀离世的事件，给韩国舆论带来很大的震动。除此之外，由线上舆论围攻演化而来的线下暴力侵害事件，会对当事人的

人身安全形成更加直接的威胁,使得网络暴力的危害更加突出。

(二)恶化网络生态,扰乱公共秩序

清朗的网络生态,是一个正常有序社会必不可少的组成部分,而恶性的网络暴力事件无疑会对网络空间秩序建设造成严重的危害。

第一,网络暴力导致网络空间道德失序。在一些以道德、正义为旗帜的网暴事件中,参与者凭借着个人的善恶喜好对当事人展开道德审判。这些网暴者自称占据道德制高点,通过集体声讨、混淆是非,获得道德上的优越感。由于网暴者的强烈道德情感只能宣泄,无法得到正向引导,最终难免走向道德秩序的破坏与失衡,进一步削弱网络社会的道德行为规范。

第二,网络暴力损害互联网经济秩序。在一些以恶意差评形式展开的网暴事件中,网暴者通过在互联网上损害企业的商誉,破坏其正常经营,使企业承受相当规模的经济损失。例如,在2019年年初,杭州互联网法院判决了一起涉及职业差评师团伙的民事案件,在该案中,7名被告被判赔偿被害企业经济损失8万余元及合理支出4万余元。在此之前,该团队还因同一事件被深圳市龙华区人民法院以敲诈勒索罪判处刑事处罚。部分经营者为追逐流量和利益,在故意和明知的情况下对于恶意差评现象放任自流、未在早期施加有效的管控,甚至为了流量和利益主动成为网络极端言论的推手,严重危害了正常的互联网竞争秩序。

(三)戕害网络文化,阻碍文化建设

网络文化是中国特色社会主义文化的重要组成部分,建设网络文化需坚持把社会效益放在首位,通过实施国家文化数字化战略,繁荣文化事业和文化产业。网络暴力的存在,不利于树立文化自信、发展文化事业、开拓文化产业,严重阻碍了文化建设过程中社会效益和经济效益的统一。

当前的网络文化图景中,充斥着“饭圈互撕”“键盘侠”“佛系”“凡尔赛”“躺平摸鱼”“祖安”等亚文化现象。这些亚文化现象一方面促进了文化繁荣,另一方面也给我国网络空间社会治理、网络环境舆情治理以及网络公民治理等带来了不容忽视的新问题。

以“饭圈”文化为例,所谓“饭圈”,指某个(或某几个)偶像的粉丝们

组成的共同体圈子。“饭圈”一词,既强调了该共同体以偶像为中心,也清楚表明不同圈子间的边界与区分。在正常、健康的网络环境中,粉丝的追星行为可以为其带来积极的影响,如在优质偶像的榜样力量下不断学习进步、不断充实自我。然而,“饭圈”的排他性、低龄化以及冲动、敏感等特性,导致其常常成为网络暴力的诱发器。歪曲事实散播谣言,发布攻击性或侮辱性言论,揭露他人隐私、损害他人形象等网络暴力行为在“饭圈”活动中极为常见,无论是粉丝对偶像明星的网络暴力行为,还是粉丝之间的网络暴力行为都频频发生。久而久之,“饭圈”文化逐渐偏离正轨,在部分语境下,甚至成为一类极为扭曲的文化现象的代名词。

由网络暴力牵动的一系列文化乱象,在本质上还是因为部分网民错误地理解网络的自由开放,在个人表达上随心所欲,无视他人隐私、公共利益,在网络空间肆意传播负能量,破坏了良性的网络文化建设,给社会主义文化事业带来了负面影响。

(四)引发舆情对立,影响和谐风气

网络文明建设是社会主义精神文明建设和网络强国建设的重要任务,由网络暴力延伸而来的网络矛盾与对立,既破坏了文明、和谐的网络风气,也对现实社会的和谐稳定产生了不利影响。

首先,网络暴力事件加剧了网络空间中的舆情矛盾与对立,压缩了公共讨论空间,导致理性声音持续消沉。尤其在一些极端的二元对立事件中,观念的不同被上升为更本质的问题,以此从根本上对一个人或一类人进行肯定或否定。比如,粗暴地划分对与错的标准,粗暴地给人贴上“普信男”“娇妻”“田园女拳”“二极管”等符号化标签。这些行为的本质是以简单的二元对立思维看待一切,消解并扼杀了讨论的意义与价值。在这种对立与矛盾下,无谓的攻讦与情绪宣泄披着观点碰撞的外衣招摇过市,冲突双方之间几乎不可能通过相互理解来达成平衡,只是在无意义的情绪发酵中消费热点、消耗自我,最终导致讨论的真正价值被消磨殆尽,和谐的网络环境也随之消弭。

其次,由网络暴力引发的网络对立和“公开处刑”,会导致被网暴者“社会性死亡”。“社会性死亡”一词原本用以描述在公众面前出丑丢脸、恨不得钻地缝的场景,后逐渐演化为描述个体在遭遇网络暴力后,陷入社

交往来被阻断、社会声誉被倾轧的困境。[①] 作为互联网时代的“数字谋杀”,“社会性死亡”使个体陷入根深蒂固的自我污名化,其角色认同、社会身份和社会关系在短时期内很难得到修复。即便事件热度平息,对其生活造成的负面影响依然长期存在。

更为严重的是,网络暴力为互联网环境埋下了威胁社会和谐稳定的长久隐患。由网暴引发的线下群体性事件,会直接对现实社会环境产生影响。例如某脱口秀演员以“男人普通但自信”的名句走红后,始终遭受着来自部分男性网友的攻击谩骂,该演员代言的产品遭到抵制,因此其不得不解除代言关系,甚至有人扬言要到线下对其实施伤害。又如近年来颇受关注的“网络医闹”,一些人在网络上肆意炒作针对某家医院或某名医生的恶评差评,引发患者及社会公众对医疗系统的质疑,使得本就脆弱的医患关系进一步恶化。

(五)危害青少年身心,侵害未成年人权益

我国互联网在未成年人群体中的普及率已高于成年群体,网络成为了未成年人认知世界的重要渠道和价值观形成的重要来源。与此同时,浮躁、混乱的网络环境也极大加剧了未成年人遭受网络暴力的风险。网络暴力对于未成年人群体的危害具有双重性,一方面,以青少年为主体的未成年人,面对网络暴力缺乏完备的应对风险能力,易沦为网络暴力的受害者;另一方面,这部分未成年人也易反转为网络暴力的实施者,引发一系列以其为主体的违法犯罪行为。

首先,从受害者角度看,由于缺乏成熟的判断能力和控制能力,未成年人在网络暴力面前的防御力和自我保护意识处于一个极低的状态,稍有不慎即可能沦为网络暴力的牺牲品。网暴轻则导致未成年人心情低落、学习退步,重则导致其患上焦虑、抑郁等病症,甚至造成未成年人自伤自残等无法挽回的后果。如在新冠疫情期间,多国都曾报道,因为网课和远离校园极大增加了未成年人居家上网的时间,网络欺凌逐渐代替传统欺凌成为影响青少年身心健康的主要根源。在后疫情时代,如何治愈、挽

---

① 参见梁思思、曹东勃:《“社会性死亡”:青年网络暴力新趋势及治理路径》,载《社会科学战线》2022 年第 4 期。

救这部分青少年的身心健康,成为全球共同面对的问题。

其次,从网暴施行者的角度看,未成年人思维敏捷、观察力强,乐于接受和尝试新奇的事物,且具有较强的模仿力,极易受到网络不良信息的影响。例如,部分未成年人在互联网上遭到他人辱骂后,继而自己也开始充当"网络喷子",将污言秽语传播给他人;在受到他人造谣污蔑后,自己也开始传播网络谣言;在受到互联网非法色情信息的荼毒后,产生不良性观念的未成年人在冲动下成为网络性犯罪的实施者;等等。有研究指出,实施网暴、欺凌的未成年人在青少年时代多伴有斗殴、辍学、过早性行为等不良倾向;在成年后可能表现出酗酒、药物滥用、违反交通规则甚至虐待配偶、子女等犯罪行为。[①] 充斥互联网的暴力信息甚至代替了学校和家庭教育介入未成年人的人格塑造环节,致使原本作为网暴受害者的未成年人反而可能成为下一起网络暴力乃至更加恶劣的违法犯罪行为的实施者。在上述两类主体之外,网络暴力的不良影响还可能波及单纯作为网暴目击者的青少年,使其产生压抑、焦虑等心理负担,给这一类人群的健康成长蒙上阴影。

---

① 参见陈美华、陈祥雨:《网络欺凌现象与青少年网络欺凌的法律预防》,载《南京师大学报(社会科学版)》2016 年第 3 期。

第二章

网络暴力治理存在的问题与现实困境

随着网络暴力行为的危害性不断凸显，网络暴力治理日益引发社会关注。厘清网络暴力治理现存的主要问题和现实困境，对实现治理的法治化至关重要。

第一节　我国网络暴力治理现存主要问题

一、“流量为王”的利益驱动

网络媒体是网络暴力案件的深度参与者。网络暴力案件中最为活跃和关键的网络媒体当属社交媒体。社交媒体包括自媒体，其主要载体为各类网络社交平台与即时通信软件。快速成长期的社交媒体曾以突出的媒体属性和社交属性为特色。[①] 然而，随着流量时代的到来，社交媒体的核心属性发生了变化。盲目引流异化了社交媒体的信息内容生产，经营网络黑灰产业的多频道网络（Multi-Channel Network，MCN）机构野蛮生长，社交媒体逐渐成为网络暴力案件的重要推手。

（一）盲目引流异化社交媒体角色定位

社交媒体与网络暴力的紧密联系是社交媒体信息内容生产异化的结果。从承接商业广告、接受粉丝打赏、提供会员增值服务、进行电商营销，到内容付费、线上线下（O2O）等新兴有偿服务，社交媒体已经探索出了一套成

---

① 参见陈海峰：《智能传播时代自媒体治理的四大困局及出路》，载《中华文化与传播研究》2020 年第 1 期。

熟的流量变现模式。[①] 流量是社交媒体商业化运营的核心，在盲目追逐流量的过程中，部分社交媒体日渐沦为网络舆情事件的发起者、网络暴力案件的组织参与者以及网络生活环境的污染者。

首先，部分社交媒体沦为网络舆情事件的发起者。一方面，社交媒体行业的准入门槛较低，运营者缺乏信息内容生产与社会责任意识的专业培养，大量以往被过滤的内容因此流入公共领域。例如，层出不穷的猎奇报道和"三俗"报道，被非法检索公开的个人隐私信息，大肆传播的虚假信息、臆想猜测，大行其道的"标签新闻"等。另一方面，社交媒体对现实生活无限制地挖掘报道，将私人空间内的行为举止不断暴露于公共道德的审查中，或者过分放大社会事件中的个人形象。网络暴力在私人空间和公共空间的混同下变得意外和突然。营利性与大众性引发了社交媒体的运营乱象，导致部分社交媒体成为了网络舆情事件的发起者。

其次，部分社交媒体成为网络暴力案件的组织参与者。在"流量为王"的理念下，"逢热必蹭"、过度炒作、浅层解构成为社交媒体的常态。其一，"逢热必蹭"推动了网络暴力案件的形成。"逢热必蹭"的现象显著降低了社会的宽容度，社交媒体争相担当"意见领袖"，通过引导观点对立维持热度、获取流量，当事人则沦为不同网民群体情绪宣泄的受害者。其二，过度炒作加剧了网络暴力的强度。在不断压榨流量价值的过程中，社交媒体对热点人物围追堵截，碎片化的事实内容被随意传播，私人生活空间被完全公开。其三，浅层解构消解了严肃中立的理性思考。泛娱乐化是社交媒体的重要特征。对真实个人的"后台"窥私代替了对客观行为的"前台"分析；表情包等浅层化、标签化表达代替了冗长的真相探究。不分是非的调侃、"审丑"、造谣、曲解组成了集体的情绪狂欢，对严肃立场和理性思考的解构消解了抑制网络暴力的防线。

最后，部分社交媒体成为网络生活环境的污染者，劣质社交媒体破坏了优质社交媒体的生存空间。一方面，公信力的衰弱削减了优质媒体的生存空间。"新闻失实降低公信力，低俗同样降低公信力。"[②]过度炒作、诋毁中伤式的报道消耗了社交媒体的可信度，负面事件的接连曝光更沉

---

① 参见邱碧珍：《自媒体盈利模式对比与创新路径研究》，载《经济论坛》2017 年第 12 期。

② 周晓虹：《自媒体时代：从传播到互播的转变》，载《新闻界》2011 年第 4 期。

重打击了网络媒体的整体权威。另一方面,“洗稿”乱象打击了原创性内容的生产。“洗稿”隐蔽性强、侵权成本低、维权成本高,“洗稿”现象泛滥导致了网络媒体的低创化、庸俗化。[①] 坚守传统的优质媒体面临着生存危机,优质媒体的流失降低了网络舆论环境的自净能力,恶化了网络生活环境。社交媒体“立场先行”“情绪宣泄”的报道模式容易使民众养成重情绪轻真相、重立场轻理性的表达习惯,从而大幅增加发生网络暴力的可能性。

(二)灰色利益刺激 MCN 机构野蛮生长

MCN 机构的野蛮生长是社交媒体行业贯彻“流量至上”观念的产物。MCN 的本质是一种将聚合的内容生产者与平台方、广告方相互联结,帮助内容生产者实现分发和商业价值变现的中介组织。[②] 大部分中国 MCN 机构由各类广告营销公司转型而成。2015 年前后,以短视频、直播行业的爆发为契机,MCN 机构迅速发展。截至 2019 年,中国的 MCN 机构已经达到了 6700 家。[③] 由于对 MCN 机构及其行为缺乏认识,早期的 MCN 机构群体在快速扩张的同时并未得到公权力机关的有效管理,大量 MCN 机构在灰色利益的刺激下野蛮生长。

MCN 机构的野蛮生长衍生出了严重的网络暴力。国内 MCN 机构主要通过社交媒体的收益分红获利,流量是 MCN 机构盈利的核心,流量变现是其最重要的行为目的。因此,同为标准化创作,MCN 机构指导的创作内容与传统新闻行业要求的创作内容却大相径庭,后者以标准化创作保证新闻生产的质量,而前者只服务于短时间内引流效率的最大化。MCN 机构格外青睐内容变现能力强的生产者,其考核指标取决于不同平台的流量分配机制。MCN 机构管理下的社交媒体普遍存在一种人为的“流量焦虑”,部分社交媒体账号在流量焦虑下习惯于追逐热点,突破公

---

① 参见任渝婉:《自媒体“洗稿”的治理难题及其多元破解》,载《出版发行研究》2018 年第 11 期。

② 参见郭全中:《MCN 机构发展动因、现状、趋势与变现关键研究》,载《新闻与写作》2020 年第 3 期。

③ 参见张培培:《网红“工厂”:MCN 机构的发展历程、兴起逻辑及未来趋势》,载《未来传播》2021 年第 1 期。

序良俗,以“情绪刷屏”替代真相传播与理性讨论。[①] 大量劣质 MCN 机构缺乏多样化、可持续的运营能力,往往无下限地引导所管理的社交媒体账号进行引流,形成了所谓“营销号”,这些“营销号”的危害具体包括三个方面。

其一,在 MCN 机构指导下,激发激化群体对立与社会矛盾成为惯用手段,挖掘当事人隐私信息成为“流量密码”,引导“审丑”且“丑角”变现日渐专业化与商业化。其二,社交媒体营销号以吸引读者注意力为目的,不关注报道的全面、真实、客观。实践中,营销号经常进行单方采访并对案件事实裁剪拼接,形成煽动性的片面报道。同时,还存在对特定行为与言论性质的恶意解读夸大,刻意迎合社会刻板印象的标签化报道,以及以主观臆测为根据的推测性描述与虚假报道。其三,部分 MCN 机构成为网络黑灰产业的“中坚力量”。在经济利益的驱使下,网络黑灰产业借助 MCN 机构对接聚集有需求的平台媒体、中介服务商、资源服务商,就不同主题的网络舆情事件捏造事实、歪曲真相、泄露隐私、恶意炒作,从中获取“黑流量”,引发网络暴力案件。网络黑灰产业使网络暴力案件成为明码标价的商品,产业化和组织化的网络暴力严重破坏了网络生态秩序。

二、“网络水军”的屡禁不止

“网络水军”是一类利用网络诋毁、舆情炒作等不法营销手段非法获得高额利润的有组织的网络垃圾意见生产者。[②] “网络水军”有组织地策划参与社会热点事件,利用社会情绪,煽动舆情热点,引导舆论走向,诱发网络暴力,实现非法获利。在“网络水军”的操纵下,针对特定个人与企业的网络暴力现象屡见不鲜。尽管近年来对“网络水军”的打击治理已经有所成效,但“网络水军”的根除难以一蹴而就。[③]

---

① 参见李艳玲、崔建芳:《自媒体“情绪刷屏”现象的缘由及治理——以“疫苗造假事件”为例》,载《传媒》2018 年第 19 期。

② 参见王长杰:《网络水军的社会危害及治理路径研究》,载《辽宁警察学院学报》2021 年第 2 期。

③ 参见乙智:《整治“网络水军” 维护网络诚信》,载《人民日报》2022 年 7 月 28 日,第 19 版。

(一)“水军”产业批量制造网络暴力

“网络水军”滥觞于2005年前后的网络论坛时代。早期的“网络水军”已经披上了网络公关公司的外衣,主要在雇主的要求下收集论坛账号集中发帖,也被称为“五毛党”。[①] Web 2.0时代,百科全书(Wiki)、简易信息聚合(Really Simply Syndication,RSS)、标签(Tag)、社会性网络服务(Social Networking Service,SNS)、即时通信软件(Instant Messaging,IM)等应用将网络信息层级模式从单向传输改变为双向传输。[②] 交互性成为Web 2.0时代的核心精神,交互、即时、开放的网络传播环境趋于成熟。与此同时,“网络水军”的规模和危害也攀升至新的层次。

“水军”产业造成了破坏网络环境、干扰市场秩序、滋生网络暴力的严重后果。“网络水军”行为通常有四种表现形式:一是“捧人推手”。“捧人推手”是指,“水军”组织利用软件机器人或“水军”成员有计划地进行大规模营销炒作,达成雇主的业务推广要求,获取经济利益。二是“网络打手”。“网络打手”是指,“水军”组织制造传播虚假信息,以此进行虚假投诉、恶意诽谤,操纵网络舆论,威胁或损害受害者的名誉或商誉。三是有偿删帖。有偿删帖是指,“水军”组织在技术人员的帮助下将负面信息下沉、稀释或者删除、屏蔽,以此消除负面影响。四是舆情炒作。舆情炒作是指,“水军”组织串联网络中介、资源服务商等网络主体,组织或参与社会热点事件,通过歪曲事实、隐瞒真相等手段引导群体对立,煽动网民情绪,引发舆论事件。在四种表现形式中,“网络打手”与舆情炒作是网络暴力的直接成因,其余两类行为也同样严重扰乱了正常的网络秩序,影响了普通网民的价值观塑造,导致了网络信任危机,间接促成了网络暴力现象的泛滥。

(二)高额收益持续催生“水军”产业

“网络水军”行为的获利能力强。一方面,“网络水军”行为的严重危害性为“水军”组织攫取不法利益提供了“有力保障”。“水军”组织所实

---

① 参见罗琼:《卧底水军日记》,载《南方周末》2011年11月3日,第3版。

② 参见王伟军、孙晶:《Web 2.0的研究与应用综述》,载《情报科学》2007年第12期。

施的网络造谣、恶意诋毁对于个人与企业而言具有严重的危害性。这种危害性表现为对经济利益、社会名誉或商誉的破坏性损害,更因网络空间去中心化的信息储存机制呈现出长期持续且难以恢复的特征。利用当事人遭受网络暴力的恐惧感,“水军”组织可以通过敲诈勒索获取不法利益,也能够吸引网络用户成为其雇主。据调查,自媒体在社交平台发布普通话题的价格约为5000元,商业话题约为1万至2万元,发布的稿件如有10万次以上阅读量则价格可达1.5万元。[①] 普通用户花费不足千元便可以雇用大量“僵尸粉”进行话题点赞、转发,以此组织一次有针对性的网络暴力。[②]

另一方面,激烈的市场竞争是“水军”组织获利的现实基础。随着中国特色社会主义市场经济的不断发展,“红海”行业不断增多,个人、企业、组织之间的竞争日渐激烈。市场主体具有正面造势与负面去势的紧迫需求。在幕后雇用者的法律责任不明时,虚假宣传、舆情炒作能够帮其形成强大的不正当竞争优势,在短时间内安全地攫取大量利益,并以此回报给“水军”组织以高额利益。“水军”组织普遍以“商业推广”“整合营销”“舆情优化”为遮掩,依靠所招募的“下线”快速分包发帖任务,实现大规模的流量造假或营销炒作,从而在造谣诋毁、敲诈勒索外建立多渠道的变现路径。

“网络水军”行为的违法成本低。其一,组织成本低。在自媒体时代,只需要了解网络文化特点,掌握信息编辑发布技术,网络用户就有能力制造舆情热点,实施“水军”行为。对于“水军”组织而言,基层“水军”成员的培养几乎没有成本。产业化、组织化、专业化的“水军”组织更有专职人员负责基层成员招募、培训,进一步降低了组织人员的学习成本与操作难度。

其二,运营成本低。一方面,“水军”组织能够将低成本的运作方式以制度形式予以固定。成熟的“水军”组织团队囊括软件机器人控制下的“水军”账号、“水军”成员团队、合作“大V”、自媒体等组成部分,形成

① 参见寿志坚、翁音韵:《网络“黑公关”行为最新样态及刑事规制》,载《人民检察》2022年第16期。

② 参见吴迪:《760元推动一次网暴?绝不容忍“网络黑社会”为所欲为》,载《工人日报》2022年11月15日,第5版。

了包括任务发布及接收、信息生产与平台选择、精准信息投放在内的制式流程，具有稳定的客户来源。另一方面，虚拟化的运营方式大幅降低了成立“水军”组织的门槛，软件机器人的应用以及在校学生、无业人员等低收入群体的雇用降低了运营“水军”组织的资本需求。

其三，法律风险低。“网络水军”行为具有隐匿性、虚拟性，参与人员众多且身份复杂，案件证据易被删除销毁，查明案件事实的难度较大。同时，相关法律规范中并无“网络水军”的概念，“网络水军”行为的定性存在争议，这影响了“网络水军”的责任追究。以刑法为例，非法经营罪，编造、故意传播虚假信息罪，非法利用信息网络罪以及帮助信息网络犯罪活动罪是当前进行“水军”行为治理的主要罪名。[①] 但是，非法经营罪本身饱受“口袋罪”的诟病，无法规制不涉及商业信誉的“水军”行为；编造、故意传播虚假信息罪只能规制涉及险情、疫情、灾情、警情的“水军”行为；非法利用信息网络罪则仅将侵犯个人名誉与企业商誉的犯罪行为排除在外；帮助信息网络犯罪活动罪则要求雇主本身的行为达到犯罪的程度。概言之，法律法规在“网络水军”治理领域尚有不足和缺陷。

（三）识别定性限制治理能力

“网络水军”行为的识别定性直接影响到治理的效率。“网络水军”识别的首要困境是欺骗困境。早期的“网络水军”多利用垃圾邮件获取利益，随着检测识别技术与用户辨别能力的提高，当前的“网络水军”多以模仿正常言论为伪装实现制造舆论场的目的，其身份与行为高度隐蔽、分散，识别难度显著升高。“Web 2.0 网络水军识别研究难度加大，较传统网络水军识别研究面临更大的挑战。”[②]研究表明，在“水军”识别技术中，基于文本与情感的分析方法耗时长、成本高，过分依赖文本信息内容的判别，容易被“水军”组织规避，基于关系网络交互的分析方法存在数据获取的巨大困难，传统的概率图法则存在无法更新适应性阈值矩阵的不足。[③]

---

① 参见罗翔：《网络水军与名誉权的刑法保护》，载《社会科学辑刊》2019 年第 4 期。

② 莫倩、杨珂：《网络水军识别研究》，载《软件学报》2014 年第 7 期。

③ 参见张艳梅等：《基于贝叶斯模型的微博网络水军识别算法研究》，载《通信学报》2017 年第 1 期。

“网络水军”的识别困境也表现为认识困境与成本困境。一方面，“网络水军”行为的参与者对行为违法性普遍缺乏认识。“网络水军”的概念并未直接出现于我国的行政法、刑法条文当中，这导致参与者往往并未认识到“网络水军”行为可能构成违法犯罪，从而缺乏反对意识。另一方面，“网络水军”善于利用普通网络用户认识能力有限的特点引导舆论。由于存在大量普通用户，通过技术手段区分出的“网络水军”行为还需要进行用户身份的二次鉴定，这极大提升了信息筛选系统的建构难度和成本。此外，现实身份的识别也是“网络水军”规制的另一个困境，表现为即使通过不法行为确定了用户“网络水军”的身份，也难以锁定其现实身份。

（四）反弹回潮影响治理效果

一是经济利益驱使“网络水军”行为反弹回潮。“网络水军”是网络社会不断追逐流量的产物。在持续存在的利益驱使下，即使对违法犯罪信息进行反复清理，也会有更具隐蔽性的变种行为出现。此外，对于违法犯罪人员识别处置的不准确、不及时、不全面也会降低法律的威慑力，影响治理效果，导致“网络水军”行为卷土重来。

二是分层治理的制度保障不足诱发“网络水军”反复回潮。近年来，有关机关对“网络水军”、网络暴力等网络乱象进行了集中整治。① 但是，专项行动的长期持续也从侧面反映出我国“网络水军”治理的制度缺失问题。目前，针对“网络水军”等不法群体的治理规范多集中于刑法领域，主要表现为最高人民法院、最高人民检察院、公安部、司法部等发布的刑事司法解释。刑法是最后保障法，大量“网络水军”行为不具有刑事违法性，难以通过刑法直接打击，民法与行政法领域治理手段的不足阻碍了全面治理“网络水军”行为的进行。

三是“网络水军”的组织与行为特征决定了治理过程长期持续。一方面，“网络水军”是流量时代追逐利益的畸形产物，与多类主体具有利益关联，除直接实施“网络水军”行为的“水军”组织成员外，还包括了一

---

① 参见侯建斌：《开展全过程全链条治理　防止网络乱象反弹回潮》，载《法治日报》2022年3月25日，第6版。

系列网络黑灰产业链内的参与者。另一方面,“网络水军”具有强大的学习适应能力,能够不断改头换面以逃避外部治理。有效治理“网络水军”的根本路径是加强多方合作,提升技术能力,积极追根溯源,全程综合治理。“网络水军”治理是全面整顿网络生态环境的重要组成部分,在彻底斩断网络黑灰产业链,实现违法犯罪信息的高效清除前,必然伴随着长期的利益博弈。

三、“按闹分配”的舆情处置

(一)“按闹分配”中的网络暴力危机

“按闹分配”通常是指一种非制度化的资源分配模式与权利救济模式。利益诉求者主动或被动地在网络空间中公开利益受损的境况,以社会舆论向案件当事人或公权力机关施加压力,以期获得利益分配或资源倾斜。在制度化救济渠道不畅的领域,利用社交媒体实现公开维权甚至被部分实务部门认为有助于降低维权成本和难度,规避恶意维权方式,体现了法治社会的人性关怀和法治力量。[①] “按闹分配”通常伴随着严重的网络暴力现象,甚至主要是以网络暴力的形式展现其影响力。但“按闹分配”的舆情处置机制客观上促成了社会治理的公众参与,有利于维权事件的快速解决,具有补充传统维权方式的作用,因而其成为了网络暴力法治化治理中较为特殊的一个问题。

“按闹分配”的舆情事件大致分为三个阶段。第一个阶段是对话场域转换阶段。在现实场域内,利益诉求人遭遇了协商未果、救济不畅的窘境,由于不平等的话语权处于利益分配的相对劣势。通过公开披露侵权事件或个人遭遇,事件双方对话的场域转至网络公共场域。网络公共场域更加注重内容而非内容的生产者,同时将权力运作公开化、透明化、即时化,由此提供了改变双方地位的可能。第二个阶段是网络舆情扩散阶段。社交媒体具有嵌套性,个体的人际网络在交互中嵌套在另一位用户

① 参见吴成臣:《微博讨薪:为依法维权打开一扇门》,载《人民法院报》2012 年 12 月 1 日,第 2 版。

的人际关系圈中，弱势群体的社会关系网络在嵌套交互中得以放大。[①] 在这一阶段，网民参与讨论，群体意见形成，舆情事件发酵，对事件当事人的批判以及“网络审判”“网络谣言”等网暴行为“病毒式”增长。第三个阶段是权威机构介入。在舆情事件进入高潮期后，行政、司法机关主动介入，调查公开案件事实，回应利益诉求，网络暴力逐渐减弱至完全平息。

“按闹分配”的舆情处置机制始终伴随着网络暴力的风险。一方面，“按闹分配”依赖情感动员，具有引发非理性思考的特质。情感作为社交媒体维权事件中的重要资源，贯穿舆论发生扩散的全部环节。情感动员是利益诉求者抢占舆论制高点的有效手段。[②] 情感动员容易为利益诉求者不当利用，成为传播负面情绪和社会戾气的诱因。另一方面，“按闹分配”本身就是对传统制度规则的突破，极易演变成反规则群体的狂欢。在舆情发酵期间，网民群体的批判对象往往从行为人扩散至社会、国家。舆论对象的泛化不断吸引更多情绪宣泄者参与，最终引起包括网络暴力在内的众多社会失范行为。

（二）利益诉求者理性选择“按闹分配”

在“按闹分配”的舆情事件中，利益诉求者、新闻报道者、网络用户均扮演着重要角色，共同实现了舆论资源的整合以及权力的再生产。立足不同角色的分析，有助于全面了解“按闹分配”的运作机制。

“按闹分配”是利益诉求者的理性选择。其一，“按闹分配”成本低廉。传统维权途径存在维权成本较高、救济程序繁琐、判决执行困难等问题。极端案件中，还存在侵权者事后报复的现象。与追求程序正义的制度化救济路径相比，在各类内容平台、社交平台、知识平台等网络媒体平台上寻求舆论支持的门槛与成本较低。诉求者不再需要认识和适用法律条文，免去了与公权力机关互动的成本。只要能够充分利用社交媒体进行情感唤起，诉求者就能够利用网民的同情共意实现目的，且一般情况下无须承担引发网络暴力的法律责任。

---

① 参见叶娟丽、徐琴：《权力再生产：微博维权何以可能的一个解释框架》，载《西南民族大学学报（人文社会科学版）》2021 年第 7 期。

② 参见龚芳敏、刘海孟、孙皖湘：《基于 12 例微博维权事件的情感动员定性比较分析》，载《齐齐哈尔大学学报（哲学社会科学版）》2021 年第 11 期。

其二,"按闹分配"强力高效。通过公开案情以及涉事方信息,利益诉求者有机会将主流媒体、"意见领袖"、普通民众纳入可调动的社会资本当中,从而扭转现实社会中的权力对比。网络舆论在帮助利益诉求者取得话语权的同时,也赋予了利益诉求者向资源分配体制施压的义务,此时的利益诉求者既是网络舆论的代表,也为网络舆论所支配。面对代表民意的诉求,政府机关、组织机构都需要展现尊重和关注。维权事件的处置结果与舆情发酵的程度有关。数据显示,在已调查案件中,维权事件经社交媒体公开后得到解决的比例为 74.5%,能够平息公众争议的结果占比 45.3%。[①]

其三,"按闹分配"形成示范。"按闹分配"的成功个案形成了强大的示范效应,利用网络舆论维护权益逐渐成为一种主流选择。一种"维权依赖"产生于维权者当中,他们盲目模仿成功的事件,持续发布维权信息,刻意追求事件"闹大",并将失败原因归咎于"闹得不够大"。[②] 尽管引发社会关切的依然是少数事件,但寻求网络舆论声援已然成为"伸张正义"的重要途径。

(三)新闻报道者关注追踪"按闹分配"

自媒体时代,数字内容生产与商业运营的竞争白热化,"按闹分配"事件对急于扩大影响力的社交媒体而言具有特殊的吸引力。首先,维权事件的冲突性吸引媒体报道。"按闹分配"的背景通常是传统维权渠道的不畅与维权经历的波折。这种角色鲜明的现代"悲剧故事"容易调动读者情绪,引发舆论热点。其次,"按闹分配"与社会公正的天然联系吸引着媒体关注。据调查,维权事件涉及最多的是消费者权益,之后是生命健康权和劳动者权益,也涉及知识产权、受教育权等权益。[③] 这些权益为普通民众所熟悉和重视,保护权益是易于积聚社会共识的话题。在原始

---

① 参见常健、余建川:《微博维权行为的实证分析与法律引导——以 110 个典型案例为中心》,载《华中师范大学学报(人文社会科学版)》2018 年第 1 期。

② 参见常健、余建川:《微博维权行为的实证分析与法律引导——以 110 个典型案例为中心》,载《华中师范大学学报(人文社会科学版)》2018 年第 1 期。

③ 参见徐增阳、崔学昭:《微博维权的作用机制:基于公共能量场视角的案例分析》,载《西南民族大学学报(人文社会科学版)》2015 年第 9 期。

报道者或当事人公开案件信息后,如果事件具有一般性,就会吸引更多跟进报道者进一步曝光案件的具体细节,或者在原始报道基础上独立评价、发表观点,进而引发读者的讨论。舆情事件的热度随着跟踪报道不断上升。最后,事件澄清,结束媒体关注。在舆情事件发酵后,政府部门与涉事方参与对话。在公布案件真相,清除网络谣言,宣告“分配”结果后,媒体不再继续关注报道,网络舆情进入消退期,网络暴力行为平息,事件生命周期终结。

(四)网络用户鼓动支持“按闹分配”

网络用户是社会舆论的主体,也是改变舆情事件中强弱力量对比的中坚力量。首先,好奇心态聚集注意力。维权事件有别于大量同质化的网络信息,具有反常性、偶然性、悖德性、戏剧性,能够刺激感官吸引网络用户注意。好奇心态汇聚了注意力资源,形成了舆论场。其次,共情心态转化注意力。在对“闹事者”坎坷经历的同情下,网民群体容易形成对对立方的愤慨不满,弱注意力因此转化为强注意力。网民群体与利益诉求者间会形成一种“互惠利他”①关系。在互惠利他关系中,网民群体将在热点事件中的时间精力投入作为对未来可能遭遇的维权困境的投资。互惠利他思维具有普遍性,因此网民的共情也具有普遍性。再次,从众心态扩大影响力。在“意见领袖”的引导下,同情诉求者并支持“公正分配”的网民形成意见群体。与主流观点不一致的意见被边缘化,后续关注者在从众心态的影响下加入已有的意见群体。最后,宣泄心态异化影响力。在舆论转向对社会问题的不满后,舆情事件中的涉事方与政府部门沦为社会压力的“解压阀”。对涉事方与政府部门的侮辱、诋毁、攻击频发,产生了严重的网络暴力。

四、“法不责众”的群体效应

网络暴力行为主体包括施暴人群体与信息传播主体。前者直接实施了网络暴力行为,后者则是网络暴力行为产生发展的幕后推手。同一个

---

① 所谓互惠利他是指没有血缘关系的生物个体为了回报而相互提供帮助。

体可以同时进行施暴行为与信息传播行为，两种群体都具有多元而分散的"去中心化"特点，同时也均有"法不责众"的去责任化现象。

（一）在民事领域，被害人难以请求网络暴力行为群体承担侵权责任

一是行为杂糅导致侵权主体不明。网络暴力案件中的信息首发者、"意见领袖"、"人肉搜索"者、"网络水军"是居于核心的关键人群，而数量远胜于关键人群的是跟帖评论者、网络搬运者、现实侵扰者和网络围观者组成的推波助澜群。[①] 网络空间中，信息发布具有匿名性，信息传播具有高效性，信息内容具有易变性，信息性质具有模糊性，因此关键人群的追责已然面临追溯难度高、电子取证困难的现实问题。相较关键人群，将推波助澜群的成员确立为侵权主体的难度更高。一方面是推波助澜群人数众多，身份复杂，分布广泛。即使只对其中的某一类人群追责，也会导致社会影响范围过大。频发的网络暴力和有限的司法资源也不支持大范围的调查取证。另一方面是推波助澜群的成员的实质推动作用难以直接与法律上的违法程度相对应。例如，网络搬运者的搬运行为类似于新闻媒体的转载报道，虽然可能是舆情事件与网络暴力的直接原因，却不能因此肯定其违法性。网络暴力的危害性来源于行为的集体性，集体行为拆分后通常只是某种道德失范行为，不具有被司法追责的价值。

二是证明严格导致侵权定性困难。网络暴力行为主要侵犯了被害人的名誉权、隐私权与个人信息权。即使克服取证困境确定了侵权主体身份与案件基本事实，受害者也未必能够顺利胜诉。一方面，证明侵犯名誉权的难度较大。根据《民法典》第 1025 条，被害人应当提供证据证明行为人曾以捏造、歪曲事实，未尽到合理核实义务或者使用侮辱性言辞等行为贬损他人名誉，否则行为人为公共利益实施的新闻报道等行为不是侵权行为。就施暴人群体而言，严重损害名誉权的结果往往是传播链条中不同主体随意传播、剪裁拼接、夸张描述的叠加，链条中的各个部分未必与最终被捏造、歪曲的事实具有法律上的因果关系；"合理核实义务"的界限不明，搬运者可以信赖原则主张并不知情；以维护社会秩序为目的的道

---

① 参见陈代波：《从网络暴力事件参与者的不同层次看网络治理》，载《毛泽东邓小平理论研究》2015 年第 4 期。

德遣责与贬损他人名誉的侮辱性言辞并非界限分明。此外,三种行为都存在主观过错难以证明的问题。

另一方面,证明侵犯隐私权与个人信息权受到“私密性”的限制。《民法典》第1032条第2款规定:“隐私是自然人的私人生活安宁和不愿为他人知晓的私密空间、私密活动、私密信息。”与之相关,第1034条第3款规定:“个人信息中的私密信息,适用有关隐私权的规定;没有规定的,适用有关个人信息保护的规定。”网络暴力案件中,个人信息很可能来源于个人自愿公开的信息或合法公开的信息,这种在现实和网络空间中已经公开的信息显然不具有“秘密性”。对于已公开的个人信息,单纯地收集使用是否属于第1036条中的“处理个人信息”存在争议。即使属于“处理个人信息”,自然人的事后拒绝是否属于“明确拒绝”以及精神损害是否构成“重大利益”都尚存讨论空间。

三是量化困难导致侵权结果存疑。在诉讼过程中,被害人一方面直面舆论压力,另一方面又承担着较重的举证责任以及较高的救济成本。与所付出的大量财产、时间、精力相比,针对个别网络暴力主体的成功诉讼经济价值较低。损害量化的困难导致所能获得的赔偿并不稳定,难达预期;能够进行损害量化的部分也可能因为因果关系的模糊只能获得“补偿”。轻微的违法成本难以对其他网络暴力主体产生震慑,无法有效阻止网络暴力行为的蔓延。胜诉获益较小也是网络暴力主体去责任化的重要原因。

(二)在行政领域,行政机关难以全面追究网络暴力群体的行政责任

一是规范供给不足导致处罚范围狭窄。我国现行有效的行政法律法规并无针对“网络暴力”的专项立法或条款,对网络暴力行为的处罚依赖于对现有法律的解释适用。但行政法律规范具有局限性,网络暴力行为又具有特殊性。目前,网络暴力案件的处理或是被害人自行提起民事诉讼,或是适用刑法规制,行政规范的适用空间较为狭窄,行政处罚经常处于难作为的状态。

二是社会稳定需求导致处罚意愿不强。追求社会稳定是行政机关的重要行为目的。随着我国民众法治意识的觉醒以及政府机关法治素养的显著提升,早年间不合理的冲突处理机制不再常见,取而代之的是协商妥协式的矛盾解决方式。面对情绪高涨的网络暴力群体,过多运用行政处

罚可能导致舆论矛头转向行政机关,引发新的社会矛盾。因此,行政机关更习惯予以协商让步,或者主动介入案件调查推动舆情消退,对可能造成对立情绪的行政处罚并不热衷。

三是治理资源有限导致处罚能力不足。网络社会的匿名性与虚拟性严重割裂了个体的现实身份与数字身份,身份错位提高了责任追究的成本。行政机关拥有相对丰富的物质资源与技术资源,但是这些行政资源需要分配给社会管理的各个领域。与网络暴力案件庞大的参与者群体、复杂的行为成因相比,行政机关能够投入的治理资源极为有限。同时,网络暴力案件具有一定的生命周期,大量人力、物力的投入未必能够在事件生命周期自然结束前取得良好的社会效果。因此,行政机关的处罚能力并不充足。

(三)在刑事领域,司法机关难以有效追究网络暴力群体的刑事责任

一方面,证明标准限制了刑事诉讼的启动。刑罚处罚是最为严厉的法律后果,刑事案件以"案件事实清楚,证据确实充分"为证明标准。网络暴力行为的证据以电子证据为主要形式,证据的收集、固定、梳理、适用需要专业技术作为基础,同时案件调查的成本也比较高昂。在网络暴力案件频发,网络暴力群体数量庞大的前提下,公私主体都缺乏充足的人力、物力与技术资源应对刑事诉讼程序的证明需求。

另一方面,网络暴力行为的构成要件符合性难以认定。在刑法领域,网络暴力行为中的个人可能构成侮辱罪、诽谤罪、侵犯公民个人信息罪,而网络服务提供者则可能构成拒不履行信息网络安全管理义务罪。然而,实践中针对网络暴力的刑事追责十分少见,网络暴力行为难以符合构成要件是直接原因。

首先,网络言语失范行为难以该当侮辱罪、诽谤罪。《刑法》第246条规定,侮辱罪的构成要件为"以暴力或者其他方法"、"公然"、"侮辱他人"且"情节严重";诽谤罪的构成要件为"捏造事实"、"诽谤他人"且"情节严重"。在侮辱罪中,侮辱行为包括暴力侮辱与非暴力侮辱,非暴力侮辱对名誉的损害应当达到与"暴力"手段相当的程度。然而,网络暴力中的言语失范行为发生于虚拟场域,被害人对被"公然"侮辱的感受并不直观,且言语失范行为带有批判谴责的性质,与传统的"公然暴力侮辱"并

不相当。与之类似，网民大都基于媒体报道评论传播，媒体报道本身也并非完全捏造，这种行为与故意贬损他人名誉的诽谤无关，因此难以构成诽谤罪。侮辱罪、诽谤罪都无法回应群体行为的治理需求。

其次，“人肉搜索”行为难以该当侵犯公民个人信息罪。根据《刑法》第253条之一以及相关司法解释的规定，侵犯公民个人信息罪包括两种行为方式，一种是侵犯个人信息达到一定数目，另一种则是行为人获取个人信息后明知他人实施犯罪而予以提供。[①] 然而，“人肉搜索”行为的刑事处罚面临与民事侵权追责同样的窘境，“人肉搜索”以检索、搜集、暴露公民自愿公开的个人信息为主要形式，而这种“人肉搜索”既达不到数量要求，也不属于非法采集，当中缺乏直接的牟利行为，因此难以构成侵犯公民个人信息罪。此外，根据2013年最高人民法院、最高人民检察院《关于办理利用信息网络实施诽谤等刑事案件适用法律若干问题的解释》（法释〔2013〕21号）的规定，寻衅滋事罪也是追究网络暴力刑事责任的罪名之一。但是，网络空间秩序是否属于传统意义上的“公共秩序”存在很大争议，作为道德谴责的网络暴力是否扰乱“公共秩序”尚待进一步研究确认。

最后，通过拒不履行信息网络安全管理义务罪实施间接追责也并不现实。该罪自出台以来就在司法实践中“全面遇冷”，由于极少适用几乎沦为“僵尸条款”[②]。该罪从设立之初就不断受到质疑，被认为属于情绪性立法，[③]是一个草率、粗疏的决定。[④] 在司法实践全面搁置本罪适用的情况下，网络暴力治理领域难以单独启用。

---

① 参见石经海、黄亚瑞：《网络暴力刑法规制的困境分析与出路探究》，载《安徽大学学报（哲学社会科学版）》2020年第4期。

② 陈洪兵：《拒不履行信息网络安全管理义务罪条款“僵尸化”的反思》，载《学术论坛》2022年第3期。

③ 参见刘宪权：《刑事立法应力戒情绪——以〈刑法修正案（九）〉为视角》，载《法学评论》2016年第1期。

④ 参见桑本谦：《网络色情、技术中立与国家竞争力——快播案背后的政治经济学》，载《法学》2017年第1期。

五、"息事宁人"的被害沉默

(一)防止舆情反复的妥协退让

社会宽容氛围的缺失是导致网络暴力被害人选择沉默的直接原因。社会宽容是指网络社会中的个人或群体即使具有必要的权利和知识,也不对自己不赞成的网络言论或行为进行干涉和妨碍。① 社会宽容与人群的年龄结构、学历结构、收入结构有关。实证研究表明,社会宽容度首先呈现出一种明显的代际差异,较年轻的群体社会宽容度较高,65 岁及以上人群的社会宽容水平最低。② 而根据《第 47 次中国互联网络发展状况统计报告》,我国 30 岁以上网民占比为 65.6%,年轻群体占比不高。社会宽容度与教育程度有关,随着学历层次的上升,低宽容度的比例依次下降,中学学历人群中的低宽容度比例为 74.3%。③ 该报告显示,我国网民群体中高中/中专/技校及以下学历占比为 80.2%,大学本科及以上学历仅占 9.3%。社会宽容度还与社会经济地位有关,社会群体的社会经济地位越高,社会宽容度高的比例越大。④ 该报告显示,我国网民群体中月收入在 5000 元以上的群体占比为 29.3%,月收入 1000 元及以下的群体占比为 15.3%,中低收入人群占比较高。综上,当前网民群体的年龄结构、学历结构、收入结构决定了网络社会的宽容度处于相对较低的水平。

社会宽容的缺乏导致了偏执、极端、激进的社会心态。在网络暴力行为中,沉浸于群体对抗与释放情绪的施暴人难以忍受被害人的"不服从"。随着严苛的道德审判成为"主流",网络暴力群体日渐在群体认同

---

① 参见郑春勇、张苏敏:《宽容视域下的网络社会治理——基于网络宽容度测量的实证研究》,载《公共管理学报》2013 年第 1 期。

② 参见严挺、卢春龙:《中国的社会宽容及其对公共参与的影响》,载《学习与探索》2022 年第 1 期。

③ 参见严挺、卢春龙:《中国的社会宽容及其对公共参与的影响》,载《学习与探索》2022 年第 1 期。

④ 参见严挺、卢春龙:《中国的社会宽容及其对公共参与的影响》,载《学习与探索》2022 年第 1 期。

中获得脱罪感，同时充满集体行动的使命感和成就感。如果被害人在网络暴力高峰期选择回击，被害人的言论就可能被非理性的网暴者曲解误读，对被害人的批判可能从客观行为的失范延伸至主观品性的恶劣，从而加剧网暴的烈度。在网络暴力案件消退后，如果被害人选择维权，维权行为也极易被缺乏宽容心态的网暴群体解读为被害人释放的对抗信号。虽然此时的讨论已经趋于理性，但也极可能诱发网络暴力群体的逆反心理和再次亢奋，进而延长网络暴力的持续时间。如果公权力不能阻断网络暴力行为，就会产生程度更甚的二次伤害。相较而言，选择沉默通常有助于舆情消退，防止舆情反复。

（二）权衡行为收益的理性选择

一方面，公力救济的成本不容忽视。根据《民事诉讼法》第 124 条，起诉状应当记明被告的姓名、性别、工作单位、住所等信息，法人或者其他组织的名称、住所等信息。然而，数字身份具有虚拟性和匿名性，为了获取数字身份背后的现实身份与流量数据，被害人需要先通过网络服务提供者获取电子证据。尽管《民法典》第 1195 条第 2 款规定，网络服务提供者接到通知后，应当根据构成侵权的初步证据和服务类型采取必要措施，但受隐私权和个人信息权制约，该必要措施通常不包括直接提供相关证据。因此，被害人需要首先起诉网络服务提供者以获得电子证据，掌握证据后才能确定二次诉讼中的侵权主体、行为与后果。在刑事诉讼中，常见的侮辱罪、诽谤罪需要提起刑事自诉，而刑事自诉的证据标准与证明标准远高于民事诉讼，诉讼成本更为高昂。概言之，不论何种救济路径都需要大量人力、物力、财力作为支撑。

另一方面，寻求公力救济的收益不佳。首先，网络暴力并非实体暴力，所造成的经济损害结果经常难以量化，不利于获得充分的经济补偿。更为重要的是，《民法典》第 1183 条第 1 款规定，“侵害自然人人身权益造成严重精神损害的，被侵权人有权请求精神损害赔偿”。“严重”具有语义范围上的不确定性，立法机关也未明确“严重”要件的具体规范目的。[①] 因

---

① 参见朱震：《论侵害人格权精神损害赔偿中的“严重”》，载《法制与社会发展》2022 年第 2 期。

此,网络暴力中的精神损害赔偿容易受“严重”限制。其次,网络暴力以间接侵害、群体侵害为主,单个行为与损害后果间的因果关系难以证明,这极大限缩了被害人请求赔偿的范围。最后,个别主体停止侵害不足以影响网络暴力群体的行为。即使网暴发起者或部分网络用户停止侵害、赔礼道歉,也难以阻止损害的扩大。成本高昂,收益低微,“息事宁人”因而成为一种理性抉择。

(三)迎合社会道德的自我否定

网络暴力案件中,许多施暴人的初衷是执行道德审判。① 道德审判的基础是悖德行为,被害人通常被认为具有“道德污点”。在现实社会中,“道德污点”的影响力有限,一般不会导致个体丧失进行正常社会交往的能力。但在网络空间中,被害人的“道德污点”会随着信息传播被迅速放大,并成为永久性的身份标签。与“道德污点”一同放大的是道德谴责的严厉程度。社会成员不断提高谴责力度以刺激失范成员的羞耻感、恐惧感等痛苦感受,道德谴责渐渐转变为道德惩罚。传统的道德惩罚早已在刑法上废止,但网络中的人格侮辱和语言暴力则在网络道德审判与道德惩罚中出现了复兴的趋势。② 中国社会历来重视道德传统,在道义上处于劣势地位意味着应当“自知理亏”。被害人在持续的道德惩罚中也十分容易出现从众心理和自我否定心理,将他人的违法行为视为对自身过错的“惩罚”。网络暴力案件中,频繁出现被害人诚恳道歉的怪象,而被害人的“反省”意味着公权力丧失了介入契机。

(四)弥合心理创伤的自我治疗

网络暴力行为会严重损害被害人的精神健康,极端情况下会引发被害人的自伤、自残、自杀,“被害沉默”往往成为一种本能的自我治疗手段。网络暴力案件的受害者与性犯罪的受害者类似。在性犯罪中,被害人常会因为耻辱、恐惧等心理状态选择不报案。③ 一项实证调查显示,在

---

① 参见林爱珺:《网络暴力狂欢的反思与规制》,载《人民论坛》2022 年第 9 期。

② 参见须大为:《网络道德审判的伦理困境及其化解》,载《伦理学研究》2022 年第 2 期。

③ 参见李鹏展:《性犯罪被害人沉默之研究》,载《贵州警官职业学院学报》2002 年第 1 期。

25 例性侵害事件中，只有 4 位选择了报警，5 位女性受害者表示向警察报告遭受性侵是非常令人难堪的。[①] 面对突发的网络暴力案件，一般人容易产生消极悲观、耻辱逃避的负面情绪，巨大的心理压力也不断消耗着被害人的精力。而公力救济需要被害人在诉讼过程中反复回忆事件细节，主动暴露自身的道德失范行为，不断直面网络暴力群体的恶意攻击，会造成心理创伤的加重。此时，“息事宁人”的沉默能够帮助被害人隔断不良信息的输入，实现自我封闭，将有限的精力用于自我心理调整，防止恶性后果的发生。

第二节　网络暴力治理法治化的现实困境

一、立法规定滞后模糊

立法层面的不足是网络暴力治理法治化进程中的首要困境。现有的治理框架存在滞后性，专项立法与法律责任相对缺失，有关条款表述较为模糊，各层次立法间有效衔接不足，权利救济不畅。表 2－1 列举了我国目前有关网络暴力治理的主要法律法规、部门规章、司法解释及其他规范性文件。

表 2－1　网络暴力治理的主要法律规范

文件名称	发布部门	主要相关条款
《互联网用户账号信息管理规定》	国家互联网信息办公室	第 14 条、第 16 条、第 22 条
《个人信息保护法》	全国人大常委会	第 57 条、第 58 条、第 66 条
《民法典》	全国人民代表大会	第 1024 ~ 1028 条、第 1032 ~ 1034 条
《网络信息内容生态治理规定》	国家互联网信息办公室	第 4 条、第 6 条、第 8 ~ 12 条、第 21 条、第 34 ~ 38 条

① 参见张远煌等：《中国本土性犯罪被害人调查报告——以某省会城市的抽样调查为基础》，载《刑法论丛》2013 年第 4 期。

续表

文件名称	发布部门	主要相关条款
《网络音视频信息服务管理规定》	国家互联网信息办公室、文化和旅游部、国家广播电视总局	第9条、第18条
《微博客信息服务管理规定》	国家互联网信息办公室	第6条、第11条、第17条
《互联网新闻信息服务单位内容管理从业人员管理办法》	国家互联网信息办公室	第7条、第16条
《互联网跟帖评论服务管理规定》	国家互联网信息办公室	第5条、第9条、第12条
《互联网论坛社区服务管理规定》	国家互联网信息办公室	第5条、第12条
《互联网新闻信息服务管理规定》	国家互联网信息办公室	第19条、第20条、第27条
《网络安全法》	全国人大常委会	第42条、第64条
《关于审理利用信息网络侵害人身权益民事纠纷案件适用法律若干问题的规定》	最高人民法院	第3~12条
《即时通信工具公众信息服务发展管理暂行规定》	国家互联网信息办公室	第5条、第8条
《关于办理利用信息网络实施诽谤等刑事案件适用法律若干问题的解释》	最高人民法院、最高人民检察院	第1~7条
《电信和互联网用户个人信息保护规定》	工业和信息化部	第10条
《关于加强网络信息保护的决定》	全国人大常委会	第4条、第8条、第9条、第11条
《规范互联网信息服务市场秩序若干规定》	工业和信息化部	第12条、第18条
《治安管理处罚法》	全国人大常委会	第42条

续表

文件名称	发布部门	主要相关条款
《互联网上网服务营业场所管理条例》	国务院	第 14 条
《关于维护互联网安全的决定》	全国人大常委会	第 2 条、第 4 条、第 7 条
《互联网信息服务管理办法》	国务院	第 15 条、第 16 条、第 20 条
《刑法》	全国人民代表大会	第 246 条、第 253 条之一、第 293 条

(一)专项立法缺乏,规范效果欠佳

现有的网络暴力治理体系缺乏专项立法。当前的网络暴力治理需要先行分解网络暴力行为,一般将其拆分为侮辱攻击、网络造谣、“人肉搜索”等不同类型,以此为基础再分别进行独立评价。然而,危害行为的直接叠加难以展示网络暴力的整体面貌,孤立的行为评价在反映网络暴力的情节性质与危害结果上不够全面。由于缺乏专项立法,“网络暴力”概念下的一体化评价机制缺位,不同法律规范囿于局部视角的狭隘,既可能遗漏要素导致评价不全或处罚漏洞,也可能出现对同一事实的重复评价和二次处罚。

现有法律规范的立法目的与被害人的实际需求契合度较差。现行法律规范所预设的以单个行为主体为中心的行为类型与具有群体行为特征的网络暴力行为难以兼容。即使通过形式要件的检验,个体化的网络暴力行为也难以实质上达到值得行政处罚、刑事处罚的程度,民事救济又因为侵权行为与损害结果之间的因果关系证明难度过高而难以适用。在制度化救济路径存在缺陷的同时,法律规范也并未就被害人迫切需要的事中保护设置法定义务,被害人的权利保护在事中事后都不及时充分。

网络暴力治理的配套立法不健全。目前,从前端的网络素质教育到中端的网络暴力行为识别处置,再到末端的网络暴力行为取证处罚,都存在一定程度上的配套立法不足问题。网络暴力的治理是一项涉及多元主体的系统性工程,任何环节配套立法的缺位都会致使治理链条运转滞涩不畅。例如,对于如何处理识别技术的错误问题法律未作规定,电子取证的鉴定检验及检验机构的资质审核缺乏规范化标准，自诉案件中自诉转公诉的流程缺乏公开的细化规定，等等。现有的网络暴力治理相关立法侧重对个人信息的保护，但网络暴力的治理需要全盘规划，过度关注单一问题无法保证法治化治理的全面性。

（二）法律责任模糊，强制约束有限

早期法律责任规定中的确认性、原则性条款过多，相关行政处罚的可操作性较差。早期立法是指国家互联网信息办公室成立前，即 2011 年 5 月前有关网络暴力治理的立法，主要是全国人大常委会、国务院发布的三个规范性文件。2000 年全国人大常委会《关于维护互联网安全的决定》第 6 条只对不同法律责任进行了原则性确认。2000 年国务院《互联网信息服务管理办法》第 20 条在原则性确认外补充了发证机关、备案机关对经营性、非经营性互联网信息服务提供者的行政处罚权。但该处罚的法定条件模糊，处罚范围宽泛，且两类机关执法资源有限，可操作性较弱。2002 年国务院发布的《互联网上网服务营业场所管理条例》第 30 条在原则性规定外设置了相对明确的处罚条件和法律后果，但由于管理对象限于互联网上网服务营业场所经营单位，所以规制范围非常有限。

国家互联网信息办公室成立后，相关立法拓宽了规制范围，细化了规制领域，但在法律责任的规定上依然存在高度模糊且强制约束力有限的问题。2011 年 5 月后，我国形成了以国家互联网信息办公室为中心的互联网立法及治理格局，国家互联网信息办公室出台的部门规章及规范性文件成为明确网络暴力治理各方权责的重要依据。这些法律文件虽然均设“法律责任”章节或追责条款，但责任条款中以网信部门的“警告”“约谈”“责令改正”作为法律责任，以“按照有关法律、行政法规的规定予以处理”作为兜底条款的居多，关于具体行政处罚的规定较少。适用普遍却指向不明的空白规范降低了追责条款的可行性与威慑力。2019 年国家互联网信息办公室发布的《网络信息内容生态治理规定》设立了富有创新性的“严重失信联合惩戒机制”，但作为内容填充的网络从业限制与禁止制度依旧停留于纸面宣告。2022 年 11 月，中央网信办秘书局印发了《关于切实加强网络暴力治理的通知》，其第 4 条中仍然将“依法依规”作为“依法从严处置处罚”的实质内容，未能解决威慑力不足的问题。

（三）违法评价不当，惩罚力度轻微

对网络暴力行为主体的惩罚存在违法性评价不当的问题。现有的行政处罚十分重视个人信息的保护。在个人信息保护之外的网络治理领域，行政责任通常都会通过空白规范指向《治安管理处罚法》与《计算机信息网络国际联网安全保护管理办法》。《治安管理处罚法》是网络暴力治理的主要行政处罚依据。根据《治安管理处罚法》第42条的规定，公然侮辱他人、捏造事实诽谤他人、散布他人隐私等网络暴力行为应当受到行政处罚。但即使网络侮辱、网络造谣、"人肉搜索"等行为达到"情节较重"的程度，行政机关也仅能给予行为人10日以下的行政拘留及500元以下的罚款。作为治理网络暴力最便宜高效的处罚手段，上述处罚结果显然不能充分评价网络暴力行为的危害后果，实际的震慑和训诫效果欠佳。

在刑事处罚中，受罪刑法定原则的限制，网络暴力行为常因缺乏构成要件的符合性或违法性而不构成犯罪。例如，以"引战"方式煽动群体对立的行为就因不属于侮辱、诽谤而无法处罚。因果关系的不明是不符合构成要件的重要原因，在我国未将教唆自残、自杀列入刑法分则罪名的背景下，被害人行为的介入容易导致因果关系的中断，自伤、自残、自杀等严重后果在一些案件中甚至无法成为违法评价的事实要素。量刑设置过轻是另一重要问题，即使侮辱、诽谤行为严重影响被害人生活，造成重大精神损害，也仅可处3年以下有期徒刑、拘役、管制或者剥夺政治权利。加之存在认罪认罚等其他量刑减免情节，施暴人受到的刑法处罚与其行为的法益侵害性并不匹配。

（四）立法规定模糊，法律适用困难

法律规范具有开放性，但过于抽象模糊就会导致适用困难。首先，就网络服务提供者而言，当前立法越来越多地将监管责任下沉，但这些义务条款普遍缺乏可操作性。根据法律规定，网络服务提供者需要承担保证信息内容合法的审核义务，处置违法违规内容的管理义务，以及构建"网络信息内容生态治理机制"等法定制度的自治义务。但履行义务的具体途径法律法规并未明确，网络服务提供者缺乏可参考的操作流程和结果

标准,因而履行义务的方式和成效各有差异。其次,就行政机关而言,模糊的法律规范导致了难作为。例如,立法中的“有关机关”“有关主管部门”容易造成执法主体争议,宣告性条款难以作为执法的依据,义务条款的概括抽象使得“责令改正”的内容形式空洞,责任条款中的空白规范加重了行政机关的负担和风险。最后,就司法机关和被害人而言,民事与刑事责任的追究都面临着法律规范解释适用的难题。在追究网络服务提供者的侵权责任时,对“避风港原则”中“知道或应当知道”的解释适用存在争议;在追究施暴人的侵权责任时,“合理核实义务”等概念模糊不清;在刑事诉讼中,侵犯公民个人信息罪、寻衅滋事罪等常用罪名的保护法益模糊抽象,指导构成要件内容实质解释的依据有限。

(五)立法衔接不善,规范离散性强

当前的网络暴力治理立法联动不足,规范离散性较强。离散性首先表现为概念适用的混乱。不同的法律规范中的责任主体、义务内容、责任形式表述不一,相似概念缺乏高位阶立法的梳理,重复立法的现象比较显著。离散性同时表现为低位阶立法较多,高位阶立法不足。在目前的法律治理体系中,部门规章与规范性文件是网络暴力法治化治理的主要依据。这些低位阶的立法具有易变性,同时过分关注短期治理成效,规制内容较为琐碎,不足以实现长期治理的目的。离散性还表现为不同部门法间的衔接问题。在实体法上,不同部门法间的违法性评价缺乏稳定的区分标准,法秩序统一原理的适用不够充分。在程序法上,网络暴力的取证缺乏统一的标准和程序,民刑、行刑之间的程序转换机制并不清晰。立法衔接的不善导致网络暴力治理法治体系碎片化,难以形成全面有效的权利保护机制。

二、执法取证溯源困难

(一)电子证据的主体适格困境

电子取证的主体资格既受到法律授权的合法性限制,又受到专业素养的可行性限制。合法性是电子取证主体的首要限制。网络暴力行为以

网络信息数据为载体,因此网络暴力行为的证据以电子证据为主要形式。依据《刑事诉讼法》第 50 条的规定,视听资料、电子数据是我国刑事诉讼中的 8 种法定证据类型之一。电子数据与电子证据间属于涵摄关系,电子证据均以电子数据为内容,但并非所有涉案电子数据都属于电子证据。① 电子证据的收集也被称为电子取证、计算机取证,是指借助各种取证工具对虚拟空间中的电子证据进行的提取与保全。② 电子取证的主体合法性关系到电子证据的合法性。依照《刑事诉讼法》第 108 条的规定,"侦查"是指公安机关、人民检察院对于刑事案件,依法进行的收集证据、查明案情的工作和有关的强制性措施。在法律只授予公安机关、人民检察院侦查权的前提下,电子取证中受聘参与的软件公司专家、其他技术人员就存在侦查权行使合法性问题。与之相关的是,具有侦查权的网络警察队伍亟待回应多警种工作交叉、执法权限范围模糊、专业能力有限以及人员数量不足等诸多实际问题。③

取证能力是主体资格的另一实质性限制。在取证理念上,司法人员对电子证据真实性与证明力的怀疑间接影响了办案人员对电子证据的重视程度,办案人员的电子取证意识不强,积极性不高。在人员素质方面,能够同时熟练掌握侦查知识、技术知识、证据知识的专业取证人员数量稀少。尽管电子取证被证明并不必须由有计算机或通信专业背景的人实施,但侦查人员依旧需要学习和掌握必要的电子取证知识。④ 电子取证知识的匮乏直接影响到取证的效率和效果,不熟练的电子取证容易过度损耗侦办时间。在取证工具方面,侦查部门急需成熟的国产取证软硬件设备。取证工具及其质量检验、质量检验机构的资质认证等都缺乏引领性的规范化标准。如果选择引进外国的取证设备,就需要解决操作难度、资金投入、安全系数、利用效率等问题。电子取证中的缺工具、缺方法、缺

① 参见姜磊:《大数据背景下职务犯罪电子证据取证问题研究》,载《内蒙古农业大学学报(社会科学版)》2021 年第 6 期。

② 参见刘品新:《电子证据的收集与运用——以"两个证据规定"为解读》,载何家弘主编:《证据学论坛》第 16 卷,法律出版社 2011 年版。

③ 参见李俊:《关于我国网络警察现实问题的研讨和对策》,载《广西警官高等专科学校学报》2010 年第 5 期。

④ 参见刘品新:《职务犯罪侦查信息化与电子取证》,载《国家检察官学院学报》2013 年第 6 期。

技术等问题致使基层公安机关存在“不会取证、不该取证、不能取证”的现象。[①]

(二)电子证据的收集保全困境

电子证据的调查采集与分析适用是被害人、执法机关、司法机关共同面临的问题。其一,电子证据具有虚拟性。电子证据是由海量数据电文、附属信息与关联痕迹按照一定规律构成的。[②] 虚拟性使得电子证据具有易失性和离散性。网络社会中,数字身份与现实身份彼此脱嵌,办案人员不能直接进入虚拟空间提取电子证据,提取过程需要技术工具的“代理”。在此过程中,行为主体可以修改、删除、破坏信息记录,阻碍电子证据的收集固定工作。此外,一些有组织的网络黑灰产业集团经常通过多线接入的方式进行组合操作,因此电子证据会保留在不同的终端设备与服务器中,具有高度离散性。其二,电子证据具有时效性,容易随着数据更新而被覆盖。随着网络暴力行为的进行,信息会高速更新迭代。通常而言,电子数据需要上传至代理服务器中统一储存,而保管数据需要支付一定费用,因此代理服务器中的数据并非永久保存。数据一经覆盖恢复成本高昂,电子证据时刻面临灭失的危险。其三,电子证据具有易损性,储存保管过程中易于失效。一方面,电子证据本质上是保存于介质中的二进制代码,一旦介质保管不善就容易导致全部数据的灭失。另一方面,电子证据易于被人为篡改。当然,根据造假过程中的附属信息,电子证据的造假并非不可识别,但除增加鉴定成本外,“一些细微的非法篡改会隐藏在大量数据中,导致取证认定难”[③]。

真实性、合法性的证明问题是电子取证的又一困境。从收集保全到检验分析,规范的程序是电子证据真实性和合法性的必要保障。然而,实践中电子取证的局限性和随意性致使取证后的证据适用成为难题。一是取证违背及时原则。该原则要求,现场取证人员应当在抵达现场后第一时间取证,不得不当延迟。但是,电子证据经常混杂在大量无效无关的电

---

① 参见陈迪、刘涛、姬艳涛:《审判中心主义下的电子取证规范化研究》,载《广西警察学院学报》2019 年第 1 期。

② 参见刘品新:《电子证据的基础理论》,载《国家检察官学院学报》2017 年第 1 期。

③ 胡勇:《电子证据审查认定“四难”及其解决》,载《检察日报》2019 年 11 月 7 日,第 3 版。

子数据中，信息提取的困难和取证人员的专业素养限制致使电子取证时常不及时，导致数据易被篡改。二是取证违背全面原则。该原则要求电子取证应当完整真实地收集保全电子证据。但电子证据具有隐蔽性和虚拟性，经常无法隔绝数据隐藏和非法篡改。三是取证违背客观连续性原则。该原则强调电子证据的收集保全和提交移送都应当借助技术手段予以客观展示，杜绝证据污染现象。然而，对于以电子数据为本体的电子证据，传统的拍照、录像、数字签章、时间戳等记录技术并不十分有效，难以规避取证人员的不规范操作。四是取证违背合法性原则。电子取证普遍存在合法性危机。尽管目前对于电子证据的采集、固定、鉴定、审查已有多项规范性文件予以规定，但这些规范的执行力度存疑。例如，实务中存在违背分离原则由案件承办人一案负责到底的情况。此外，电子取证的授权范围也并不明确，容易与公民的隐私权冲突，出现违背取证相称性的现象。

（三）信息溯源的技术门槛较高

信息溯源是信息扩散的逆向问题，经典的网络空间信息溯源方法主要包括基于节点属性的信息溯源方法和基于传播模型的信息溯源方法。[①] 两种溯源方法中，基于节点属性的溯源方法更为简便直观，是行政机关最可能利用的信息控制方法。该种溯源方法是指通过节点属性的量化对比确定信源节点，可以进一步分为基于最早时间戳的节点控制方法与基于影响力的节点控制方法两种类型。基于最早时间戳的节点控制方法最为直接便捷，但该方法忽略了用户节点间的信息交互量，而且未能考虑不良信息传播过程中的强化效应；基于影响力的节点控制策略运用网页级别（PageRank）等排序算法，对具有高度影响力的节点进行识别，但该方法没有考虑信息语义间的拓扑关系，也忽视了节点间的相互影响程度。[②]

社交网络的动态性和复杂性大幅提高了信息溯源技术的适用门槛。一方面，在线社交网络的信息溯源面临不完全性的挑战。在线社交网络

---

① 参见王友国、柴允、朱亮：《复杂网络中信息扩散模型及溯源方法的研究进展》，载《南京邮电大学学报（自然科学版）》2020 年第 5 期。

② 参见张志勇等：《人工智能视角下的在线社交网络虚假信息检测、传播与控制研究综述》，载《计算机学报》2021 年第 11 期。

上的传播行为与规则网络相比存在根本不同。[①] 动态的在线社交网络规模庞大、节点及连边结构众多,具有高度的复杂性。受制于提取技术、发布时间、监视成本等因素,对全部节点的历史状态信息进行全覆盖式的获取难度巨大。在只能获取即时新增感染节点信息的情况下,溯源工作的开展需要克服多种技术困境。并且,常用的单点溯源技术还容易忽略传播过程中的叠加效应,未考虑间接影响大于直接影响的可能性。[②] 另一方面,信息源节点影响网络暴力形成的过程十分复杂,需要根据不同语境调整溯源模型的算法内容。单纯依据时间戳溯源无法识别舆情传播的关键加工环节,而依据最大影响力溯源又将纵容煽动舆情的始作俑者和幕后推动者。理论上,不同类型的案件需要根据时间因素、拓扑关系、语义情感分析等要素建立个性化的信息追溯算法,但这对资源有限的行政机关而言并不现实。

(四)电子证据的证明效力存疑

电子证据的证明效力普遍不高。电子证据的虚拟性、时效性、易损性容易损害电子证据的真实性。即使真实性能够通过鉴定得到保证,取证主体和取证程序的不规范也会威胁电子证据的合法性。但需要说明的是,由于我国采取的是有限制的非法证据排除规则,因此只有可能导致事实认定错误或严重侵犯被告人合法权利的非法证据才无效,所以合法性问题不是我国电子取证活动的主要障碍。[③] 在关联性上,司法实践普遍认为电子证据的关联性比真实性更影响法庭采证,而关联性要求电子证据既要建立同案件事实间的关联,也要建立电子证据载体与当事人或其他诉讼参与人之间的关联。[④] 双重关联性提高了充分关联的证明标准,客观上阻碍了电子证据的推广使用。

此外,电子数据的采集、确认、审查过程都会影响到其证明力。例如,

---

① 参见张彦超等:《基于在线社交网络的信息传播模型》,载《物理学报》2011 年第 5 期。

② 参见李文钰、朱建明、王国庆:《基于最大可达概率的虚假信息溯源问题研究》,载《系统工程理论与实践》2022 年第 7 期。

③ 参见刘品新:《电子证据的收集与运用——以"两个证据规定"为解读》,载何家弘主编:《证据学论坛》第 16 卷,法律出版社 2011 年版。

④ 参见刘品新:《电子证据的关联性》,载《法学研究》2016 年第 6 期。

我国程序法中存在“最佳证据规则”,“原件”和“原物”具有最佳的证明效力。然而,获得电子证据载体的“原件”并不意味着获得了电子证据的“原件”,因此电子取证意义上的“最佳证据”难以获取。又如,单方电子设备中的电子证据证明力有限。[①] 电子证据高昂的收集成本与证明效力的不对称是导致执法机关“不作为”、被害人“息事宁人”的重要原因之一。

三、司法程序不当限制

以“犯罪治理”为中心是我国社会治理中长期存在的基本特征。[②] 然而,网络暴力治理中的刑事手段却并未展现出理想的强力高效,妨碍启动诉讼流程的刑事自诉程序是刑事追责疲软无力的重要原因之一。由于告诉才处理的犯罪在网络暴力案件中占比较多,因此不完善的自诉程序时常导致被害人遭遇开庭难、胜诉难的现实问题,自诉程序在某种意义上成为了被害人难以逾越的“制度陷阱”。

(一)取证能力有限,追责门槛较高

根据我国现行《刑事诉讼法》及《刑法》的有关规定,自诉案件共分为三类。第一类是告诉才处理的案件,这类案件主要涉及刑法规定的亲告罪,包括侮辱、诽谤案件,侵占案件,暴力干涉婚姻自由案件,虐待案件。其中,“严重危害社会秩序和国家利益”的侮辱、诽谤案件属于自诉程序的例外。第二类是被害人有证据证明的轻微刑事案件。2021 年最高人民法院《关于适用〈中华人民共和国刑事诉讼法〉的解释》第 1 条列明了该类案件的具体范围。第三类是由公诉案件转化而来的自诉案件。对于侵犯人身、财产权利的行为,在公安机关不受理或检察机关不起诉时被害人可以提起自诉。以上三类案件中,第一类案件一般只能自诉,第二类案件可以自诉也可以公诉,第三类案件只能先公诉后自诉。[③] 自诉程序深

① 参见梁敏捷、陈常:《刑事诉讼视角下电子数据证明力实证分析》,载《人民检察》2018 年第 16 期。

② 参见刘艳红:《网络时代社会治理的消极刑法观之提倡》,载《清华法学》2022 年第 2 期。

③ 参见熊秋红:《论公诉与自诉的关系》,载《中国刑事法杂志》2021 年第 1 期。

刻影响了网络暴力案件的犯罪治理形态。在网络暴力案件涉及的罪名中,侮辱罪、诽谤罪一般应当提起自诉,侵犯公民个人信息罪在情节轻微时需要提起自诉,寻衅滋事罪等其他罪在属于第三类自诉类型时可以启动自诉。综上,刑事自诉是网络暴力刑事追责的主要路径。但是,在立案与开庭阶段,刑事自诉程序给被害人的取证举证施加了沉重的负担。

证据的收集固定是抑制自诉人自诉的首要困境。尤其在亲告罪中,自诉程序的设计初衷是尊重被害人的自由意志,自诉程序的设计也隐含着被害人有能力也有动力侦破案件的假设。然而网络暴力中的被害人却必须克服以下三重困境。第一重困境是调查取证权的"权利洼地"困境。刑事诉讼法并未直接授予自诉人调查取证权,只明确了公检法机关和辩护律师的调查取证权。在亲告罪中,侦查机关被排除在侦查环节之外。尽管被害人可以聘请辩护律师进行调查取证,但律师的调查取证权并不完整。根据现行《刑事诉讼法》第 41 条和第 43 条的规定,辩护律师有权申请调查和自行调查,但申请调查需要人民检察院、人民法院的配合,自行调查则需要获得被调查对象的许可,实践中作用非常有限。第二重困境是调查取证的高度风险困境。《刑法》第 306 条规定了辩护人、诉讼代理人毁灭证据、伪造证据、妨害作证罪。该罪的存在成为高悬在辩护律师头顶的"达摩克利斯之剑",降低了辩护律师调查取证的积极性。第三重困境是电子取证的能力不足。网络犯罪的场合,被害人普遍缺乏电子取证的能力。在电子取证问题的解决上,被害人及其辩护律师能够承担的成本与可支配的侦查手段远逊于侦查机关,因此完成电子取证的难度极大。调查数据显示,2007 年至 2012 年间北京市朝阳区人民法院的数十起自诉案件中,撤诉结案的比例接近一半,证据不足、举证困难是主要原因。[①] 此外,自诉人还需要通过先行起诉网络服务提供者来获得施暴人的现实信息。总而言之,取证困难极大限制了被害人的自诉能力。

(二)证明标准趋同,定罪量刑不易

目前自诉案件正在经历"开庭难"和"胜诉难"的困境。2015 年 5 月,我国开始了立案登记制度改革。按照最高人民法院《关于人民法院登记

① 参见潘爽:《试论我国自诉制度的废除》,载《嘉兴学院学报》2014 年第 4 期。

立案若干问题的规定》第 8 条的规定，即使不能判定自诉案件是否符合法律规定，也应当先行立案。“立案难”问题解决后，实质性的庭前审查又成为了阻碍自诉案件胜诉的关卡。[①] 实际上，即便自诉案件的庭前审查能够修改为形式审查，也只是“立案难”“庭审难”向“胜诉难”的转变。归根结底，自诉案件与公诉案件证明标准的趋同才是造成自诉难的根源，而未单独规定自诉证明标准则是证明标准共用的根源。《刑事诉讼法》第 211 条第 1 款第 1 项规定了自诉案件的开庭审判标准为“犯罪事实清楚，有足够证据”，第 2 项则明确“缺乏罪证”且“自诉人提不出补充证据”的案件应当说服自诉人撤诉或裁定驳回。据此，自诉案件应当适用《刑事诉讼法》第 200 条的规定，即只有符合“案件事实清楚，证据确实、充分”要求的案件才能够宣告被告人有罪。

证明标准的混同给自诉人增添了沉重的举证证明责任。在网络暴力案件中，自诉人既需要自行识别、提取、收集、保全电子证据，更需要在庭审环节说明电子证据的真实性、合法性、关联性，并通过说理排除合理怀疑，使证据链达到能够相互印证证明案件事实的程度，这完全超出了自诉人的能力范围。纵向看来，现行自诉型亲告罪的追诉模式源于 1996 年《刑事诉讼法》修改前的“超职权主义”审判模式，即自诉人和自诉程序的任务仅在于启动审判程序。[②] 随着《刑事诉讼法》的修改和刑事审判理念的改革，自诉程序的制度设计已经明显滞后。严格的证明标准大幅降低了自诉案件的胜诉率。调查显示，进入庭审的自诉案件中，定罪率仅为 50.19%，因未达到证明标准而判决存疑无罪的比例高达 40.04%。[③]

自诉案件的审判功能偏移也是定罪率低的重要原因。一方面，在自诉案件中，除却打击犯罪的功能外，审判程序还需要兼顾定分止争的功能。刑事自诉案件通常与民事诉讼案件相近。在许多网络暴力案件中，施暴行为的起因往往与现实中的利益纠纷有关，在纠纷解决不畅时才发生侮辱、诽谤与侵犯公民个人信息等违法犯罪行为。这种案件特征促使

---

① 参见周维平、吴炜佳：《刑事自诉案件开庭审判条件的判断》，载《人民司法》2021 年第 29 期。

② 参见蔡可尚：《亲告罪追诉机制的困境与出路》，载《法学杂志》2016 年第 10 期。

③ 参见李扬：《轻微刑事案件自诉效果评析与优化——基于 257 例轻伤自诉判决的实证分析》，载《政法论坛》2017 年第 4 期。

法官习惯于回归民法思维,并热衷于社会效果的实现。对法官而言,调解结案既能取得被害人谅解,顺利化解纠纷,又能够修复法益,是较为理想的选择。刑事诉讼法也为自诉调解制度提供了法律依据。另一方面,公诉案件中的犯罪行为或是严重侵犯了个人法益,或是侵犯了社会法益与国家法益,因此公诉案件的辩诉协商空间较小。而在自诉案件中的犯罪行为普遍只侵犯个人法益,社会关注度较低,法官实质上的自由裁量空间显著增大。充分的自由裁量带来对证据合法性、真实性、关联性的实质考察,自诉人即使坚持刑事诉讼也很可能面临败诉,因此在达成和解或调解后撤诉就成为收益最大化的理智选择。

(三)程序转换滞涩,法益保护不周

自诉与公诉的转换程序存在滞涩不畅的问题。一方面,侮辱罪、诽谤罪的但书规定并不具体。侮辱罪、诽谤罪的但书条款规定了自诉转公诉的第一种标准,即犯罪行为“严重危害社会秩序和国家利益”。尽管有关司法解释将该标准补充为 7 种情形,但适用于网络暴力案件时依然回归兜底性的概括规定,例如引起广泛关注的“杭州女子取快递被造谣案”。认定标准的模糊性使得自诉转公诉的网络暴力案件十分少见。另一方面,因严重网络暴力引发被害人自杀的自诉转公诉程序缺乏明确规定。我国法律规定,自诉案件中的被害人因客观原因无法自诉时,公安机关可以立案侦查,此为我国自诉案件转公诉案件的另一种重要标准。在网络暴力案件中,如果被害人自杀身亡,而法定代理人、近亲属放弃自诉,国家追诉机关就可以立案侦查启动公诉程序。然而,法律并未规定人民检察院应当提起公诉,对于“可以告诉”的实质内容以及告诉的具体程序至今未有定论。

程序转换时的衔接问题会导致法益保护不周。由于自诉转公诉制度的法律依据属于原则性规定,司法机关在处理程序衔接问题时实质上无法可依,也难寻先例,因而容易发生侵害被害人权益的现象。例如,存在终止自诉是否违反被害人意愿的问题。自诉制度的核心价值之一就是尊重被害人的主观意愿,而如果转为公诉案件后被害人又坚持不撤诉,法院只能裁定终止自诉审理。如果被害人就裁定选择上诉,就会引起同时存在自诉和公诉程序的混乱。又如,存在被害人能否重新行使自诉权模糊不清的问题。根据《人民检察院刑事诉讼规则》的规定,人民检察院撤诉

的案件一般不得再行起诉。如果自诉案件遵循此规则,则一旦转为公诉案件后公安机关撤案或检察机关不起诉,被害人就实质丧失了自诉权利。再如,存在公诉案件中和解协议地位不明的问题。在自诉案件中,法官可以主持调解,被害人可以自由选择是否达成和解。转为公诉后,被害人与犯罪嫌疑人是否还可以进行和解并无法律规定。如果不允许进行和解,则转为公诉后被害人反而失去了一个重要的纠纷解决选项。

四、平台监管权责失衡

(一)作为义务扩张,管理责任加重

近年来,持续增加的立法使得网络服务提供者的法定义务不断扩张。与此同时,网络服务提供者在履行责任、打击网络暴力时面临着一系列现实困难,履责难度较大。

一方面,网络服务提供者的管理责任越来越重。一是管理责任从概括单一到细化多样。近年来,针对不同平台和业务的特点,有关部门陆续出台了《互联网群组信息服务管理规定》《微博客信息服务管理规定》《网络音视频信息服务管理规定》等法律文件,更加细致地明确了不同情形下的责任主体及其具体义务。这些文件涵盖主要的网络服务形式,相较于概括式规定,责任内容更加全面。二是管理责任从内容审核到生态治理。《网络信息内容生态治理规定》要求,网络服务提供者应当建立“网络信息内容生态治理机制”,其中包括“信息发布审核与跟帖评论审核制度”“人工干预和用户自主选择机制”等不同组成部分。网络服务提供者不再只是对信息内容进行简单的审核管理,而应当对信息生产发布进行全流程监管和引导。总体而言,网络服务提供者的管理责任越来越呈现出泛化的趋势,一种针对平台内违法犯罪活动的全面“属地责任”被施加于网络服务提供者身上。

另一方面,网络服务提供者的履责面临实践困境。其一,平台内容的海量性及网暴现象的分散隐蔽性。在不断更新的海量信息中,网络暴力行为具有高度分散与隐蔽的特征,及时准确识别网络暴力案件难度较大。其二,信息审核的专业性。在履行对信息内容审核处理责任的过程中,为了

不损害公民的言论自由，网络服务提供者需要非常谨慎地把握言论自由的平衡尺度，结合事件前后的完整信息进行专业的事后分析。其三，审核人员价值标准的互异性。不同审核人员的价值取向标准差异及统一标准建构成为网络服务提供者面临的难题。由于信息审核的专业性，短期内无法实现技术识别，因而必然面临不同个体的主观判断差异。其四，处罚措施适用的风险性。处罚措施适用的有效与否直接关系到网络暴力行为的治理效果。而网络服务提供者负有较重的举证说明义务及应诉成本。如果被处罚用户在被认定为实施网络暴力行为并被采取处罚措施后起诉平台，平台就负有举证说明义务，并需要承担各类应诉成本。同时，由于法官与平台间的视角差异，可能出现对处罚措施理解不同的现象。在责任加重与履责困难的双重制约下，网络服务提供者的治理压力越来越大。

（二）赋权规定不明，权责配置失衡

赋权规定不明导致网络平台履责缺乏有效标准。在网络暴力治理领域，普遍存在义务规范较为抽象的问题，责任履行缺乏明确有效的标准指引。规范的模糊性导致了赋权规定的缺位。责任规定具有两面性，在明确责任主体义务的同时，也能够通过规定履行责任的程序、手段、内容划定权力范围。即使没有专门的赋权条款，具体细致的责任规定也能够实现权责配置的平衡。然而，目前网络暴力治理中的责任条款更多呈现出概括规定的特点，建立健全各种“机制”“制度”的要求频现却缺乏细节填充。尽管立法也规定了网络服务提供者可以“删除、屏蔽”网络违法信息，“暂停使用”乃至“永久封禁”违规账号，但这些事后处置措施不仅在适用条件、适用对象、适用程序上同样缺乏标准，而且无法解决信息内容发布的事前审查问题。

规范程度的不足引发了两种截然相反的权责失衡危机。所谓权责配置均衡，“主要是使同一主体权责之间保持适当张力，总体上保持均衡或对等关系。既要防止出现失去权力依托的责任，又要避免滋生不受权责约束的权力”①。一方面，过度自我赋权或滥用法律授权可能导致网络服

---

① 冯建华：《存异而治：网络服务提供者权责配置的进路与理路》，载《新闻与传播研究》2022年第4期。

务提供者成为网络社会中的“利维坦”。在监管压力倍增而规范内容模糊时,深感压力的网络服务提供者可能过度自我保护。过度自我保护意味着对网络用户及其行为的全面管制、严格审核以及恣意处置。此外,网络服务提供者以逐利为本质,缺乏约束的“私权力”极易在责任的外衣下成为平台谋利的工具。不平等的格式条款、单方性的处罚行为、随意化的标准建构、选择式的监督管理都会使得网络服务提供者向“利维坦”转化。[①] 另一方面,“先审后发”的审核前置模式必然会降低信息流通的即时性,从而降低用户体验。在市场竞争的压力下,网络服务提供者如果不希望因信息管制损害平台的活跃度和创新性,就可能会主动消解平台责任,敷衍应对考核审查,使得责任流于形式。而如果不作为的处罚无法稳定纳入网络服务提供者的利益权衡,那么在“破窗效应”下就会出现更多的不作为。

(三)奖励机制单一,动态协调缺位

僵化的奖励机制不利于政府实现网络暴力治理的阶段性目标。网络信息内容生态治理机制是一个不同层级多元主体协同参与的机制,政府部门处于引领地位,应当建立动态协调的奖惩制度。[②] 对于政府而言,任何形式的奖励都需要支付成本;对于平台而言,相同形式的奖励在不同时期的价值并不相同。具体而言,网络用户失范行为越多、社交平台监管越少,惩罚提升的政府形象越多、社交平台参与治理的收益越高。随着用户失范行为的减少,社交平台提升治理能力的收益不断降低,直至接受惩罚反而成为更加经济的选择。此时,政府应当以适当的正面奖励提升平台参与治理的积极性。近年来,随着“清朗”系列行动等专项整治活动的推进,我国已经逐步进入网络治理的规范化发展阶段。但目前主管部门仍然采取以负面问责为主的治理机制。例如,2021 年国家互联网信息办公室《关于进一步压实网站平台信息内容管理主体责任的意见》中规定,各网信部门应当“建立定期例会制度,通报典型案例,传递管理要求,推广好

---

① 参见朱涉蓉、陈力铭:《网络平台经营者治理行为规制研究》,载《行政与法》2022 年第 11 期。

② 参见杨秀云、梁珊珊:《基于演化博弈的互联网信息生态环境治理机制研究》,载《当代经济科学》2023 年第 1 期。

的经验做法”,“对存在的各种问题及时纠正处置”。随着治理成本的不断升高,惩罚所带来的收益也必然越来越小,因此随着治理阶段推进调整奖励机制的需求亟待回应。

五、网络素养培育不足

网络素养培育的缺位是网络暴力现象反复滋生的根源。服务于网络暴力治理的网络素养内容包括对数字媒介技术服务的认知和使用能力,对网络暴力的识别和批判能力,相关法律、道德素养以及网络安全和心理素养。[①] 网络素养培育与网络暴力治理关系密切,但我国对于公民数字伦理和网络素养培育多有疏漏。网络素养的培育路径包括惩罚式的制裁教育、倡议式的引导教育以及课程式的课堂教育,目前我国网络素养培育的不足既表现为网络素养的基础较为薄弱,也表现为培育路径的利用效率不足。

(一)我国网民群体网络素养的基础水平不足

网民群体网络素养的基础水平不足表现在四个方面。一是媒介素养不足。“媒介素养的内涵应该包括认识大众传媒、参与大众传媒和使用大众传媒三个部分。”[②]Web 3.0 时代的媒介素养以社交媒体素养为中心,社交媒体在公共事件中发挥着构建“客观环境”“拟态环境”的功能。[③] 媒介素养要求网民群体能够理性认识、参与和使用社交媒体。但是,受传统媒体的影响,部分网民对社交媒体的运营模式和行为动机认识不足,缺乏对网络信息内容的独立研判能力,使用社交媒体时的公共意识不足,从而为“意见领袖”滥用影响力留下空间。

二是专业知识储备与认识水平不足。网络信息的时效性、真实性、专

---

① 参见李岩、高焕静:《网络素养教育与青少年网络暴力治理》,载《新闻界》2014 年第 22 期。

② 张志安、沈国麟:《媒介素养:一个亟待重视的全民教育课题——对中国大陆媒介素养研究的回顾和简评》,载《新闻记者》2004 年第 5 期。

③ 参见靖鸣、张朋华:《自媒体时代“拟态环境”的重构及其对大众传播理论的影响》,载《现代传播》2019 年第 8 期。

业性成为网民对网络内容生产者的新要求。但与信息生产的专业化相比,受众群体的专业化进程显著落后,碎片阅读、偏见理解与盲目信任成了普遍现象。对专业知识的无意误读或有意误导赋予了网络谣言强大的传播力与破坏力,快速形成的网络舆论反复引发严重的网络暴力。此外,知识储备不足还表现为对网络暴力行为性质和危害性的认识不足,部分网民群体缺乏参与网络暴力的自觉和自省。

三是法律素养不足。法律条文具有一定的抽象性,网民群体认识理解的法律与司法实践中的法律多有出入,这直接影响到网民群体的违法性意识和反对意识。在解读法条时,网民群体不可避免地将熟悉的社会习惯、道德传统、既往判例作为实质解释的指引,通俗化的解读认识不仅可能导致网民意见与司法实践的冲突,更可能因集体误读引发"法不责众"的社会现象,进而使网民群体将网络暴力视为替代法律制裁的"合理"路径。

四是道德素养和心理素养不足。虚拟匿名的特征让社交媒体成为网民解除自律、释放情绪的"垃圾桶",实施言语暴力和"人肉搜索"成为观点冲突时的日常,网民群体缺乏对网络道德规范的尊重。心理素养的不足尤其表现为理性辨识能力的不足,网民群体容易自认为居于客观中立的理性立场,实际上不断输出带有偏见的道德谴责和命令,并对立场相左的观点进行攻击,从而沦为网络暴力的施暴者。

(二)网络素养的制裁教育效果欠佳

三种教育路径中,制裁教育的成本低、受众广、见效快、效果强,是比较理想的教育形式。制裁教育应当发挥杠杆作用,在有限的社会资源下以个案司法"撬动"网络素养教育的进程。然而,选择性执法会暴露法律规范的局限性,选择性司法会解构法律规范的神圣性,法律规范在祛魅后迎来了信任危机。

首先,选择性执法会暴露法律规范的局限性。执法既有投入也有产出,执法的最佳状态是执法投入和执法产出在边际上均衡相等。① 执法

① 参见桑本谦、魏征:《法律经济学视野中的"违法必究"——从伦敦警方拒受"低级别案件"切入》,载《法学论坛》2019 年第 6 期。

机关的执法任务繁重,网络暴力的治理受到执法资源的硬性约束,选择性执法虽是无奈之选,但也符合社会利益最大化的目的。现实社会中,民众实际接触违法行为的频率不高,违法行为的后果较轻,“违法必究”发挥着威慑作用和抚慰作用。但在网络社会中,网络暴力频率高、危害强,出警行为不再直观,选择性执法特征尤为显著。网民开始认识到法律规范运行的经济性和局限性,执法的严肃性被弱化,有限的执法不再具有“撬动”集体规范意识的威慑力。

其次,选择性司法会解构法律规范的神圣性。司法机关在司法过程中也会衡量司法投入与司法产出。即使直接损失相同,司法资源也会倾向受网络舆论关注的事件,因为后者容易导致社会间接损失[①]攀升。这类选择性司法的结果是鼓励网络舆论积极参与社会治理,但舆论事件衍生的网络暴力可能因此被正当化。选择性司法也指同案不同判的司法现象。[②] 在针对网暴行为的审判中,选择性司法的结果可能包括“放纵”大量普通参与者,甚至“放纵”一般网络暴力案件中的发起者和组织者。选择性司法解构了法律规范的神圣性,使成本收益取代了公平正义,降低了司法案例的威慑作用和教育作用。

最后,制裁教育并非培育网络素养的主要路径。制裁教育依托于法律规范,但法律规范具有断片性,法律规范的定位决定了制裁教育的上限,制裁教育不能替代引导教育与课堂教育的道德指引作用。法律制裁以个体行为为蓝本,以违法和责任为前提,但网络暴力行为的危害性来源于集体的攻击性而非个体的违法性。集体行为中的个体行为未必符合法律制裁的标准,因此制裁教育只能避免个体突破底线却无法避免网络暴力的形成,道德教育是化解集体行为失范的良方。

(三)网络素养的引导教育分化失声

引导教育是指以各类潜移默化的手段塑造网民正确的伦理观念和辩证思维。在网民群体频繁开展道德审判与谴责攻击时,网络社会道德并未因此形成正确的集体共识,反而深陷传统瓦解与评价失准的危机。立

① 间接损失是指由于司法瑕疵导致社会成员对安全投资的增加以及相关联的负外部性。
② 参见汪燕:《从选择性司法谈司法公信力的建设》,载《湖北社会科学》2009 年第 12 期。

足网络道德素养培育的角度，当前三种主流引导路径的消解是道德价值紊乱的重要原因。

首先，主流媒体缺乏引导网络素养培育的自觉。在“前真相时代”，传统媒体遵循社会效益优先的价值取向，在“上通下达”的过程中发挥着信息过滤和观念塑造的功能。数字时代到来后，传统媒体普遍存在正面宣传理念陈旧，真实性缺失，时、度、效偏差等问题。[①] 传统媒体“失声”后，社交媒体成为主流媒体。社交媒体奉经济效益为圭臬，缺乏培育正确伦理观念的责任感，主动迎合公众的“情绪需求”，通过两极式的价值判断刺激网民群体聚集注意力资源。在制造伦理冲突、强化道德焦虑、消解道德共识的过程中，和谐的伦理观分崩离析，失去指导理性思考的功能，新闻报道沦为群体极化与群体对立的导火索。

其次，社交媒体平台缺乏引导网络素养培育的合理路径。在引导网络素养培育方面，社交媒体平台的优势十分显著。社交媒体平台是网民群体实现信息交互的工具，也是进行网络社会交往的主要场域，社交媒体平台施加的引导措施直接反复地作用于平台用户。良好的网络素养塑造优质的用户群体和用户体验，因此社交媒体平台并不缺乏引导网络素养培育的自觉和动力，但社交媒体平台缺乏引导网络素养培育的有效手段和经验。例如，过滤屏蔽的技术措施过度使用有损言论自由与用户体验，倡议性、提示性的引导措施在短期治理中难见成效，用户举报的自治措施依然无法回避平台制定标准和审核的成本。社交媒体平台需要不断探索合理有效的网络素养培育引导手段。

最后，网络社会交往缺乏引导网络素养培育的基本条件。传统社会中人的社会关系比较稳固，稳定的社会关系对外部的言行举止形成了监督作用，人们通过社会评价调整行为模式和道德观念。网络社会中，公民数字身份具有虚拟性和易变性，交往双方的生活环境和价值观念各有不同，交往深度远低于传统社会，社会关系反复重构，形成稳定社会道德的基本条件不足。网络实名制的推广程度在很大程度上影响着网络社会交往的稳定性，随着网络实名制的深入推进，网络社会交往也将重新受到社

---

① 参见李明德、李沙：《数字时代主流媒体正面宣传的现实困境与优化路径》，载《西南交通大学学报（社会科学版）》2022 年第 3 期。

会道德的引导和监督。

(四)网络素养的课堂教育供给困难

青少年是网络素养课堂教育的主要受众。青少年群体面对网络暴力时的应对能力和心理素养尤为不足,因此事前的网络暴力防范教育十分重要。青少年群体的网络素养可塑性强,开展课堂教育的可行性高,系统的课堂教育既是保护未成年人的需要,也是网络暴力长线治理的要求。当前,网络暴力专项课堂教育的建设限制重重,体系尚未健全。

首先,网络暴力课堂教育的师资配备和师资培训不足。网络暴力的课堂教育需要教育工作者熟悉网络暴力的基本理论,具备网络技术应用能力和对网络礼仪规范、网络法律规范的解读能力,系统性的学习培训是掌握这些能力的基础。中国研究生招生信息网显示,部分高校针对新媒体或智能教育设置了相关研究生专业或研究方向,但这些专业与媒体教育的相关度较低。例如,中国传媒大学设有新媒体专业,但该专业的研究内容并不以新媒体教育为重点。又如,北京师范大学设有互联网教育专业,但该专业主要以远程教育技术为研究方向。由于资源匮乏,中小学网络素养教学的储备师资力量严重不足。网络素养教育的理论专著、专业教材、辅助读物同样存在缺口。

其次,现有网络暴力课堂教育效果欠佳,重视规范教育而缺乏应对教育。共青团中央维护青少年权益部和中国互联网络信息中心发布的《2021 年全国未成年人互联网使用情况研究报告》显示,72. 4% 的中小学校将“不要在网络上辱骂他人,抵制网络暴力”纳入网络安全教育课程,但仅有 57. 2% 的未成年人具有对应的规范意识。远比规范教育糟糕的是网络暴力的应对教育。一项调查数据显示,仅有 35. 2% 的青少年知道《互联网信息服务管理办法》,有 46. 5% 的青少年认为可以提供真实姓名给陌生网友,同一调查中同意提供照片、手机号码、身份证号码的青少年占比分别为 18. 3% 、11. 4% 、3. 2% 。[①] 当前的网络安全教育注重对网络诈骗、网络盗窃等财产性侵害行为的防范,对于如何应对隐私泄露、网络

---

① 参见郭开元:《网络社会化视阈中青少年法治教育的问题及对策》,载《中国青年社会科学》2022 年第 5 期。

谣言、网络谩骂等失范行为缺乏指导;注重对中小学生的网络安全教育,对于大学生阶段的在校学生重视不足。

最后,网络素养的家庭教育不足。家长是孩子的第一任老师,家庭是孩子的第一课堂。家长相比教师更加关注和了解青少年个体的网络使用情况和网络素养基础,家长的指导和家庭环境的影响会对青少年的网络素养产生重大影响。然而,《2021 年全国未成年人互联网使用情况研究报告》显示,有 34.2% 的家长只用互联网玩游戏、看短视频或不会上网,有 28.1% 的家长从未想到通过社会网络发布子女照片或视频可能存在隐私信息安全风险,有 25.3% 的家长认为自己存在网络依赖心理。除网络素养水平偏低以外,网络暴力知识的学习、网络信息内容的辨别、亲子情感联系的建立等都是家长实施网络素养家庭教育面临的现实挑战。

第三章

网络暴力治理的域外经验与有益启示

网络暴力行为早已成为具有国际普遍性特征的犯罪现象之一,合理借鉴其他代表性国家的立法经验与司法判例,有助于发展并形成具有我国特色的网络暴力规制体系。故此,下文以美国、日本、韩国及德国为例,介绍上述四国对网络暴力行为的规制经验,并生成对我国具有借鉴意义的经验启示。

第一节　美国:各领域并进治理模式

一、美国网络暴力治理模式概述

美国在互联网产业发展与网络空间安全治理方面处于世界领先地位,对网络暴力问题也较为重视,尤其在未成年人网络欺凌方面有着成熟、丰富的治理经验。美国在法律上并未直接对网络暴力下定义,其治理特征是通过司法判例与个别领域立法来解决具体领域的治理难题,如网络欺凌、网络骚扰(cyber harassment)、网络跟踪、仇恨言论等,治理过程遵循多部门协同治理,并通过立法方式明确并细化治理规范及标准。

(一)网络暴力治理的总体法律框架

《美国法典》(United States Code)[①]第110章(§2251－2260A)专门收录针对儿童的性剥削和其他虐待的法律制

① 《美国法典》,或称《联邦法典》,每届国会通过的新法均会在此届国会卸任之年汇编入美国成文法律大全,继而进入对美国一般制定法进行汇编和法典化的官方出版物(每6年刊印一版),本部分参照2020年最新版本。

裁,其中有9条涉及买卖儿童、未成年人性剥削及儿童色情制品等行为的刑事法律、民事法律规定等,具体包括网络儿童色情制品的录制、传播、持有等行为。《美国法典》第110A章“家庭暴力和跟踪”中规定了跟踪犯罪(§2261A)[①],是后续各州网络跟踪犯罪立法的基础。《美国法典》第13章“公民权利”中规定了仇恨犯罪(§249),然而此条中明确规定只保护仇恨行为导致的身体伤害,如绑架、暴力、使用武器伤害等,不包括对受害者的情感或心理伤害,[②]网络仇恨言论的规制主要由联邦最高法院判例对其形成约束。对于未成年人接触互联网的安全问题,《美国法典》第20章“教育”专章中规定了教育机构应当为未成年人制定互联网安全政策,包括对其任何可上网的计算机实施技术保护措施。[③]

如前所述,《美国法典》中提供了所有联邦犯罪的清单,《模范刑法典》(MPC)则概述了最常见的犯罪类型,美国各州均有各自的刑法条文,总体上涵盖在《模范刑法典》所列犯罪类型中。根据《模范刑法典》,网络暴力行为可能触犯的刑法条文有:第230.4条危及儿童福利犯罪[④],第250.4条滋扰犯罪[⑤],第250.12条侵害隐私犯罪[⑥],第251.4条淫

① See 18 U.S.C. §2261A(2020).根据该条,“跟踪”是指意图杀害、伤害、骚扰、恐吓或监视他人,并且使被害人产生合理担心,担心自己、直系亲属、配偶或亲密伴侣及宠物等能够提供情感支持的动物遭受死亡或严重身体伤害,造成、企图造成或合理预期会造成实质性的情绪困扰。同时包括使用邮件,以及任何互联网或电子通信服务等设施从事以上行为。

② See 18 U.S.C. §249(2020).

③ See 20 U.S.C. §7131(2020).该条规定,为未成年人制定互联网安全政策,其中包括对其任何可上网的计算机实施技术保护措施,以防止通过此类计算机访问以下视觉描述:(1)淫秽;(2)儿童色情制品;(3)对未成年人有害的其他信息。

④ 《模范刑法典》第230.4条规定:“不满18岁的儿童的父母、监护人或者有权管理其福利的其他人,明知地违反照看、保护或者抚养职责,危及儿童福利的,成立轻罪。”

⑤ 《模范刑法典》第250.4条规定:“行为人以滋扰他人为目的,实施下列行为的,成立微罪:(1)不以合法通信为目的,给他人打电话;或者(2)以可能挑起他人实施暴力或者妨害治安行为的方式,侮辱、嘲弄他人或者向他人挑战;或者(3)以匿名的方式,或者在极度不方便的时间段里,或者使用冒犯性的下流言辞,反复实施通信行为;或者(4)使他们遭受冒犯性接触;或者(5)不是为了达到任何合法目的,实施令人恐慌的其他行为。”

⑥ 《模范刑法典》第250.12条规定:“(1)非法的窃听或者监视。除法律许可外,行为人实施下列行为的,成立轻罪:(a)以对处于私人场所的他人进行窃听或者监视为目的,非法侵入财产;或者(b)未经在私人场所享有隐私权的他人的同意,在该场所安装用于对当场的声音或者事件进行观察、拍摄、录制、放大或者广播的设备,或者使用此类非法安装的设备;或者(c)未经在私人场所享有隐私权的他人的同意,在该场所以外安装或者使用设备,用于收听、录制、放大或者广播通常在场外无法听见或者理解的该场所的声音。……”

秽犯罪。①

在美国的法律体系中,侵权行为主要是各州普通法的调整对象,各州及联邦立法机关也会涉足个别领域。在联邦一级未设刑事诽谤或侮辱性质的相关法律,在州一级则有刑事诽谤法或诽谤法。例如,佛罗里达州《刑法》第836.01—836.11条规定了诽谤犯罪,②亚拉巴马州《刑法典》在危害公共秩序和安全罪中规定了诽谤犯罪,③明尼苏达州《刑法》在危害名誉罪中规定了刑事诽谤④和向新闻媒体传递虚假信息⑤,等等。

(二)对网络欺凌的积极全面治理

美国通常以"网络欺凌"一词指代针对未成年人的网络暴力,即个体借助计算机、手机和其他电子设备故意对未成年人造成重复伤害的行为。根据美国网络欺凌中心2021年的一项调查,在接受调查的具有一定代表性的2500名初高中青少年中,45.5%的人自称在此前人生中曾遭受过网络欺凌,23.2%的人表示在过去30天内曾遭受过网络欺凌;14.4%的人表示他们曾网络欺凌他人,4.9%的人承认自己在过去30天内就曾有过对他人的欺凌行为。为遏制愈演愈烈的青少年网络欺凌问题,美国政府深入开展了以联邦与州协同治理为特色的立法实践。在联邦政府与州政

---

① 《模范刑法典》第251.4条规定:"……(2)犯罪。(a)出售、递送、供给、提供或者同意出售、递送、供给淫秽文书、图画、录音录像或者其他表现或者带有淫秽性质的物品……(e)表现为或者暗示其为淫秽物品而将其进行出售、广告或者其他商业上的传播,而无论其是否属于淫秽物品。"

② See Florida Statutes §836.09(2021).该条"向报纸传播诽谤性言论"规定:"如果任何人向任何报纸或期刊的经理、编辑、出版商或记者陈述、交付或传输任何内容,以便在其中发表有关他人的虚假或诽谤性陈述,应按第775.082条或第775.083条的规定予以惩处。"

③ See Alabama Statutes §13A-11-163(2021).该条规定:"明知某项陈述是虚假的,或无视该陈述是否虚假,发表或以其他方式散布对目前未担任或竞选公职的私人公民的任何指控,虚假和恶意地将重罪或任何其他涉及道德败坏可公诉罪行指控给他人,即犯有B类轻罪。"

④ See Minnesota Statutes §609.765(2021).该条规定:"刑事诽谤是指使个人或团体、阶级或协会在社会中遭受仇恨、蔑视、嘲笑、侮辱或耻辱,或对商业或职业造成损害。明知虚假和诽谤性质,在未经被诽谤者同意的情况下,以口头、书面或其他方式向第三人传达虚假和诽谤性事项,即犯有刑事诽谤罪,可判处一年以下的监禁或3000美元以下的罚款,或同时处以监禁与罚款。"

⑤ See Minnesota Statutes §609.77(2021).该条"向新闻媒体提供虚假信息"规定:"任何人,意图出版或传播,并诽谤他人,向报纸、杂志或其他新闻媒体传达明知虚假的信息,即犯有轻罪。"

府的一系列立法工作下,美国青少年网络欺凌问题得到了一定的遏制。

《梅根·梅尔网络欺凌预防法》①是为纪念2006年“梅根案”中因网络欺凌而去世的被害者而提出的法案。这部法案规定实施网络欺凌将构成联邦犯罪,并将网络欺凌行为界定为任何人在跨州或跨国交流中,利用电子手段实施的严重、重复、敌对行为,其主观上具有“意图强迫、恐吓、骚扰或对他人造成实质性的精神伤害”的特征,并且规定了“处以罚款或两年以下监禁,或两者并罚”的刑事制裁法律后果。由此,网络欺凌在构成要件上便具备了四个重要的特征:①故意,非偶然;②重复,非一次性;③实际发生损害;④利用电子手段实施。《梅根·梅尔网络欺凌预防法》是美国联邦政府历史上第一部针对青少年网络欺凌的专项法案,虽然由于种种原因,该法案并未正式出台,但对美国的网络欺凌治理产生了深远影响。

目前,美国在联邦立法层面不存在直接面向欺凌问题的立法,因此也没有联邦法律直接规制网络欺凌行为。但在某些情况下,网络欺凌与歧视、性骚扰等行为相互重叠,因而可以被美国教育部(ED)和美国司法部(DOJ)执行的联邦1964年《民权法》(Civil Rights Act of 1964)②所涵盖。无论使用什么称谓(例如欺凌、戏弄),这些法律都有义务对符合以下三项标准的行为做出处理:①不受欢迎和客观冒犯,如贬损性语言、恐吓、威胁、身体接触或身体暴力。②在学校营造充满敌意的环境。这种敌意的环境严重到足以干扰或限制学生在参与学校提供的服务、活动或机会等方面的能力。③上述行为的发生是基于学生的种族、肤色、民族血统、性别、残疾或宗教。其中性别包括了性取向、性别认同和双性人特征,还包括基于性别的陈旧观念和性骚扰。基于民族血统的骚扰则包括了因为学生会说另一种语言而产生的骚扰。除了美国司法部和教育部共同执行的1964年《民权法》第四章和第六章,与欺凌和网络欺凌相关的民权性法律法规还包括了1972年教育修正案第九章,1973年《康复法》第504条,《残疾人法》第二章、第三章,以及《残疾人教育法》(IDEA)。美国各州

---

① 根据《梅根·梅尔网络欺凌预防法》的内容,增设第881条“网络欺凌”规定:“(a)任何人在跨州或跨国交流中,利用电子手段实施严重、重复和敌对行为,意图强迫、恐吓、骚扰或对他人造成实质性的精神伤害的,应依法被处以罚款或两年以下监禁,或两者并罚。……”

② 美国1964年《民权法》是禁止住房、就业和教育等多个领域歧视的里程碑式立法。该法中与教育有关的条款分别为第四章“消除公共教育中的种族隔离”和第六章“禁止联邦资助项目中的歧视”。

(地区)网络欺凌立法状况见表3－1。

表3－1　美国各州(地区)网络欺凌立法状况

地区	针对网络欺凌或电子骚扰进行立法	针对网络欺凌或电子骚扰的刑事制裁	针对网络欺凌的学校制裁[1]	需要学校政策[2]	包括校外行为[3]
阿拉巴马州	是	是	是	是	是
阿拉斯加州	否	是	是	是	否
亚利桑那州	是	是	是	是	否
阿肯色州	是	是	是	是	是
加利福尼亚州	是	是	是	是	是
科罗拉多州	是	是	是	是	是
康涅狄格州	是	是	是	是	是
特拉华州	是	是	是	是	是
佛罗里达州	是	是	是	是	是
佐治亚州	是	是	是	是	是
夏威夷州	是	是	是	是	是
爱达荷州	是	是	是	是	否
伊利诺伊州	是	是	是	是	是
印第安纳州	是	是	是	是	是
艾奥瓦州	是	是	是	是	否
堪萨斯州	是	是	是	是	否
肯塔基州	是	是	是	是	是
路易斯安那州	是	是	是	是	是
缅因州	是	是	是	是	是
马里兰州	是	是	是	是	是
马萨诸塞州	是	是	是	是	是
密歇根州	是	是	否	是	是
明尼苏达州	是	否	是	是	是
密西西比州	是	是	是	是	否
密苏里州	是	是	是	是	否
蒙大拿州	是	是	否	否	否
内布拉斯加州	是	否	是	是	否
内华达州	是	是	否	是	否
新罕布什尔州	是	否	否	是	是

续表

地区	针对网络欺凌或电子骚扰进行立法	针对网络欺凌或电子骚扰的刑事制裁	针对网络欺凌的学校制裁	需要学校政策	包括校外行为
新泽西州	是	是	是	是	是
新墨西哥州	是	否	是	是	否
纽约州	是	是	是	是	是
北卡罗来纳州	是	是	是	是	否
北达科他州	是	是	是	是	是
俄亥俄州	是	是	是	是	否
俄克拉何马州	是	是	是	是	否
俄勒冈州	是	是	是	是	否
宾夕法尼亚州	是	是	是	是	是
罗得岛州	是	是	是	是	否
南卡罗来纳州	是	是	是	是	否
南达科他州	是	是	是	是	是
田纳西州	是	是	是	是	是
得克萨斯州	是	是	是	是	是
犹他州	是	是	是	是	是
佛蒙特州	是	是	是	是	是
弗吉尼亚州	是	是	是	是	否
华盛顿州	是	是	是	是	否
西弗吉尼亚州	是	是	是	是	否
威斯康星州	否	是	是	是	否
怀俄明州	是	否	是	是	否
华盛顿哥伦比亚特区	是	否	是	是	是
联邦	否	否	否	否	否

资料来源：http://cyberbullying.org/bullying-laws（数据更新至 2022 年 10 月）。

注：〔1〕学校制裁是指允许学校适当管教学生的条款，属于惩罚性规范。

〔2〕学校政策是指要求学校制定正式政策来识别欺凌，并讨论应对措施，属于管理性规范。

〔3〕联邦判例法通常允许学校对学生的校外行为进行处罚，因为这些校外行为严重破坏了学校的学习环境。美国部分州已将这一规定写入州法规。

目前，美国境内各州陆续通过颁布法案的方式对于欺凌问题展开了应对。美国欺凌警察组织（Bully Police USA）建立了反欺凌的法规反馈评价体系，并以此评价各州的反欺凌法治质量。其中，网络欺凌立法是重要的评价指标，只有网络欺凌立法较为健全的州，才能获得 A + 以上的等级。根据当前的统计，对于美国各州的立法，可做出如下总结：①在全美 50 个州中，除阿拉斯加州、威斯康星州外，美国其他地区均对网络欺凌、电子骚扰等问题进行了专门的反欺凌立法；[①]②除明尼苏达州、内布拉斯加州、怀俄明州以及华盛顿哥伦比亚特区等几个区域外，其他地区都对网络欺凌问题制定了相应的刑事制裁措施；③大部分州要求学校针对网络欺凌问题研究、制定正式的应对方案，如亚拉巴马州、科罗拉多州等地区还要求将学生的校外行为纳入学校反欺凌的防治范畴。

由于各州立法较多，特选取具有代表性的几个州，对其网络欺凌立法予以介绍。以科罗拉多州为例，该州关于网络欺凌的立法主要见于其陆续颁布的政策与法案之中。2000 年，科罗拉多州宣布实施“安全学校计划”，该计划中包括了关于欺凌预防和教育的具体政策，以及与预防欺凌项目开发相关的具体信息。2002 年，科罗拉多州再度修正法规，要求学校必须制定关于欺凌的校规政策并由其来决定是否施以惩罚。[②] 此后，科罗拉多州的立法机构又于 2011 年通过 HB11 – 1254 号法案，该法案将“欺凌”正式定义为“包括任何书面或口头表达，身体动作，电子行为或手势在内的行为举止”，该法案通过承认电子欺凌的存在，进而将网络欺凌纳为校园欺凌的组成部分。[③] 在 2015 年，科罗拉多州通过 HB15 – 1072 号法案，即《基亚娜法》(Kiana’s Law)，该法案对于科罗拉多州法规第 18 – 9 – 111条进行了修正。根据修正后的规定，某人在有意骚扰、激怒或惊扰他人的主观意图指引下，采用匿名或其他方式，直接或间接地使用电话、计算机网络、计算机系统、短信、即时消息以及其他交互式电子媒介，试图威胁、损害他人人身或财产安全的行为，以及通过上述电子方式发表涉及淫秽的评论、请求、意见的行为，可构成三级轻罪而予以刑罚处罚。[④] 2021 年，科罗拉多州出台 HB21 – 1221 号法案，该法案又被称为《杰克与

① 值得注意的是，尽管阿拉斯加州与威斯康星州未对网络欺凌、电子骚扰进行专门立法，但在其刑事制裁规范中依然针对上述现象制定了相应的制裁措施。

② “安全学校计划”见 Colorado Revised Statutes § 22 – 32 – 109. 1。

③ 该法案于 2011 年 5 月签署成为法律。

④ See Colorado Revised Statutes § 18 – 9 – 111.

凯特法》(Jake and Kate Law),或者《关于防止公立学校欺凌的措施》(Concerning Measures to Prevent Bullying in Public Schools)。根据该法案要求,教育部在更新示范欺凌预防和教育政策(示范政策)时,其所采用的利益相关者流程必须将被欺凌学生的父母囊括在内。该法案还要求对冲突和欺凌、骚扰和欺凌等概念进行明确的区分,并阐明了网络欺凌对于学校内外的线上教学所产生的影响。

北卡罗来纳州关于网络欺凌的立法,主要见于该州施行的一般性法规(North Carolina General Statutes)中,其中,与网络欺凌有关的条文,主要有第115C－407.15条、第14－458.1条、第14－458.2条。第115C－407.15条对于欺凌和骚扰行为作出了规定。根据其立法,欺凌或骚扰行为指在包括校车在内的学校相关的场所内发生的,以手势、书面、口头或电子方式、身体行为实施的威胁性行为,该行为会造成:①使学生或学校员工合理地担心其人身受到伤害或财产受损;②通过严重干扰或损害学生的教育表现、机会或福利,进而创造出一个敌对的环境。第14－458.1条主要对于网络欺凌(计算机相关犯罪)作出了规定。[①] 该条概述了特定类型的网络欺凌,并将其适用范围确定为针对未成年人及未成年人父母的欺凌行为。根据该条规定,“无论真假,任何人使用计算机或计算机网络做出任何陈述,意图引诱第三方实施跟踪或骚扰未成年人的行为”,属于非法行为。此外,对于上述网络欺凌行为,法条同时匹配了相应的罚则:如果被告在犯罪时已年满18岁,则该犯罪将被视为一级轻罪;被告人犯罪时不满18岁的,处二级轻罪。同时,还附有一些程序上的规定,如根据该条款,当任何人根据本条承认犯了某项罪行,而该罪行是在该人年满18岁之前犯下的,法院可以在不作出有罪判决并征得被告同意的情况下,根据法院可能要求的合理条款和条件,推迟进一步的诉讼程序,并对被告实行缓刑。在本条所订缓刑的条款及条件履行后,法院须释放被告,

① See North Carolina General Statutes §14－458.1.根据本条规定,任何人利用计算机或计算机网络进行下列任何行为均属违法:(1)意图恐吓、折磨未成年人的;(2)意图恐吓、折磨未成年人及其父母、监护人的;(3)无论真假,作出任何声明,意图引起任何第三方实施跟踪或骚扰未成年人行为的;(4)以恐吓或折磨未成年人为目的,复制、传播或使他人获得未经授权的与未成年人有关的任何数据的副本;(5)以恐吓、折磨未成年人为目的,为未成年人注册淫秽网站的;(6)以恐吓、折磨未成年人为目的,未经未成年人或者其父母、监护人授权,为未成年人注册电子邮箱或者接收垃圾电子信息、即时信息的。

并撤销对被告的诉讼。

值得一提的是，在该州法规第14－458.2条中，针对学生对于学校员工的网络欺凌行为作出了处罚性规定。诸如学生建立关于学校员工的虚假的个人资料或网站，在互联网上发布或鼓励他人发布与学校员工有关的私人信息，在网上发布真实或篡改的学校员工照片，访问、修改或删除任何计算机网络、计算机数据、计算机程序或计算机软件，包括闯入有密码保护的账户或窃取或以其他方式获取访问密码，使用计算机系统对学校员工进行重复或持续的电子通信（包括电子邮件或其他电子通信）等行为，都属于非法行为，任何违反本条规定对于学校员工进行网络欺凌的行为，将被视为二级轻罪进行处罚。[①] 可以说，在各州的立法中，这项规定属于较有新意的立法，它将校园网络欺凌的受害者由未成年学生扩展至学校雇员，从而强化了对于网络暴力的打击力度。

宾夕法尼亚州关于网络欺凌的法律法规，主要见于该州的几项法案之中。2008年，宾夕法尼亚州通过HB1067号法案，要求学校系统制定禁止欺凌（包括电子欺凌）在内的政策，并将电子欺凌定义为使用电子手段的骚扰行为。2015年7月10日，宾夕法尼亚州通过HB229号法案，将对儿童的网络骚扰定为三级轻罪。

南卡罗来纳州关于网络欺凌的立法，主要见于该州实施的《南卡罗来纳州法典》（South Carolina Code of Laws）。2006年，南卡罗来纳州通过HB353号法案，修改了法典第59－63－120条和第59－63－140条。[②] 其中，第59－63－120条属于教育事项的一般性规定，第59－63－140条则对于当地学区采取禁止骚扰的政策、所需的要件、国家教育委员会的示范政策、欺凌预防项目等事项进行了规定。在修法之后，被禁止的骚扰、恐吓、欺凌等行为在行为方式上得以将电子通信手段（网络欺凌）囊括在内。

---

① See North Carolina General Statutes §14－458.2.根据本条规定，任何学生使用计算机或计算机网络进行下列行为均属违法：（1）恐吓、折磨学校工作人员；（2）不论真假，发表任何意图引起任何第三方跟踪或骚扰学校员工的声明；（3）复制、传播或指使他人在未经授权的情况下复制与学校雇员有关的任何资料，以恐吓或折磨该学校雇员；（4）以恐吓、折磨为目的，为学校员工注册淫秽网站；（5）以恐吓、折磨学校员工为目的，未经学校员工授权，为学校员工注册电子邮箱或者接收垃圾电子信息和即时信息。

② See South Carolina Code of Laws §59－63－120，§59－63－140.

此外,在刑事制裁方面,《南卡罗来纳州法典》第16－3－1700条将电子联系纳入了二级骚扰范畴,将电子跟踪纳入了跟踪范畴,同时对于电子接触进行了精确的定义。[①] 从而在法典中较为全面地确立起对包括网络欺凌在内的网络暴力行为的刑法规制。

(三)对未成年人权益的多方位保护

1996年《通信规范法案》(CDA)基于保护青少年的立场,尝试将网络空间中儿童可接触到的低俗言论以及淫秽言论纳入监管。然而,该条款因可能会限制成年人的网络自由遭到抗议。1997年雷诺诉美国公民自由联盟案(Reno v. American Civil Liberties Union)中,民间组织"美国公民自由联盟"将时任司法部长雷诺告上法庭,声称该法案侵犯宪法保障的言论自由,美国最高法院作出裁定,认为法案有关禁止"不雅"内容的条款定义宽泛,并予以废除。

1998年《儿童在线保护法案》(COPA)规定限制未成年人接触被认为是有害于未成年人的信息,但因为该法案同时会妨碍成年人发表言论,最终被认定违宪。同年在美国国会通过《儿童在线隐私保护法》(COPPA),并于2000年4月生效。该法案规定网站必须获得儿童家长的同意才能收集儿童用户的个人信息。隐私权政策中需包含的内容有:要求该政策在任何收集数据的地方都适用,明确向父母或监护人寻求同意的时间与方式,以及关于儿童的隐私和安全上网,网站经营者的法律责任,并对13岁以下儿童的营销手段的种类和方法进行限制。

针对学校、家庭的网络安全教育,2009年5月出台《学校及家庭网络教育法》,旨在促进网络安全教育,提高青少年网络素养,预防网络犯罪和各种网络伤害。该法为各州教育机构、非政府组织提供项目资金,支持进行网络安全教育和研究,其中提到项目的审批单位、项目的期限、项目的申请及优先权、基金的使用以及项目指引,因而具有较强的操作性,可作

---

① See South Carolina Code of Laws §16－3－1700.根据本条规定,"二级骚扰"是指蓄意、频繁和不合理地侵入目标人物的私人生活,这种行为并无正当目的,并导致处于该地位的人士遭受精神或情绪上的痛苦;"二级骚扰"可能包括但不限于发起、保持或重复口头、书面或电子联系。"跟踪"既指口头、书面、电子的语言模式,也包括一种行为模式,这种行为模式没有任何合法目的,只会导致处于目标对象位置的理性人感到恐惧。

为网络欺凌领域的重要立法参考。《青少年网络安全常识教育法》(Adolescent Web Awareness Requires Education Act)则要求,相关司法部门、教育部门、健康部门和政府机关通过开展全方位的网络安全研究,为网络安全教育提供指导。

2022 年康涅狄格州的民主党参议员理查德·布鲁门撒尔(Richard Blumenthal)和田纳西州的共和党参议员玛莎·布莱克本(Marscha Blackburn)提出《未成年人在线安全法案》(Kids Online Safety Act),以在社交媒体平台为 16 岁及以下的未成年人提供保护。该法案规定了平台的注意义务,[①]并试图规制针对未成年人的算法推荐系统,[②]等等。尽管作为提案尚不具有法律效力,但其中关于算法推荐系统、平台的权限与义务等的规定可以作为参考。

(四)对网络跟踪/网络骚扰的刑事立法

电子通信在日常生活中愈加普遍,美国许多州已经更新跟踪立法,将网络跟踪包括在内。网络跟踪是指利用互联网、电子邮件、短信甚至电话等电子媒介进行的任何形式的跟踪——对个人的恐吓、骚扰或欺凌。在 2010 年之前的 20 年里,美国已经向日益数字化的社会转型,截至 2009 年

---

① 在第三章“注意义务”中规定:“(a)最佳利益。平台有义务着眼于使用该平台产品或服务的未成年人的最佳利益。(b)预防对未成年人的伤害。在着眼于未成年人的最佳利益时,平台有责任预防和减轻平台上的材料或与平台的接触对未成年人造成的身体、情感、发展或物质伤害的增加风险,包括:……(3)对未成年人的身体伤害、网络霸凌及骚扰;(4)性剥削,包括引诱、性诱导、性交易及对未成年人的性虐待,以及贩运网络儿童性虐待材料……”参见《美国参议院审议〈未成年人在线安全法案〉》,载微信公众号“赛博 5 号院”,https://mp.weixin.qq.com/s/NyA6mX2vu5DzH2FSk_raPg,2023 年 2 月 16 日访问。

② 在第五章“声明”中规定:“a. 声明(1)注册——在未成年人注册、使用或购买平台(服务)之前,该平台应提供清晰、易懂的:(A)关于平台的个人数据政策、措施以及未成年人保护措施的声明。(B)关于如何获取第四节规定的保护措施和家长工具的信息。(C)关于平台(含该平台使用的任何算法推荐系统)是否对未成年人构成任何伤害增加风险,即第 3(b)款所述伤害的声明……(b)算法推荐系统——使用算法推荐系统的平台应在其条款中以清晰、易懂的方式列明:(1)概述平台如何使用算法推荐系统向平台上的未成年人用户提供信息,包括此类系统如何使用未成年人的个人数据;以及(2)未成年人或其监护人修改算法推荐系统的选项,包括选择退出的权利或降低所推荐的类型或类别优先级的权利。……”参见《美国参议院审议〈未成年人在线安全法案〉》,载微信公众号“赛博 5 号院”,https://mp.weixin.qq.com/s/NyA6mX2vu5DzH2FSk_raPg,2023 年 2 月 16 日访问。

年底,74%的成年人使用互联网,89%的成年人使用手机。随着公众对新技术的使用增加,涉及滥用技术的跟踪案件也随之增加。各州很快开始修改跟踪法,增加了对"电子通信或联系"的禁止,联邦和州的电子隐私及窃听法越来越多地适用于跟踪案件。[①] 网络骚扰是指利用互联网等媒体对个人进行不具有合法目的的打扰、恐吓、折磨等行为。网络骚扰与网络欺凌的概念相近,区别在于欺凌行为假设欺凌者和受害者是同龄人(未成年人群体),而网络骚扰的对象以成年女性为主,其意图一致,即给目标个人造成痛苦,并从痛苦中获得权利。[②] 网络骚扰已成为一个重大的社会问题。大多数被调查的美国女性成年人认为网络骚扰是一个重要问题,她们不成比例地成为网络骚扰的目标。与大多数其他形式的骚扰不同,网络媒体帖子往往会持续一段时间,网络骚扰带来的侵害主要有:损害受害者的职业声誉,阻碍线上和线下的追求,扰乱正常的生活选择,并造成身体和情感伤害……网络骚扰影响了受害者充分利用数字时代的经济、政治和社会机会的能力,等等。[③] 以下选取网络跟踪/网络骚扰立法较典型的加利福尼亚州与佛罗里达州进行概述。

加利福尼亚州最早的跟踪案件之一发生在1999年,北好莱坞的一名男子被指控利用互联网意图使一名女子遭受性侵犯,其在网上发布的带有性暗示的广告,显示该女子的地址。网络跟踪的其他行为模式包括:直接向某人发送其不想要的、具有威胁性的消息或骚扰性质的电子邮件;在未经其同意的情况下故意在网上发布有关某人的尴尬或羞辱性信息;发布关于他人的电话号码、地址、工作场所等个人信息,鼓励其他人进行骚扰;登录在线账户清空某人的银行账户或毁掉某人的信用;等等。与常规跟踪一样,网络跟踪被指控为轻罪还是重罪,取决于被告的犯罪历史以及案件的事实。轻罪网络跟踪或可判处1年监禁及最高1000美元的罚款。重罪网络跟踪的指控可能会导致被判处5年监禁,以及最高1000美元罚

---

① See Cynthia Fraser et al., *The New Age of Stalking: Technological Implications for Stalking*, 61 Juvenile and Family Court Journal 40, 39 – 56 (2010).

② See Renee L. Servance, *Cyberbullying, Cyber-Harassment, and the Conflict between Schools and the First Amendment*, 6 Wisconsin Law Review 1219, 1213 – 1244 (2003).

③ See R. George Wright, *Cyber Harassment and the Scope of Freedom of Speech*, 53 UC Davis Law Review Online 190, 187 – 212 (2019 – 2020).

款。同样,根据被告的犯罪历史和犯罪性质,也可能面临家庭暴力指控或被要求登记为性犯罪者。加利福尼亚州《刑法》第 646. 9 条将“跟踪”定义为骚扰或威胁他人,使其担心自己或家人的安全。“电子通信设备”包括但不限于座机、移动电话、电脑、录像机、传真机或传呼机等设备。检察官须证明行为人为恶意或故意骚扰他人,以及对受害人进行了可信的威胁,即将受害者置于对其自身安全或其家人安全的合理恐惧中,且是通过互联网或其他“电子通信设备”进行通信的。[①]

除此之外,加利福尼亚州《刑法》第 653. 2 条规定了网络骚扰,发送电子通信(如电子邮件或短信)以使收件人对其自身或其直系亲属的安全感到合理的恐惧是犯罪行为。此条为轻罪,最高可判处 1 年监禁和 1000 美元罚款。[②] 此条款由加利福尼亚州立法机构于 2008 年颁布,将在互联网上发布关于他人的有害信息列为犯罪行为。这种犯罪有时被称为“电子骚扰”或“间接网络骚扰”。间接网络骚扰有别于加利福尼亚州《刑法》第 646. 9 条规定的“直接电子骚扰”(或称网络跟踪),直接电子骚扰/网络跟踪中,被告是直接骚扰或跟踪受害者,但第 653. 2 条规定的间接电子骚扰中,被告只需在互联网上发布信息,鼓励其他人骚扰或跟踪受害者,即使最终没有人骚扰所谓的“受害者”,行为人亦可能犯下间接网络骚扰罪。“被害人”甚至无须知道行为人可能通过互联网传播的潜在有害信息。此为本罪与加利福尼亚州《刑法》第 422 条刑事威胁等犯罪的主要区别,该罪中受害者需要真正为自己的安全担忧。

佛罗里达州《刑法》在第 784. 048 条规定了网络跟踪犯罪。网络跟踪是指行为人“使用电子通信设备或电子邮件,直接或间接地向特定对象发

---

① See California Penal Code §646. 9(2021). 根据本条规定,故意、恶意、反复跟踪或故意、恶意骚扰他人,并作出可信威胁,意图使该人对其安全或其直系亲属的安全产生合理的恐惧,即犯跟踪罪,可判处一年以下的监禁,或处以不超过 1000 美元的罚款,或同时处以罚款和监禁。

② See California Penal Code §653. 2(2021). 根据本条规定,在未经他人同意的情况下,意图使他人陷入对自身安全或者直系亲属安全担忧的恐惧之中,并且为造成对他人不必要的身体接触、伤害或骚扰,发送电子邮件、超链接或提供个人识别信息以供下载,包括但不限于他人的数字图像或与他人相关联的具有骚扰性质的电子信息,犯有轻罪,可判处一年以下的监禁,或处以不超过 1000 美元的罚款,或同时处以罚款和监禁。在本节中,“骚扰”是指明知且故意针对某一特定人员的行为,理性的人会认为该行为属于令人严重惊恐、严重打扰、严重折磨或严重恐吓的行为,且不具有任何合法目的。

送文本、图像和语言”，或者“未经他人许可，进入或试图进入他人的网上账户或家庭联网电子系统”，主观上不具备任何合法目的，且给他人造成巨大的精神侵扰的行为。该条配备一级轻罪和三级重罪两种，其中故意、恶意、反复跟踪、骚扰或网络跟踪他人，犯有跟踪罪，是一级轻罪。其他4种行为类型为三级重罪，包括故意、恶意和反复跟踪、骚扰或网络跟踪他人并对该人进行可信威胁；在发布防止再次暴力、性暴力或约会暴力的禁令，防止家庭暴力的禁令后，或在法院禁止对当事人或该人的财产实施任何其他禁止行为之后，明知、故意、恶意和反复跟踪、骚扰；网络跟踪他人，故意、恶意和反复跟踪、骚扰或网络跟踪16岁以下儿童；在因犯性侵犯、对未满16岁未成年人猥亵、通过互联网传播色情信息进行猥亵等罪被判处禁止接触令后，仍故意反复跟踪、骚扰或网络跟踪前述犯罪受害者的。①

（五）关于平台责任的规定

1. 平台责任的一般性规定

美国1996年《通信规范法案》第230条通常被视为互联网平台免责条款，至今仍具有效力。该条规定网络平台不需要为第三方使用者所发表的言论负法律责任；同时规定网络平台有权拒绝发布或删除淫秽、猥亵、过于暴力、构成骚扰或以其他方式令人反感的内容，即使该内容受《宪法第一修正案》保护，这一基于保护青少年立场所作的规定，因遭受侵犯言论自由之抗议，被判违宪。2020年5月28日时任美国总统特朗普发布“防止在线审查行政令”②，重申第230条平台审核权限，2020年9月23日美国司法部提出立法提案，对《通信规范法案》第230条进行修改，修改理由为互联网商业模式发展20多年后，互联网领域发生了巨大变化，已经不适宜继续为在线平台提供过多的豁免空间，应当赋予社交媒体平台处理非法内容的权限以及相应的管理责任。就此，互联网平台“是否应当

---

① See Florida Statutes § 784.048(2021).

② 其中第二节“防止在线审查”中指出：在这场辩论的基本规则中，最突出的是《通信规范法案》第230(c)条所规定的免责豁免。美国的政策是澄清这种豁免的范围：豁免不应超出其案文和目的，那些声称为用户提供自由和公开言论保护的人，实际上却利用其对重要通信手段的权力，通过审查某些观点来从事欺骗性或借口性行动，扼杀自由和公开辩论。

被赋权审查并处理相关内容”成为当前各方讨论的议题。

2. 社交媒体平台的内容治理规则

美国的互联网大型企业平台如 Facebook（脸书）、YouTube（优兔）、Twitter（推特）、Google（谷歌）等均有社区规则向用户公开，明示允许发布和不允许发布的内容。与此同时，平台会对用户发布的内容进行审核，包括平台主动审核与用户举报审核两条路径，审核内容包括暴力、血腥、色情、仇恨等不受《宪法第一修正案》绝对保护的有害信息，通常采用“人工智能/算法审核 + 人工审核”的双重审核方式，即由人工智能/算法模型进行首层过滤，再由人工进行二次审核。除以上共性外，由于各互联网公司平台主要内容与功能差异以及平台内治理拥有较大自主权限，各平台社区规则及审核模式具有独特性，以 YouTube、Facebook、Twitter 为例展示不同平台对信息内容的治理规则。

（1）YouTube 关于网络暴力相关信息的治理

YouTube 的社区准则[①]：YouTube 的社区准则旨在确保社区安全，违规内容包括垃圾邮件和欺骗行为、敏感内容、暴力或危险内容、受管制商品、错误信息政策五大类。其中，“暴力或危险内容”类中又包含骚扰和网络欺凌、有害和危险内容、仇恨言论、暴力犯罪组织、暴力血腥五种具体信息分类。骚扰和网络欺凌政策（Harassment and Cyberbullying Policy）中具体示例被禁止上传的内容信息：①针对人或群体自身具有的属性，进行持续性中伤或恶意侮辱（如种族歧视），“自身具有的属性”可包括受保护群体、身体特征、性暴力的受害者、未经同意传播亲密图像、家庭暴力或虐待儿童等；②以羞辱、欺骗或侮辱未成年人为目的而上传的内容。例外情形则包括知名公众人物和领导人的辩论、剧本表演、骚扰教育等。对于违反社区准则上传违规内容的用户，YouTube 将删除相关内容并通过电子邮件予以告知，同时根据违规的次数与账户的主要用途给予不同处罚。例如，对于用户的第一次违规采取预先警告，第二次及多次违规的账号将收到警示，屡次违规可导致账号被暂停，账户主要用于从事违反政策的行为也可导致被暂停。以上是 YouTube 社区准则中对涉及网络暴力信息

---

① 参见《YouTube 社区准则》，载 YouTube 官网，https://www.youtube.com/intl/ALL_jp/howyoutubeworks/policies/community-guidelines/，2023 年 3 月 7 日访问。

的基本处理规则。

2022 年 12 月 YouTube 官方宣布“用审核机器人删除垃圾评论”计划，用以规制实时聊天以及用户评论中含有的垃圾邮件和辱骂性内容，机器人有权向发表多条辱骂性言论的用户发出超时通知并立即删除此类评论，同时该用户将在 24 小时内被禁止使用评论功能。[①]

（2）Facebook 关于网络暴力相关信息的治理

Facebook 的社群守则[②]：Facebook 在社群守则中规定了允许和禁止发布的内容，其特点是：①首先介绍禁止内容的政策背景，便于用户了解信息被禁止的原因；②对被禁止的内容进行非常详细的分类与列举，包括群体的分类（成年人/未成年人、公众人物/非公众人物、特定对象/非特定对象等）和内容的列举及示例。对于禁止网络欺凌与骚扰信息，政策依据为“言语威胁、公布个人身份识别信息、发送恐吓信息以及扰人的恶意联系，均属于欺凌和骚扰的范畴，其会使 Facebook 用户感到不安全和不被尊重”；内容上将被禁止信息根据攻击对象及危害程度“由重至轻”列为 7 个级别，在最轻的第 7 级别规定用户自行举报的，平台才做处理，例如，“给他人贴上各种与性相关的贬义标签（如‘妓女’‘荡妇’等）”属于第 1 级别的禁止内容，详细内容可参见 Facebook 社群守则，此处不一一列举。

2018 年 Facebook 曾因平台内容问题招致一系列争议，社交媒体平台对有害信息的消极态度引发不满，这亦是美国言论自由保护传统、网络平台免责传统与网络时代不良言论治理需求之间矛盾冲突的体现。

（3）Twitter 关于网络暴力相关信息的治理

Twitter 的社区规则[③]：Twitter 社区规则违规内容中的暴力言论政策部分规定了更具体的违规行为，分为暴力威胁、伤害的愿望、煽动暴力、颂扬暴力四种。“暴力威胁”包括（但不限于）威胁要杀人、折磨、性侵犯或以其他方式伤害他人；“伤害的愿望”包括（但不限于）希望他人死亡、遭

---

① 参见《YouTube 推新计划：用审核机器人删除垃圾评论禁言 24 小时》，载凤凰网，https://tech.ifeng.com/c/8LlFVJLy7qL，2023 年 3 月 7 日访问。

② 参见《Facebook 社群守则》，载 Facebook 官网，https://transparency.fb.com/zh-cn/policies/community-standards，2023 年 3 月 7 日访问。

③ 参见《Twitter 暴力言论政策》，载 Twitter 官网，https://help.twitter.com/en/rules-and-policies/twitter-rules，2023 年 3 月 7 日访问。

受疾病、经历悲惨事件或其他对身体有害的后果；“煽动暴力”包括（但不限于）鼓励他人伤害自己或煽动他人犯下暴行罪，包括危害人类罪、战争罪或种族灭绝罪，包括使用暗语间接煽动暴力；“颂扬暴力”包括（但不限于）对某人遭受身体伤害表示感谢或赞扬暴力实体和暴力袭击的肇事者，亦包括美化虐待或虐待动物的行为。Twitter 规定的例外情况主要以言论的语境及上下文为判断标准，如在没有明确的辱骂或暴力语境的情况下表达暴力言论，例如，朋友之间夸张的玩笑的情境，以及使用某些修辞手法、讽刺或艺术表达的情况。因此，Twitter 社区规则中的例外情况主要根据言论的语境与目的而定。对于违反社区规则的用户，Twitter 将根据严重程度采取锁定账号、永久暂停账号等不同程度的惩罚措施。

2022 年，Twitter 开始向全球用户开放社区笔记（Community Notes）功能，该功能可供用户在“推文”下添加注解，目的是通过公众力量遏制平台内的假新闻。① 马斯克表示在 Twitter 中推广社区笔记功能在于希望人们在社交媒体平台中可以通过竞争来评估真相，通过认证身份实现互联网的身份层从而促使用户维护自己的声誉价值。②

二、美国网络暴力治理经验的启示

综合美国法律中的治理规定，可得到以下三方面的经验启示：

首先，美国法律重视对未成年人权益的体系保护，不仅体现在极具国家特色的网络欺凌立法上，还包括针对网络空间中未成年人广泛的权益采取积极、全面的保护。具体而言，涉及的治理主体全面，在法律规定中细化了政府、学校、家庭、网络平台等各方具体责任，治理的内容范围广泛且分类细致，涉及儿童色情制品、儿童性剥削、血腥暴力、欺凌跟踪等，从而形成包括软硬法在内的全方位、多形式的未成年人立法保护。我国互联网用户中未成年人数量达 1.83 亿人（中国互联网络信息中心 2020 年

---

① 参见《Twitter 开放 Community Notes 功能：集中网友力量遏制假新闻传播》，载新浪网，https://k.sina.com.cn/article_1826017320_6cd6d028020017k1l.html，2023 年 3 月 9 日访问。

② 参见瓦砾村夫：《马斯克最新访谈全文：关于 ChatGPT、推特愿景及人类文明》，载腾讯网，https://new.qq.com/rain/a/20230218A02C3Y00。

数据)，呈现低龄化、数量持续上升趋势。未成年人参与互联网活动的广泛性要求治理网络暴力过程中应对其提供重点的法律关照，形成积极的预防保护，全方位减少未成年人群体遭受网络暴力的不良影响。因此，美国法律体系中对网络欺凌的特别治理及未成年人群体的重点保护是我国网络暴力治理可参考借鉴的方向，具体包括：

第一，我国应将未成年人列为网络暴力治理中的特殊保护群体并强化保护。美国的法律体系为保障未成年人权益形成严密、严厉的法网。严密性体现为从联邦级别到各州级别法律均有覆盖，在网络空间未成年人权益保护中，美国通过立法不断细化各方向、各领域，形成丰富详尽的法律规范体系。严厉性体现为美国积极使用刑法规制未成年人网络欺凌。例如，除缅因州、明尼苏达州、内布拉斯加州等个别州外，绝大多数州在其立法中规定了网络欺凌的刑事制裁；又如，美国刑法中设有持有儿童色情制品犯罪。我国网络暴力治理应当进一步强化未成年人群体保护，对未成年人网络暴力的直接受害者提供从法律救济、司法机关介入到学校与家庭相互配合的全面系统保护，重点关注未成年人身心健康与未来发展；对参与实施网络暴力的未成年人应提供及时的教育、疏导；对围观网络暴力事件的未成年人应通过立法对家庭、学校、平台相关账号与内容的管理进行预防，避免未成年人过度遭受网络暴力信息的负面影响。

第二，我国治理网络暴力的系列法律中应注重设立未成年人条款，必要时可就典型的网络暴力类型进行专项立法治理。美国如今将“是否配备网络欺凌立法”视为各州网络欺凌治理效果中一项重要的评估标准，可见对于未成年人在网络暴力方面的保护，立法是十分重要的措施。长久以来，美国对网络空间未成年人的保护频繁与保护言论自由的宪法要求相冲突，经历了长期的权衡斗争。早在1996年美国即颁布《通信规范法案》，尝试将网络空间中的儿童可接触到的低俗言论与淫秽言论纳入监管，然而却在随后著名的雷诺诉美国公民自由联盟案中以侵犯言论自由判决此条款违宪。由此可见，美国法律对网络空间中未成年人权益全面、深入的立法保护并非一蹴而就，而是经由不断实践与大量案例积累形成。对于我国，国家宏观层面治理网络暴力应针对未成年人群体设立宏观法律保护框架，明晰政府、学校、家庭、网络平台相应的注意事项与责任；法律层面既可采用设立“未成年人”条款模式，必要时也可针对涉及未成年人且具备群体特色与治理紧迫性的网络暴力进行专项立法;具体规定层面应针对未成年人群体设立独特的管理内容并不断优化精准治理,包括账户资格管理、使用时间限制、直播活动参与条件、浏览内容分级审核等系列措施。与此同时,还应注重收集实践中典型、复杂、多发的案例与立法形成良性互动。

其次,美国的法律体系中设有“跟踪犯罪”,旨在对隐私权、人身安全等个人基本权利加强保护。伴随数字化社会转型,传统线下跟踪行为大量出现在网络空间的社交媒体中,为应对此类犯罪行为的转型,美国部分州将“网络跟踪”“网络骚扰”纳入刑事犯罪,并主要以轻罪模式对此类行为进行惩处。我国近年对网络“人肉搜索”、言语滋扰等的治理亦加大重视,如2019年国家互联网信息办公室出台的《网络信息内容生态治理规定》规定网络信息内容服务使用者和生产者、平台不得开展网络暴力、“人肉搜索”。但我国对此类行为的治理仍存在救济不足以及立法体系不完善等问题。美国此部分立法对我国的启示:第一,网络暴力治理在法律层面应更加重视网络空间中公民基本权利的保护与救济,重视保护个人生命安全、信息安全、隐私权、精神健康等权利,以此为基础搭建“事前预防—事中干预—事后追责”的完备法律保护体系,必要时可选择更新刑事法律以应对线下犯罪的线上转型。第二,网络暴力的治理应当进一步细化网络空间中违法犯罪行为的类型,进行针对性强、系统化的法律应对,如划分网络跟踪、“人肉搜索”、言语攻击等更具体的违法类型与违法结果,并根据违法程度分级配备处遇措施。例如,美国佛罗里达州的网络跟踪犯罪配备一级轻罪和三级重罪两种,将故意、恶意和反复跟踪、骚扰或网络跟踪16岁以下儿童,设为严重跟踪罪。我国在对网络暴力分级治理过程中亦可采纳更为细致的违法类型分类方法。第三,从规范角度化解网络暴力中“被害人”救济难问题,可考虑的方式包括降低“危害结果”的证明标准,譬如,不具有明确受害者的网络跟踪;调整举证责任,以减轻受害者因举证困难导致的救济难现象;尝试设立多元化的惩罚措施与预防措施,比如相应行为的禁止令等。

最后,美国境内所属互联网企业在治理社交媒体平台内的非法信息方面有较丰富的经验,其中“社区规则”条款设置与平台信息审核两方面可供我国治理网络暴力参考。第一,美国各大互联网企业在社交媒体平台使用规范中均设置社区规则条款，以事前提供行为准则以及明示平台对信息的处置规则。我国各大社交媒体平台也有相应的社区守则，与Facebook、YouTube、Twitter等平台相比，国内社交媒体平台对违法信息的内容及受众分类尚不够细致，面向用户公开的透明度也有待完善。第二，信息审核的技术问题是全球互联网企业面对的共同难题，随着网络用户持续增加，用户能发布的信息覆盖至文本、音频、视频、图片等各个载体，信息审核的工作量与难度不断增加，目前仍需完善两方面问题：一方面，应持续提升人工智能—算法模型的精准性，并从技术上降低算法运行"黑箱"带来的治理不确定性。信息审核算法模型的运行机理是通过关键信息训练学习逐渐形成自主筛选功能，实现不良信息初步过滤，此类算法模型具有"黑箱"性质，即只能事后评估"信息命中率"而无法可视化筛选信息的过程。各平台在运行模型时，会通过评估算法准确率对算法模型形成掌控，但由于平台在信息筛查中具有较高技术自主性以及内容平台信息类型多样，不同平台的算法模型以及能够实现的精准性均有差异。因此，未来既需要通过继续完善技术提升人工智能—算法模型的精准性，也需要加强平台间的技术交流，使人工智能—算法模型的运行更加稳定成熟。另一方面，则事关人工审核员的权益保护问题。目前，世界范围内的大型社交媒体平台仍会使用人工审核员进行信息审核。由于长期密集观看令人不适内容，极易危害人工审核员心理精神健康，严重者还会患上精神疾病，[①]甚至自杀。目前技术条件尚无法实现不良信息审核的去人工化，平台对人工审核员仍有需求，因此需要关注人工审核员的人身权益问题，通过完善制度体系保障其健康权益，避免从事这项工作的群体成为不良信息的实质受害群体。

综上所述，针对网络暴力的治理，美国采取各领域并进的治理模式，尤其重视未成年人群体的保护，针对"线下"转移至"线上"的违法犯罪行为及时更新刑事立法予以规制，重视司法实践与理论间的互动，在重点领域积极立法且逐步形成全面保护，形成判例与立法共同推进的治理格局。不仅如此，美国境内大型互联网公司所属的社交媒体平台均已展开对不

---

① 参见《前YouTube内容审核员在出现创伤后应激障碍症状后起诉公司》，载新浪科技，https://tech.sina.com.cn/roll/2020-09-23/doc-iivhvpwy8258690.shtml。

良信息的干预与治理，并在平台内部形成分类细致、惩罚措施有力的社区规范，目前仍在探索更新信息内容治理的新措施。这种集中且细化的治理模式，可为我国后续的网络暴力治理提供相应参照。

第二节　日本：多方主体参与治理模式

一、日本网络暴力治理模式概述

随着互联网成为人们日常交流的重要工具，网络诽谤与网络暴力成为日本当下正面临的严重社会问题。网络的普及扩大了信息发布者的范围，社交网络服务的匿名性极易诱发违法有害信息的发布与传播。近年来，关于诽谤中伤、犯罪预告、谣言等事件，特别是与新型冠状病毒感染相关的错误信息和误导性信息，被广泛传播和扩散。为了应对日益严重的网络暴力问题，日本政府通过修订刑法，制定歧视言论消除法、网络服务提供者责任限制法、欺凌防止对策推进法等法律法规，逐步形成了以政府为主导，以网络服务供应商自主规制为核心，法律强制与公民自律相结合的多方主体参与治理模式。

（一）日本《刑法》第 231 条侮辱罪法定刑的提高

网络暴力主要针对个人集中发布侮辱谩骂、造谣诽谤等不友善或非法信息，经常会侵犯他人的名誉权。为了保护人的名誉，日本《刑法》第 34 章“针对名誉的犯罪”规定了毁损名誉罪与侮辱罪，并分别设置了较为悬殊的法定刑。如果行为人公然披露事实，毁损他人名誉，不问有无该事实，处 3 年以下惩役、禁锢或者 50 万日元以下罚金；如果行为人虽未披露事实，但公然侮辱他人，处拘留或者罚金。

日本职业摔跤选手木村花自杀事件成为提高侮辱罪法定刑的契机。木村花生前曾参加日本真人秀节目，在节目中她与伙伴发生口角争执，引发网友不满，她的社交媒体上也随之出现大量刻薄恶毒并充满人身攻击性的留言，持续时间长达数月。由于不堪网络霸凌，2020 年 5 月 23 日，木村花在公寓自杀身亡。2020 年 12 月和 2021 年 4 月，两名多次恶意留言的犯罪嫌疑人先后因涉嫌侮辱罪被日本检方起诉至法院,法院最终以侮辱罪对两人判处罚金9000日元。在木村花去世前,社交媒体上还有大量对其诽谤中伤的帖子,但从证据收集上看,锁定和指认发帖人需要经过复杂的法律程序,受害人维权成本高、维权时间长;从法定刑的设置上看,侮辱罪的法定刑为"1万日元以下罚金或者30天以下拘役",惩罚过于轻微,起不到威慑与预防犯罪的效果;从结果上看,最终被追究刑事责任的只有两人,仅处以9000日元罚金。随后,要求严惩网络侮辱行为的呼声越发高涨。[①] 2020年5月26日,日本总务大臣高市早苗针对该案件表示,匿名诽谤和中伤他人的卑鄙行为令人无法容忍,政府将加快修改相关法律,惩治施暴者。

日本法务省认为,网络诽谤中伤与严重的人权侵害相关联,案件数量正在逐年增加,最近,在新型冠状病毒感染影响扩大的情况下,与疫情相关的诽谤中伤已经成为十分突出的社会问题。为此,法务省与相关省厅合作,于2020年6月1日成立了"针对互联网上的诽谤中伤等的法务省项目组",并将其交由政策立案总括审议官统一管理,着重对侮辱罪的法定刑进行讨论。[②] 在此期间,日本自由民主党也提出了多种建议,信息通信战略调查会的"网络诽谤中伤对策等小委员会"于2021年6月17日接受了木村花遗属的听证和请愿书,经过党内反复讨论后,制定了《应对网络诽谤中伤的紧急建议》,并向政府相关部门提出了申请。[③] 法务省根据自由民主党的建议,确立了在侮辱罪中引入惩役刑的方针,并在2021年9月16日召开的第191次法制审议会总会上向专家咨询了侮辱罪的修改。[④]

日本国会于2022年6月13日正式审议通过关于侮辱罪的修正案。侮辱罪的法定刑由"1万日元以下罚金或者30天以下拘役"修改为"1年

---

① 渋井哲也「テラハ事件,テレビとSNSユーザーが『共犯者』になった重すぎる教訓」DIAMOND on-line 2020.6.5 5:20〈https://diamond.jp/articles/-/239340〉(2022年8月16日確認)等参照。

② 法務省「法務大臣閣議後記者会見の概要令和2年6月2日(火)」〈https://www.moj.go.jp/hisho/kouhou/hisho08_00088.html〉(2022年8月16日確認)参照。

③ 自由民主党「ネット上の誹謗中傷に対応するための緊急提言」(2021年6月17日)〈https://www.jimin.jp/news/policy/201741.html〉(2022年8月16日確認)参照。

④ 法制審議会191回会议议事录参照。

以下惩役或禁锢或30万日元以下的罚金”,公诉时效也从原来的1年延长至3年,实现了侮辱罪和毁损名誉罪处罚的有效递进和衔接。

(二)《消除对我国以外出生者不当歧视性言论相关对策推进法》[①](以下简称《歧视言论消除法》)为消除歧视性言论做出的努力

1.《歧视言论消除法》的制定背景

本法的出台有特殊的历史文化背景。除外国人外,日本国内各种少数族群饱受歧视,尤其是那些于日本殖民时期出生在朝鲜半岛,并赴日从事劳动,战后在日本落地生根的朝鲜半岛出生者及其子孙,向来被以有色眼光看待。近年来,包括朝鲜、韩国在内的广义朝鲜民族人士等是仇恨性言论的重要攻击对象。网络的匿名性、虚拟性、包容性扩大了仇恨言论的传播范围,使那些抱有强烈排外思想的“网络右翼”更容易组织起来,毫无负担地使用歧视性用语(如“蟑螂”),以达到排斥、伤害、侮辱他人的目的。于是网络上充斥着右翼、排外言论,排外性的政治示威也出现在了大城市。以“仇恨言论”为主题的报道开始在日本媒体上大量出现,使其成为一个重要的社会现象。在这一背景下,日本国内制定反仇恨言论法的呼声愈加高涨,政府与立法部门因此将其提上了议事日程。2016年5月24日,《歧视言论消除法》在国会获得多数表决通过,并于6月正式施行。

2.《歧视言论消除法》的主要内容

(1)第1条“目的”:宣示国家不允许不当歧视言论;努力消除不当歧视言论。(2)第2条“名词定义”:“非本国出生者”是指出生于日本境外且合法居住在日本的人及其子孙;“不当歧视言论”包括鼓吹、诱发歧视心态、预告威胁、严重侮辱、煽动排除。(3)第3条“基本理念”:日本民众应当认识并消除“不当歧视言论”。(4)第4条“国家及地区政府的责任与义务”:国家应实施消除不当歧视言论的必要措施,并为地区政府提供必要的建言;地区政府与国家合理分工,按照当地实际情况采取措施。(5)第5条“完善咨询体制”:国家应提供关于不当歧视言论的咨询,并完善必要的体制;地区政府与国家合理分工,按照当地实际情况提供咨询。(6)第6条“加强教育”:国家为消除不当歧视言论,实施教育活动;地区政

---

① 本邦外出身者に対する不当な差別的言動の解消に向けた取組の推進に関する法律。

府与国家合理分工,按照当地实际情况实施消除不当歧视言论的教育活动。(7)第7条"启发活动":国家提醒国民消除不当歧视言论的必要,并以加深对其认识为目的,实施宣传或其他启发活动;地区政府与国家合理分工,按照当地实际情况提醒国民消除不当歧视言论的必要,并以加深对其认识为目的,实施宣传或其他启发活动。(8)"附带决议":广泛消除攻击各种群体的"不当歧视言论";各地区因地制宜采取措施;消除网络仇恨言论。

3. 对《歧视言论消除法》的评价

首先,宣示效果大于实际效果。《歧视言论消除法》虽然宣示了日本政府及地区政府共同对抗"不当歧视言论"的决心,但并未针对国民发表歧视言论设置任何罚则或禁止事项,而是通过完善咨询体制、加强人权教育、开展启发活动等规定来呼吁民众养成宽容之基本理念。有日本学者指出,《歧视言论消除法》是旨在提升民众良知、逐步消除仇恨言论的"理念法",而非强制消除仇恨性言论的"规制法"。[①] 其次,该法充分考虑了地区政府的特殊情况,为其保留了因地制宜采取弹性措施的空间,此时,国家可以提供必要合作。最后,《歧视言论消除法》的"附带决议"虽然表明要消除网络仇恨言论,但并未提出具体的应对方案和相应的罚则,仅具有宣示意义。尤其是当下日本的网络覆盖率、使用率很高,仇恨言论特别容易在网络空间滋生蔓延,因此反仇恨言论法的设计有必要将网络空间作为考量的重点。

(三)《关于特定电子通信服务提供者损害赔偿责任的限制及其发信者信息揭示法》[②](以下简称《网络服务提供者责任限制法》)对网络侵权言论的规制

1. 2001年《网络服务提供者责任限制法》概述

(1)立法背景

随着网络的普及,名誉毁损、侵犯隐私权或著作权等有害或非法的信

① 「拡大解釈を懸念する『外国人参政権ないのは差別』『強制連行否定も侮辱』…八木秀次・麗澤大教授」〈https://www.sankei.com/article/20160525-BTU42BU7JZP4JFLDHVUNFNIGXU〉(2022年12月6日確認)参照。

② 特定電気通信役務提供者の損害賠償責任の制限及び発信者情報の開示に関する法律。

息逐渐增多。在网络信息时代,通过电子论坛等网站可以将有害或非法资讯传递给不特定多数人,与一对一的通信相比,前者具有扩散性、规模化、受害者权利难以恢复、锁定发信人难度高等问题,其造成的不再是个体性、孤立化的结果,而是群体性、多发性的损害,后果十分严重。因此,网络服务提供者可能在合同条款中规定,若发现有侵害他人权利的资讯,网络服务提供者将不经预告删除。但这种措施可能侵犯发信人的言论自由权利,因此被要求承担侵权责任。并且,在进行匿名信息发送时,网络服务提供商虽然有时掌握了有助于锁定发信人的信息,但由于权利受到侵害的人没有法律上的根据要求其公开该信息,受害人的权利因而处于无法救济的境地。[①] 另外,网络服务提供商不见得具备法律知识,难以自行判断信息是否侵权、可否将信息删除、是否可将发信人资料提供给受害人等情形。[②] 为了化解网络服务提供商的两难困境,提高打击网络侵权信息的实效性,日本国会于 2001 年通过《网络服务提供者责任限制法》,并于 2002 年施行。

(2)基本内容

《网络服务提供者责任限制法》共有 4 条,其中第 1 条"宗旨"规定了两项基本内容:其一,明确了"特定电子通信提供者"(网络服务提供者)的责任,即网络服务提供者是否要对受害者、发信者负赔偿责任,取决于它就侵权信息采取措施的结果;其二,规定了受害者有要求网络服务提供者提供发信人相关资料的权利。

第 2 条"定义"对本法的相关概念进行了界定。其一,"特定电子通信"是指以"让不特定人接收"为目的的网络通信,如在社交网络平台上传照片或视频、撰写博客、在论坛里发表看法,因此,仅涉及特定少数人的通信,不属于特定电子通信;其二,"侵害个人权利的信息"是指在网络上流通的侵害个人权利的信息,如毁损名誉、侵犯著作权的信息;其三,"特定电子通信服务者"是指使用特定电子通信设备为他人通信提供媒介以及将特定的电子通信设备供他人通信之用的服务者;其四,"发信者",即

---

① 「プロバイダ責任制限法検証 WG 提言」(平成 23 年 6 月)2 頁参照。

② 山田茂樹「プロバイダ責任制限法とインターネット取引第一回:プロバイダ責任制限法とは」(国民生活 2014 年 3 号)26 頁参照。

将信息发布到网络服务平台上的使用者。

第3条“网络服务提供者的损害赔偿责任”旨在规范网络服务提供者对侵权信息的责任范围。其一,第3条第1项“网络服务提供者未对侵权信息采取措施时的责任范围”规定,在网络服务提供者未对侵权信息采取删除、阻止其传送等措施的情形下,除非同时满足以下两个条件,否则不用承担损害赔偿责任:①网络服务提供者拥有足够的技术可以采取删除、阻止信息传输等措施;②网络服务提供者明知信息的流通侵害了他人权利或者有足够理由证明网络服务提供者知道信息的流通侵犯了他人的权利。设置条件①旨在说明技术上无法采取措施的网络服务提供者不会产生作为义务;设置条件②在于明确网络服务提供者并不用承担全面监督平台信息之义务,倘若网络服务提供者在不知道信息流通侵害他人权利的情况下仍要担责,将会迫使其积极删除存在疑问的信息,这无疑会侵犯发信人的言论自由。[①]

其二,第3条第2项“网络服务提供者就疑似侵权信息已采取措施之时的责任范围”规定,当网络服务提供者就疑似侵权信息已经采取过删除、阻止信息传输等措施之时,若同时符合以下两个条件,则无须对发信人承担损害赔偿责任:①所采取的措施尚属妥当,可以落入必要限度;②网络服务提供者有足够理由相信,信息的流通不当地侵犯了他人权利或者权利受侵害者要求网络服务提供者采取措施,网络服务提供者已询问发信人是否同意网络服务提供者采取措施,且经过7天未收到发信人不同意的回复。

第4条“权利受侵害者要求网络服务提供者提供关于发信人资料的权利”包含四项内容:其一,第4条第1项“要求网络服务提供者提供发信人资料的条件”规定,主张权利被侵犯之人,在存在以下两种情况时,有权利要求网络服务提供者提供发信人的资料:①侵权信息的流通明显侵犯了其权利(明显性);②有正当理由要求网络服务提供者提供发信人的资料(正当性)。另外,网络服务提供者提供的发信人相关资

① 総務省「特定電気通信役務提供者の損害賠償責任の制限及び発信者情報の開示に関する法律－解説－」11－12頁参照。

料包括以下七项内容：[①]①发信人或其他与发送侵权信息相关之人的姓名或名称；②发信人或其他与发送侵权信息相关之人的地址；③发信人的电子邮件地址；④与侵权信息相关的 IP 地址；⑤与侵权信息相关的使用者的识别码；⑥手机终端等的 SIM 卡号码；⑦侵权信息发布的年月日及时刻，即时间戳。

其二，第 4 条第 2 项"网络服务提供者听取发信人意见的义务"规定，除无法取得联系外，网络服务提供者原则上必须听取发信人的意见，来判断是否应将发信人的资料提供给主张权利被侵犯之人。

其三，第 4 条第 3 项"禁止不当使用发信人的资料"规定，按照第 4 条第 1 项规定从网络服务提供者处获取发信人资料之人，不得任意使用该资料，进行不当地损害该发信人的名誉或扰乱其生活的行为。

其四，第 4 条第 4 项"网络服务提供者拥有不提供发信人资料的权利"规定，当网络服务提供者不答应提供发信人相关资料的请求，以致主张权利被侵犯者受有损失时，除非网络服务提供者有故意或者重大过失之情形，否则不承担损害赔偿责任。

(3)对《网络服务提供者责任限制法》的评价

首先，《网络服务提供者责任限制法》提高了打击侵权信息的实效性。网络空间每天都会产生海量的信息，让国家机关每时每刻监督这些信息是否侵权并逐一制裁侵权发信人，是一件无法完成的任务。为此，《网络服务提供者责任限制法》通过明确网络服务提供者对侵权信息的责任范围，以达到网络服务提供者自主规制的效果。

其次，《网络服务提供者责任限制法》兼顾了"主张权利被侵犯者"、"发信人"及"网络服务提供者"三方的权益。就"主张权利被侵犯者"而言，由于网络空间具有匿名性，即便行为人的权利受到侵害，也常常无法得知发信人的真实身份，无从提起侵权救济。有鉴于此，《网络服务提供者责任限制法》第 4 条第 1 项规定，当网络信息符合明显性及正当性的条件时，可以要求网络服务提供者提供发信人的资料。对于"发信人"而言，当发信人所发布的信息存在疑似侵权的情形时，这些信息可能被删除

---

① 総務省「特定電気通信役務提供者の損害賠償責任の制限及び発信者情報の開示に関する法律－解説－」28 頁参照。

或禁止发布到网络上，此时，《网络服务提供者责任限制法》第 3 条第 2 项给予发信人辩驳的机会。发信人有 7 天时间可以主张自己的言论并未侵权，以防止言论自由被不当限制。另外，第 4 条第 2 项规定，网络服务提供者准备提供发信人的资料时，必须询问发信人的意见。就网络服务提供者而言，《网络服务提供者责任限制法》明确了其不用承担损害赔偿责任的条件，保护依法依规处理侵权信息的网络服务提供者不被卷入司法诉讼的旋涡。唯有如此，网络服务提供者才有自主规制侵权信息的意愿。

不过，《网络服务提供者责任限制法》并非毫无缺陷，譬如本法第 4 条所规定的“明显性”标准便存在浮动模糊的弊端，即被侵权人要求提供发信人的资料时，网络服务供应商难以判断主张被侵权者的权利是否“显然”受到侵犯，以至于网络服务供应商担心自己判断不妥而成为被告，结果就是以本法第 4 条为依据，倾向于不提供资料。因此，从主张被侵权者的角度而言，为了获取发信人的资料以追究其法律责任，主张被侵权者不得不先控告网络服务供应商，由法院命令其提供资料；在成功获取资料、得以辨识发信人之后，才能对发信人提起诉讼。考虑到中间所花费的时间、费用及劳力，受害人在衡量利弊得失之后有可能不再追究，或者即便追究也将付出极大的代价。①

2.《网络服务提供者责任限制法》的修订

在《网络服务提供者责任限制法》通过 20 余年后的今天，社会性网络服务广泛普及。在社交网络平台上，通过登录邮箱地址就可以简单地注册会员并发布信息，但是，由于可以匿名发布自己的主张，包含诽谤、中伤的言论也成为社交网络服务挥之不去的问题。此外，大多数社交网络

① 以日本最高法院 2010 年 4 月 13 日的判决为例，一位经营特殊教育学校的校长，被发信人以“脑残”等言辞辱骂，因此要求网络服务供应商提供发信人的资料。网络服务供应商判断该资讯并非明显侵权，而未答应校长的请求。为此，该校长将网络服务供应商告上法庭。一审东京地方法院认为“难以认为该资讯侵犯原告权利”，驳回校长的请求。二审东京高等法院认为“将特定个人称为‘脑残’，不在容许的限度范围内，明显侵犯个人名誉，网络服务供应商存在重大过失”，故命令网络服务供应商支付 15 万日元赔偿。但最高法院则认为网络服务供应商不存在“重大过失”。从一审到终审，前后花费了三年时间，法院的意见一再翻转。由此可见，资讯侵权与否法院有时都难以判断，更何况网络服务供应商；受害者要获得损害赔偿，也需要付出极大的精力。高田寛「特定電気通信役務提供者に対する発信者情報開示請求権についての一考察」（富大経済論集第 61 巻第 2 号）70－72 頁参照。

服务保留了登录时的 IP 地址,而并不拥有发布侵权信息时的 IP 地址。2001 年制定的《网络服务提供者责任限制法》并未对这些问题进行规制。因此,在仅记录登录时 IP 地址的社交网络服务上,因为法律尚未明确登录时的信息是否属于现行《网络服务提供者责任限制法》上的“发信人个人信息”等原因,无法确定侵权信息发布者的情形开始大量出现。为了畅通受害人的救济渠道,《网络服务提供者责任限制法》的修订被提上议事日程。2021 年 4 月 21 日,日本国会表决通过了修订后的《网络服务提供者责任限制法》,该法于 2022 年 10 月 1 日正式施行。此次修订,主要涉及以下三个方面的内容。

(1)创设新的审判程序

如前所述,发信人在社会性网络服务上发表诽谤、中伤言论时,因为网络服务提供者判断相关发言是否侵权较为困难,面对受害人要求公开发信人信息的请求,他们通常会予以拒绝;即使侵权十分明显,为了规避潜在的风险,自愿披露发信人信息的情形也并不多见。因此,受害人往往只能通过诉讼程序进行维权。在《网络服务提供者责任限制法》修订前,受害人需要经过两次诉讼程序才能确定发信人。如果加上随后的损害赔偿请求等诉讼程序,则受害人总共需要进行三次诉讼程序才能向加害者提出损害赔偿请求。具体而言:首先,受害人需要向网络内容服务提供者(internet content provider)提出临时禁令申请,要求其披露 IP 地址和时间戳;其次,通过公开的 IP 地址确定网络连接服务商(internet access provider),并向其提起诉讼,要求其披露发信人的姓名、地址等信息;最后,在确定了发信人的身份后,还要进一步向法院提出损害赔偿的请求。这对受害人来说意味着大量的时间和成本,实在是不能承受之重。而且,由于诉讼程序耗时较长,因为帖子被删除等原因而难以确定发信人的情况也大量存在。

修订后的《网络服务提供者责任限制法》建立了新的司法程序(非讼程序)[1],受害人只需通过一次审判程序便可获得发信人的信息。具体而

---

① 与诉讼程序相比,非讼程序是一种程序简便且法院行使裁量权范围较广的程序,主要适用于租地条件变更、监护开始的审判等案件。非讼程序大致具有以下特点:与诉讼程序不同,无需经过口头辩论这种审理方式,原则上采用听询这种审理方式;程序原则不公开;在事实认定时,法院可以依职权进行调查,并且不是以判决而是以决定这种简略的方式进行裁判;对裁判的不服申请,原则上只允许提出一次上诉;可以依职权撤销或更改已作出的裁判。

言,受害人需要:①以网站管理者等内容服务提供者为对象,向法院申请发信人信息披露的命令(根据《网络服务提供者责任限制法》第 8 条[①])。②根据上述申请,以内容服务提供者为对象,向法院提出提供命令的申请,即要求内容服务提供者提供其持有连接服务提供者的名称等信息(根据同法律第 15 条第 1 款第 1 项[②])。③基于从第②步得到的连接服务提供者信息,向连接服务提供者提出发信人信息披露命令的申请,并将此命令通知给内容服务提供者。接着,内容服务提供者向连接服务提供者提供其拥有的发信人信息(根据同法律第 15 条第 1 款第 2 项[③])。④如果披露命令获得批准,则内容服务提供者和访问服务提供者将披露信息(如 IP 地址、发信人姓名和地址等)。⑤与这些程序相配合,在申请①和③的披露命令时,可以同时提出禁止删除命令(根据同法律第 16 条第 1 款[④]),要求内容服务提供者与连接服务提供者不得删除发信人的信息。

与诉讼程序相比,这种新设的非讼程序更为简便,可以快速处理案件,有助于降低受害人的维权成本。此外,上述程序与修订前的《网络服务提供者责任限制法》第 5 条规定的披露请求程序并行不悖,申请人可以

---

① 《网络服务提供者责任限制法》第 8 条　法院可以根据声称自己的权利被特定电子通信信息流通侵犯的人的申请,以决定的形式,要求与该权利侵犯相关的内容服务提供者,根据第 5 条第 1 款或第 2 款的规定,披露基于请求的发信人信息。

② 《网络服务提供者责任限制法》第 15 条第 1 款第 1 项　审理涉及发信人信息披露命令的法院,在认为有必要的情况下,可以根据申请人的申请,以决定的形式,命令公开发信人信息披露命令的申请对象,即内容服务提供者,执行以下事项:

根据(1)或(2)所列情况的区分,通过书面或电磁方法的形式,分别向该申请人提供(1)或(2)中所规定的事项。

(1)如果该内容服务提供者可以根据其持有的发信人信息,确定与该侵害信息相关的连接服务提供者的姓名、名称及地址。

(2)如果该内容服务提供者无法确定与该侵害信息相关的连接服务提供者,或者该内容服务提供者无法根据其所持有的发信人信息来确定规定(1)中的信息。

③ 《网络服务提供者责任限制法》第 15 条第 1 款第 2 项　当申请人根据本款规定的命令,收到连接服务提供者的姓名等信息时,申请人应当以书面或电磁的方法,向该连接服务商提出披露发信人信息的披露命令申请,要求该连接服务提供商以书面或电磁的方式提供其所持有的发信人信息。

④ 《网络服务提供者责任限制法》第 16 条第 1 款　本案的发信人信息披露命令案件所属的法院,在认为有必要防止无法确定侵权信息发信人的情况下,可根据提出该发信人信息披露命令申请的人的申请,通过决定,要求内容服务与连接服务提供者,在该发信人信息披露命令案件结束之前,不得删除其持有的发信人信息。

选择其中任何一种程序。

（2）修订披露请求的范围

以社会性网络服务为代表的登录型发言通常只保存登录时的 IP 地址，而没有保存发言时的 IP 地址。在修订前的《网络服务提供者责任限制法》中，并未明确指出登录时的 IP 地址是否属于发信人的个人信息，以及是否将登录型发言纳为信息披露请求的对象。此外，由于登录型服务[①]可以从多个终端（如智能手机与个人电脑）同时登录，因此可能会出现无法确定发布诽谤、中伤等违法言论时所使用的连接服务提供商到底是哪一个的情况，也存在无法准确披露发信人姓名等信息的情形。修订后的《网络服务提供者责任限制法》第 5 条第 1 款、第 2 款将登录型发言也纳入信息披露请求的对象范围，并规定不仅是进行侵权发言时使用的连接服务提供商，而且还可以将登录时使用的连接服务提供商定位为披露请求的相对方。

（3）在听取意见时，如果发信人拒绝披露或不回应，有义务询问其原因

修订前的《网络服务提供者责任限制法》规定，对于侵权信息的发布者，网络服务提供者应就其是否接受信息披露请求听取意见。修订后的法律没有改变这一点，在新的审判程序中，除非无法与侵权信息的发信人联系或者有其他特殊情况，网络服务提供者在收到申请人的披露请求时，应当向发信人询问其是否愿意接受信息披露的请求。不过，此前没有发信人如不同意披露信息，网络服务提供者应当询问其原因的规定。对此，修订后的《网络服务提供者责任限制法》进行了补足，对于拒绝披露信息的发信人，网络服务提供者必须询问他们拒绝披露的理由，以便网络服务提供者在听取其理由后，采取适当的应对措施。[②]

---

① 近年来，内容服务提供商提供的服务中，有越来越多的服务需要用户输入用户 ID 和密码等必要信息创建账户，然后通过输入该用户 ID 和密码登录自己的账户，在登录状态下进行各种发言。这种服务被称为登录型服务。对于登录型服务，一般情况下，在获取账户后，使用流程为“登录→发言→注销→登录→发言→……”，此时，每次通信都以“登录时通信、发布时通信……”的形式进行。総務省「ログイン時情報の取扱いに係る検討について」1 頁参照。

② 《网络服务提供者责任限制法》第 6 条第 1 款　披露相关服务提供者在接到根据上一条第 1 款或第 2 款规定提出的披露请求时，除非无法与该披露请求涉及的侵权信息发信人联系或有其他特殊情况，否则必须听取该发信人的意见（如果意见是不答应该披露请求，则包括理由）。

(四)《欺凌防止对策推进法》[①]关于通过互联网实施的校园欺凌的特殊规定

日本于2013年制定了《欺凌防止对策推进法》,该法第19条专门针对利用网络实施的校园欺凌行为。其中第1项规定:"学校设立者及其设立的学校应当对其开展必要的启发活动,使在校儿童及其监护人能够根据所发布信息的高度流通性、发布者的匿名性以及通过互联网发送信息的其他特点,防止和有效应对通过互联网进行的欺凌行为。"第2项规定:"国家和地方政府应支持有关机构或组织监督儿童等是否卷入通过网络实施的欺凌事件的工作,并努力建立处理通过网络实施的欺凌事件的制度。"第3项规定:"在通过互联网实施欺凌的情况下,受欺凌的儿童或其监护人要求删除与欺凌有关的信息,或要求公开发布者信息的,必要时可要求法务局或地方法务局配合。"

(五)《关于青少年安全安心使用互联网的环境整备法》[②](以下简称《青少年网络环境整备法》)对青少年安全上网环境的营造

《青少年网络环境整备法》于2008年施行,并于2017年修订。该法旨在净化网络环境,保护青少年安全上网。《青少年网络环境整备法》第2条将"直接、明确地承揽、居间、引诱触犯犯罪或刑罚法规""直接、明确地引诱自杀的信息""描绘性行为或性器官等显著刺激性欲的信息""描述显著残暴内容的信息"划归到"有害信息"的范畴,要求手机运营商就这些信息设置未成年浏览限制,对青少年上网实行严格限制。比如,《青少年网络环境整备法》第14条规定,手机互联网接入服务商在销售设备时,应当向青少年及监护人说明有害信息过滤软件的功能并有启用软件的义务。第17条、第18条规定,互联网接入服务提供者应当提供过滤青少年有害信息的软件或服务;凡是生产具有互联网连接功能、供青少年使用设备的经营者,应当通过内置青少年有害信息过滤软件或者采取其他方式,为青少年使用有害信息过滤服务提供便利。

---

① いじめ防止対策推進法。

② 青少年が安全に安心してインターネットを利用できる環境の整備等に関する法律。

二、日本网络暴力治理经验的启示

通过上述论述可知，针对网络暴力的法律规制，日本可以为我国提供以下几个方面的经验启示：

（一）强化对侵权信息发布人的责任追究

主要措施包括严惩发送违法信息行为、提高损害赔偿责任、提高侮辱罪的法定刑、完善发布人的信息披露制度。通过对信息发布者施加义务和处罚，从源头抑制有问题的信息发送。需要注意的是，在我国刑法中，侮辱罪、诽谤罪共享一个条文，即《刑法》第246条，而且两罪适用相同的法定刑，均为3年以下有期徒刑、拘役、管制或者剥夺政治权利，因此，我国并不存在日本刑法中侮辱罪法定刑过低、无法有效威慑潜在网暴分子的问题。所以选择刑法之外的民事、行政手段来应对网络暴力应当是我国未来主要的着力方向。

（二）畅通受害人的救济渠道

由于犯罪处罚只能在事后进行，为了防止恶意利用互联网造成损害的扩大，首先应当删除网络诽谤、中伤信息，以防止信息的流通、扩散。但是，只要网络服务提供者不公开通信记录，多数情况下很难锁定加害人。对于网络服务提供者而言，逐一确定个人在发送和接收信息时是否存在诽谤他人的举动是不可能的。因此，要求网络服务提供者按照调查机关或者受害人的要求，公开发布诽谤、中伤言论者的个人信息成为必要。具体而言，立法或行政机关有必要及时制定法律或者行政法规赋予网络暴力的受害人请求网络社交平台提供施暴者的姓名、住址、手机号码等个人信息的权利，以方便其提起诉讼要求赔偿。另外，有必要简化锁定网暴者的诉讼程序，赋予法官根据受害人的申诉来判断是否公开相关网络用户信息的权力。

（三）强化对未成年人的特殊保护

对于未成年人而言，他们的生活、学习与网络越来越紧密相连，即便下课后，学生仍有可能处于课堂环境中。这意味着，校园欺凌不会随着他们走出教室而终结。曾经仅靠一扇家门就可以挡住校园欺凌者，如今有了社交媒体，欺凌行为可能会跟随儿童和青少年回到家中。遭受欺凌的儿童和青少年可能会在人际关系方面遇到困难，感到沮丧、孤独、焦虑、自卑，且学业也可能会受到影响。不论是在网络上还是在现实生活中，实施欺凌的儿童和青少年通常是以这种行为发泄挫败感、屈辱感和愤怒，或是希望以此获得社会地位。他们的行为会给他人造成身体、心理和社会方面的危害，所以应当强化对未成年人网络欺凌的特别规制，明确政府、学校、家庭、网络平台各方的责任。政府要健全组织机制，建立健全预防、处置和综合治理的工作制度。网络平台发现通过网络传播的欺凌或者校园暴力事件，要及时予以管控并通报相关部门。学校是防范应对网络欺凌的主要责任主体，应当履行教育管理责任，及早发现、及时干预和制止网络欺凌行为。

第三节　韩国：多方博弈共建治理模式

20世纪末的金融危机过后，韩国开始调整发展方向，将经济建设的重点由传统工业制造业转向互联网产业。随着互联网普及率与网络使用深度的迅速提升，网民与网络社会开始在韩国政治经济生活中扮演愈加重要的角色，网络社会的治理也随即成为韩国国家立法与政策制定的重要主题。韩国是全球最早开展网络信息内容审查的国家之一，通过持续不断的制度创建与革新在网络治理领域积累了较为丰富的经验和教训。韩国的社会生活普遍具有政治化倾向，网民的政治参与度较高，因而韩国的网络暴力治理呈现出多方主体参与博弈，反复协商平衡需求的基本态势。韩国与我国的文化传统有相似之处，我国文化同样强调公共领域的秩序和安定，因此在文化层面，韩国的相关制度与我国有关制度存在较好的理念匹配程度。从法律规范的实施层面来看，网络信息治理涉及多层级各类主体，韩国网络信息治理实践为我国有关规范的实施提供了宝贵的现实素材。因此，韩国的网络暴力治理经验对我国具有重要的参考价值。

一、韩国网络暴力治理模式概述

在韩国,治理互联网时代出现的网络暴力从而净化互联网环境是一个系统工程,因此韩国采取以政府为主导,多方参与、协同共治的治理模式。同时以互联网内容审查过滤制度为基本构造,构建了一种重点关注青少年网络暴力的治理体系。

(一)互联网内容审查过滤制度的基本构造

韩国在互联网内容审查领域构建了一套系统规范的过滤管制体系。1995 年,韩国国会审议通过了《电子通信事业法》(Telecommunication Business Law),该法设立的互联网审查专门机构在韩国网络治理过程中发挥了重要作用。围绕互联网专门管制机构及其颁布的各项法令,韩国的互联网内容审查过滤制度可以分为管制机构、管制措施两个主要组成部分。

在管制机构方面,2006 年以前,信息通信道德委员会(Information and Communication Ethics Committee,ICEC)是韩国的互联网内容审查专门机构。该委员会以 1992 年设立的信息道德委员会为基础改组设立,在网络论坛(BBS)、聊天室等互联网空间内重点审查"侵害公众道德的公共领域"、"可能丧失国家主权"以及"可能伤害年轻人感情、价值判断能力等的有害信息"①。随后韩国通信委员会(Korea Communications Commission,KCC)制定的《韩国通信委员会的建立和运行法》(Act on the Establishment and Operation of Korea Communications Commission)于 2008 年被广播通信审议委员会(Korea Communication Standards Commission,KCSC)吸收。2006 年,韩国政府以信息通信道德委员会为基础,设置了独立的韩国互联网安全委员会(The Korean Internet Safety Commission,KISCOM)。除基本继承前身的主要职责外,其还下设信息通信伦理委员会与专家委员会。其中,信息通信伦理委员会一般由 14 名

① 北京大学公共政策研究所课题组、艾云:《韩国互联网信息安全治理结构、特点》,载《信息网络安全》2007 年第 12 期。

独立委员构成,其主要职责为评估控制有害信息以及制定促进更健康的网络文化发展的政策。专家委员会一般下辖三个分委员会,每个分委员会拥有9名委员,专家委员会的职责包括:①完成相关事件的评估报告;②针对未来可能出现的违法或有害信息的形式提出相关的鉴定标准等。[①] 该委员会亦根据《韩国通信委员会的建立和运行法》由KCSC吸收。换言之,2008年2月,依据《韩国通信委员会的建立和运行法》将原广播委员会、KCC和KISCOM进行了整合,以该法第18条为依据组建了KCSC。KCSC成为了实质上的互联网内容审查机构,在确保广播内容的公共价值和适当性之下,承担促进通信领域健康文化发展,创建安全的在线环境等功能。[②]

此外,依据《电子通信事业法》第53条的规定,当信息通信部部长认定某一信息危害公共治安或有伤风化时有权下令该公司停止传播,有时也可以下令限制它的某些传播渠道,其标准一般为:①以犯罪为目的或以教唆犯罪为目的;②其内容以实施反国家行为为目的;③有害于良好风俗和其他社会治安。同时,《促进信息化基本法实施令》第11条第2款和第12条第2款还赋予了信息通信部部长对于各类信息检索、储存、发送或者接受设备的负责人提出设置信息屏蔽软件的权力。[③]

在管制措施方面,原信息通信道德委员会先后于2001年4月与7月颁布了《不当互联网站点鉴定标准》(Criteria for Indecent Internet Sites)与《互联网内容过滤法令》(Internet Content Filtering Ordinance)。这两部法令在法律层面构成了韩国互联网内容审查过滤机制的基本组成部分,并与后续的《青少年保护法》等法律法令中涉及互联网治理的条款一道形成了普法与专法结合的立法框架。互联网内容审查过滤机制的具体措施包括:其一,以"违法和有害信息报告中心"(Internet 119)为核心的违法有害信息举报制度。该中心初期主要向主要电话服务商和个人电脑服务商提供举报服务,2002年4月后又成立了由20岁以上志愿者组成的"互

---

① 参见陈晓云:《韩国网络治理现状及启示》,载《新闻与传播研究》2010年第6期。

② 参见杨攀:《我国互联网内容分级制度研究》,载《法律科学(西北政法大学学报)》2014年第2期。

③ 参见[韩]申玹丞:《试论韩国的信息网络犯罪及相关文化政策》,载《东疆学刊》2007年第3期。

联网巡逻队”。2005 年后,该中心已经具有了包括“Internet 119”举报热线、“互联网蓝鸟”不良信息自动举报系统以及“违法和有害信息举报中心”在内的多样化社会监督渠道。其二,对通信媒介展开监督。对被认定有传播违法有害信息行为的传播媒介开展运营监控,对手机发送的短信息也进行及时监控。其三,开通互联网内容分级服务。依托“互联网内容选择平台”(PICS),KCSC 制定了本土化标准并提供企业自律分级的在线服务。在此基础上,强制实施互联网内容排名系统,各个站点应当具有官方禁止接入站点列表,通过核对关键词列表限制站点接入。是否参与内容分级由企业自愿决定,但被举报有违法有害信息后需要受到处理。其四,安装过滤软件并建立网络空间权利指导机构。原信息通信道德委员会建立了网络空间诽谤和性暴力咨询中心(Cyber Defamation & Sexual Violence Counseling),负责接待各项投诉并指导网民行使权利。同时,根据《年轻人发展令》的规定,依据 KCSC 制定的标准标识违法有害信息,在学校、公共图书馆、网吧等青少年较多的公共场所设立互联网信息过滤软件。

(二)互联网主体管理处置制度的发展历程

韩国的互联网主体管理处置制度主要分为网络实名制制度和事后处置制度两个方面。在网络实名制制度的建设方面,韩国具有丰富的经验教训。2004 年 3 月,韩国国会通过《公职选举与选举腐败防治法》(2005 年修订为《公职选举法》),该法第 82 条第 6 项规定网民在网络发表有关选举的意见需要进行实名。2005 年前后,韩国发生了包括著名女星崔真实自杀在内的一系列网络暴力事件,韩国民间对网络实名化的呼声不断提高。2007 年 7 月 27 日,韩国信息通信部修订了《关于促进信息通信网络使用及信息保护法案》(以下简称《信息通信网法》),正式确定实行“限制性本人确认制”。2008 年 2 月,根据第 20668 号总统令,网络实名制被修订为每日使用者达 30 万人以上的门户网站网络服务提供者与用户内容生成服务提供者、达 20 万人以上的网络言论服务提供者需要进行本人确认。2009 年 1 月,《信息通信网法》再次被修订,网络实名制进一步扩大至全体日平均使用者 10 万人以上的网络服务提供者。网络实名制全面落实,网民需要后台实名注册,在实名注册后才能够通过验证。2010

年前后,韩国共计 167 家网站需要执行网络实名制。然而,2011 年前后 SK 电信网站等重要网络服务提供者被曝光出现个人信息外泄事件,且发现网络实名制导致了大量韩国用户外流,社会舆论被压制,网络暴力治理效果不佳。[①] 2012 年 8 月 23 日,韩国宪法裁判所判决网络实名制违宪,自此韩国的网络实名制被大幅度限缩。但在 2015 年 7 月 30 日,韩国宪法裁判所又宣布选举活动期间的网络实名制合宪,这被认为是网络实名制有条件“复活”的象征。[②]

在事后处置方面,韩国设置了临时措施制度、网络名誉损毁调解制度以及其他一般处罚制度。首先是临时措施制度。根据《信息通信网法》,被侵权人发现被侵权时可以向网络服务提供者说明情况并申请删除或反驳信息。网络服务提供者则需要及时删除侵权信息或者采取临时措施,如果难以判断是否存在侵权行为,则提供屏蔽一般网络参与途径 30 天的临时性措施。该项制度自 2001 年引入《信息通信网法》,并于 2007 年进行修订。其次是网络名誉损毁调解制度。依据韩国《信息通信网法》《个人信息保护法》规定,当网络中的信息可能侵犯名誉或个人生活时,被侵权人可以提请网络名誉损毁纠纷调解委员会进行调解。调解委员会由 5 人以下人员组成,其中包括律师。调解委员会具有调解功能,根据《信息通信网法》第 44 条第 6 款的规定,还具有向提起民事、刑事诉讼的被侵权人提供侵权人个人信息的职责。最后是其他一般处罚制度。韩国《民法》第 751 条规定了民事上不法行为的构成,《刑法》第 307 条规定了名誉损毁罪,《信息通信网法》第 70 条规定了网络名誉损毁罪。其中《信息通信网法》规定的处罚较重,网络名誉损毁罪是指以损毁为目的,通过信息通信网公然揭露事实对他人进行侮辱,损毁他人名誉,应处以 3 年以下有期徒刑或罚金 2000 万韩元以下;捏造事实诽谤他人,损毁他人名誉的,处 7 年以下有期徒刑,停止资格 10 年以下或罚金 5000 万韩元以下。

---

① 参见杨婷:《韩国网络实名制的兴衰及其启示研究》,载《新闻爱好者》2018 年第 1 期。

② 参见董俊祺:《网络治理的多方博弈——韩国网络实名制的历史回顾》,载《南京理工大学学报(社会科学版)》2016 年第 3 期。

(三)青少年群体网络暴力行为的重点治理

韩国政府十分重视青少年群体网络暴力行为的治理。于2004年出台的《校园暴力预防和对策相关法》自2008年至2020年经历了6次修订。其中2020年3月1日修订本法律的理由有三:其一,随着校园暴力自治委员会审议的案件数量的增多,相关老师和学校的工作负担过重。其二,校园暴力自治委员会大部分由家长代表组成,其处理校园暴力之专业水平备受质疑。其三,轻微校园暴力亦被提案至校园暴力自治委员会处理,使得再教育方式的问题解决面临现实困难。因此,最新修改的《校园暴力预防和对策相关法》将先前的校园暴力自治委员会上调至由教育厅支援部门管辖,由政府总理和一名专家共同出任委员会的委员长,委员会组成人员中包含1/3以上的家长代表。并以“诊断书”为判断依据,仅审理需要2周以上身体或心理治疗的案件,否则视为轻微校园暴力案件,由学校自主治理。可见,最新修订的《校园暴力预防和对策相关法》优化了治理资源,以量化的标准提高了校园暴力治理之科学性。

纵观历次《校园暴力预防和对策相关法》之修订,其未明文规定“网络暴力”之定义,而是在学校暴力的定义中部分包含网络暴力的寓意。但《校园暴力预防和对策相关法》一直是韩国治理校园暴力的主要法律依据,其内容已涉及网络暴力的治理。为弥补定义之空白,韩国第21届国会已提出了关于《校园暴力预防和对策相关法》修订“网络暴力”相关规定的多项提案。此外,青少年群体的网络暴力与一般的网络暴力存在明显的区别,即一般网络暴力以利用“匿名性”为主要特点,而青少年网络暴力绝大多数在相互知悉的同龄人群体之间即“熟人”之间发生。青少年网络暴力不是仅仅发生在网络空间,大部分情况下在现实的物理空间与虚拟的网络空间之间循环反复、界限模糊。且从韩国青少年政策研究院(National Youth Policy Institute)2013年的调查数据来看,网络暴力和校园暴力之间存在巨大的相关性。然而青少年群体遭受网络暴力相较于青少年群体遭受身体暴力而言,很难在初期阶段被父母或第三人发现。也正因此,韩国针对青少年网络暴力行为的治理有其特有的治理特性与治理对策。下面就针对韩国青少年网络暴力治理的特性和对策分别进行详细论述。

1. 韩国青少年网络暴力治理的特性

韩国青少年网络暴力治理的特性呈现三点：

一是采取分类分级的方式提供针对性指导。为了便于学校、家长、学生参与包括网络暴力在内的校园暴力预防，韩国教育部联合梨花女子大学预防校园暴力研究所推出了《校园暴力事件处理指导手册》，该手册将韩国校园暴力分为身体暴力、言语暴力等7个类型，其中网络暴力是单独的一种类型，其内容为网络侮辱、网络名誉侵害、网络性骚扰、网络淫秽传播、强迫受害学生参与网络游戏以及在网络、聊天工具上公开他人隐私等行为。[①] 同时，《校园暴力预防和对策相关法》第17条第1款还规定了从等级一之书面道歉至等级九之强制退学在内的阶梯式分级处罚措施。韩国教育部2021年的调查数据显示，在这7个类型中，"网络暴力"较其他校园暴力而言发生率较高，且在初中生之间的发生率高于高中生及小学生之间的发生率。

二是重视多方参与的校园暴力事前预防。《校园暴力预防和对策相关法》第15条要求进行"校园暴力预防教育"，特别是需要定期对学校教师、学生家长、在校学生进行培训。培训的内容包括但不限于对网络暴力等校园暴力的应对措施，网络暴力事件等异常行为发现方法以及处理手段，以此使他们了解校园暴力的相关法律和制度、校园暴力受害学生和加害学生的日常行为表现特征，从而提高对校园暴力的识别能力和防治意识。除此之外，韩国教育部自2005年起开始制定《校园暴力防治五年基本计划》，同样强调以学生为中心，构建家庭、社会、学校的全方位校园暴力防治生态体系。[②]

三是加强校园暴力事件的事后处置可操作性。《校园暴力预防和对策相关法》第12条至第14条要求学校设立"校园暴力自治委员会""校园暴力专职机构"。前者需要研究决定对加害学生的处置并调节事件当

---

① 参见凌磊：《政府、学校、社会共同参与：韩国应对校园暴力策略研究》，载《比较教育研究》2019年第10期。

② 参见武鹏、薛珊：《韩国校园暴力防治体系探析及启示》，载《东疆学刊》2021年第2期。

事人间的纠纷，其组成成员包括教师、家长以及警察、医生等专业人士。后者主要由校监负责，主要由网络暴力事件负责老师、卫生保健教师和专业心理咨询师构成。由上述人员对网络暴力等事件进行调查，对涉事学生予以健康检查记录与应急处置，并对涉及学生进行持续心理疏导。韩国学校对于网络暴力等事件的处置具有相对严格的处理程序，以保证事件调查客观公正。在处罚措施方面，根据《校园暴力预防和对策相关法》第 17 条第 2 款的规定，校园暴力自治委员会将根据暴力事件的严重性、持续性、反省程度、协商情况等，从当面道歉至强制退学的 9 个等级中选择性适用处罚，同时对家长予以“特别教育”。①

2. 韩国青少年网络暴力治理的对策

正如上文提及韩国有多方主体参与青少年网络暴力的治理，因此受主体多样性的影响，各主体提出的方案亦具有主体特色。下面就教育部、警察厅、法务部、女性家族部（Ministry of Gender Equality and Family）及 KCC 的治理方案进行详述。

第一，教育部的治理方案。教育部自 2014 年起，通过开设网络暴力及通信信息伦理的教育课程，普及预防教育课程、强化教师队伍的作用从而提高教育的影响力。教育部与多个机构合作开发线上服务软件。教育部与警察厅合作，保障学校专职警察员能够及时介入突发事件，建立网络暴力举报和预防通道。同时教育部开发“goodbye 校园暴力”软件，保障应用者在遇到突发事件时可以向事先设定的应急联系人打电话或发短信。教育部配备人力资源运营和支援网络暴力预防点 Wee Center。教育部认为网络暴力与网络游戏上瘾一样需要专业的人员和专门的治疗体系，因此 2014 年通过特别拨款项目支持网络暴力的主要应对中心 Wee Center。截至 2014 年已在 174 个地方建立配备专业人员的 Wee Center。教育部亦重视对在校老师的研修工作。2014 年成功开发远程研修软件，并自 2014 年年末起投入小学、初中和高中教师及专业咨询师对网络暴力预防的研修中。

第二，警察厅的治理方案。警察厅将网络暴力视为学校暴力的一

---

①　参见凌磊：《政府、学校、社会共同参与：韩国应对校园暴力策略研究》，载《比较教育研究》2019 年第 10 期。

种。警察厅通过封锁网站和“117”举报中心这两个路径应对网络暴力。警察厅以网络安全局为中心，针对“群殴网页”采取封锁相关网页、强制注销未成年会员等措施。针对“Anti 网页”即故意丑化或扭曲个人头像的网页采取封锁网页并对被害学生进行心理咨询等措施。“117”举报中心则是在接到咨询或求助电话时，第一时间联系学校专职警察员调查有无网络暴力，并联合学校班主任进行网络暴力的预防教育。警察厅还通过同龄守护者“Cyber Pol”预防网络暴力。学校专职警察员在进修预防网络暴力相关课程的学生中选出同龄守护志愿者，在学校专职警察员与被害学生之间起到媒介作用。2014 年韩国大邱在 219 家小学和 123 家中学选拔了 7101 名同龄守护志愿者学生，这也标志着“Cyber Pol”的成功启动。

第三，法务部的治理方案。法务部的治理方案集中于对加害学生的引导以及对网络暴力的预防。在网络暴力相关问题发生之前，对学生进行网络暴力相关法律预防教育，同时对引发网络暴力相关问题的学生通过青少年非行预防中心的教育防止类似事件再发生。一是增设学生模拟法庭。学生模拟法庭由法官组、律师组、检察官组、书记员组、陪审员组、被告人组、原告人组等构成，由学生扮演相关角色，参与模拟审理网络暴力案件，以此促进学生设身处地地了解网络暴力的危害性和严重性，从而建立学生主导型的学校秩序。二是加强学生法治教育。法务部在全国各大学校通过设立示范学校或开设课后讲座的方式开展以网络成瘾、损害网络名誉、网络性骚扰等为主题的法治教育讲座系列活动。同时举办短视频、照片、海报征集活动。此外，为预防网络犯罪，普及正确的网络使用，发行以案例为中心的网络犯罪救济手册。

第四，女性家族部的治理方案。中央行政机关女性家族部则将治理重点放在预防和消除网瘾、手机瘾上。运营 Internet RESCUE School 平台（https://www.kyci.or.kr/specialserv/specialserv07_1.asp），提供网络暴力咨询和治疗服务。Internet RESCUE School 是由女性家族部主办、韩国青少年咨询福利开发院协办的网瘾寄宿型治疗夏令营。在这所学校，相关专家会通过一对一咨询与同龄人一起的多对一集体咨询方式准确诊断和评估学生本人的问题，根据对学生家庭和父母的了解，提供适合不同家庭的替换网络的解决方案，意在提高青少年的自主性、成就感以及自尊感。运营网络心理咨询中心 Cyber1388（https://www.cyber1388.kr:447），其亦是由女性家族部主办、韩国青少年咨询福利开发院协办的专门针对青少年的网络心理咨询中心。其意在利用网络为青少年提供家庭矛盾、学友关系问题、学业中断、离家出走、网络成瘾等方面的网络咨询服务。

第五，KCC 的治理方案。KCC 积极应对网络上非法有害信息、名誉损害等侵害他人权利的网络暴力，努力营造健康的网络使用环境，尽量减少由此带来的社会危害。为了营造健康的网络文化，运营“网络伦理教室”。KCC 自 2008 年起与韩国网络振兴院一起运营“网络伦理教室”，为小学生提供健康的网络文化教育。网络伦理教室的宗旨在于预防和防止网络上传播不健康信息、侵犯著作权、损害名誉等不良行为的影响，树立健康的文化。据有关部门的统计，2014 年网络伦理教室在全国 200 多个小学、100 多个中学运营颇有成效。此外，KCC 开发了以保护青少年免受新媒体有害信息侵入进而营造健康良好的网络环境为目的的 Greeni-Net 网站（http://www.greeninet.or.kr）。Greeni-Net 通过对有害信息提供等级化标识，构建有害信息的过滤体系，同时开通青少年有害信息申报和安全网改善提案建议之通道。

以上五个部门所采取的治理政策均体现了韩国青少年网络暴力治理之多方主体参与、事前预防和事后处置具有可操作性的特点。

二、韩国网络暴力治理经验的启示

（一）建构有效合理的长期互联网信息过滤机制

在互联网信息过滤机制方面，我国可充分吸取韩国在相关方面的经验。考虑到韩国互联网监管体制执行手段以信息过滤为主，信息分级审查为辅，我国应当在借鉴韩国互联网信息过滤机制的基础上注意其暴露出的不足之处。首先，应当因地制宜地制定综合性信息审核标准。由于我国与韩国在国情方面并不完全一致，因此信息审核过滤的基准应当以我国的具体国情为根本，以有效的互联网信息过滤机制发挥其在网络暴力治理方面的长期积极作用。特别需要平衡不同社会需求,对于信息审核的模糊地带更应当发挥中国智慧,尽可能慎重处理。其次,应当注意信息审核与言论自由的平衡,信息审核管制应以网络暴力治理为根本目标,在保障言论自由的基础之上设置信息审核管制标准。严格的信息审核管制将对国家网络产业造成一定影响,韩国对信息审核管制政治需求的过分强调与对市场经济的忽视被认为是其信息产业竞争力下滑的可能原因。[①] 同时,过多地赋予公权力机关审查权限将可能侵犯用户的隐私权。最后,韩国所采取的一系列信息过滤制度以及对过滤软件的安装、维护都给政府和社会带来了比较大的负担。如果不能合理安排成本分摊机制,缺乏正向收益将导致设计良好的制度难以发挥应有的制度功能。

(二)探索兼顾市场规律与治理需求的管理制度

韩国网络实名制的探索和教训具有非常重要的参考意义。其一,应当尊重市场规律,兼顾社会治理与经济发展目的。在实行网络实名制时,韩国国内的大型网络服务提供者首先受到网络实名制的影响,这种不平等对待市场主体的政策严重违背了市场规律,对大型网络服务提供者造成了重大打击。在网络实名制普及后,对国内外主体的区别对待又促使韩国网民大量向国外运营商和服务器转移,形成了"网络流亡"现象。上述结果都对韩国互联网经济的健康稳定发展带来了人为的破坏。因此,我国在完善网络实名制的进程中应当兼顾社会治理与市场规律。其二,应当尊重言论自由,坚持网络暴力治理等社会治理的初衷。在推行实名制的过程中,韩国政府不断加强对韩国网站的管控力度,极大影响了韩国网站原本作为网民参与国家政治生活途径的功能。2008年韩国国内"烛光集会"(Candles Light Demonstration)爆发后,韩国政府开始将政治导向作为互联网治理的指引。此后,通过实名制,韩国政府实现了对批判当权政府文章发布者的处罚,对网站中的舆论进行强力指引。最终,网络实名制在网络暴力治理上效果贫乏。其三,应当发挥社会自治

① 参见[韩]丁相朝:《韩国互联网监管制度发展现状——一位韩国法学教授对互联网监管制度的意见》,孟可待编译,载《信息网络安全》2009年第8期。

功能,建构政府与社会力量合作的共治模式。韩国中央大学硕座教授(named endowed chair professor)闵丙哲自2007年起发起了“善意回帖”(full of sunshine)运动。这项运动的寓意正如其英文的表述,意在打造温暖的网络世界。这项以发布和回复善意评论帖子为目的的民间运动,截止到2022年12月有近100万名志愿者加入其中完成近1000万条善意回帖,在韩国社会产生了广泛影响,并得到了韩国官方支持。[①] 我国同样应当重视社会力量的参与,鼓励社会组织积极参与网络治理工作,使更多的人正确认识语言的力量并正确使用网络语言。其四,重视个人信息保护工作,避免平台企业直接掌握公民个人信息。2011年前后爆发的3500万名韩国公民个人信息泄露事件直接导致了网络实名制走向消亡。韩国的信息泄露问题主要是网站缺乏信息保护意识与专业技术手段造成的。我国应当在重视个人信息保护的基础上推行适合我国国情的网络实名制度。

(三)多方参与下分类分级治理青少年网络暴力行为

韩国对青少年网络暴力的治理可谓“全社会”都在行动。韩国针对青少年网络暴力行为采取的多方参与下分类分级治理的方式值得我国学习。一方面,应当构建多方主体参与,事件流程全覆盖的网络暴力治理机制。韩国的青少年网络暴力治理以专门立法为基础,引入了行政机关、学校、警察机构、医院、家庭、社会团体等多元化参与主体。这些参与主体在政府的统一指导下接受事前培训教育,对网络暴力等事件具备相对深入的了解和相对专业的处置能力。这种多方主体的参与缓解了学校人力、物力、财力有限的问题,同时有助于使网络暴力事件在萌芽期就受到关注与处置,从而在事前实现网络暴力的预防。多方主体的合作与配合亦对网络暴力的事前预防和事后规制起到一定的积极作用。另一方面,应当建构层级分明、规范具体的网络暴力事件处置流程。以《校园暴力预防和对策相关法》为依据,校园暴力自治委员会等组织能够与行政机关、司法机关有效衔接,各方主体能够有序参与到网

① 参见朱健齐、陈用恒、苟万幸:《浅析韩国互联网监管机制及“善意回帖”运动对网络暴力的治理成效》,载《汕头大学学报(人文社会科学版)》2017年第11期。

络暴力事件的调查、审理、处置环节，受害人和加害人能够在制度保护下不受到二次伤害和案外干扰，各类事件得以客观公正地处置。其中，分类分级的事件处置标准是实现网络暴力等校园暴力事件合理处置的重要支撑。我国应当学习韩国的治理思路，结合我国当前的青少年发展状况，对现有的网络暴力等校园暴力事件予以分类分级，以便事件发生后能够及时、准确、有效地开启事件处置流程，达到尽早发现并及时干预的效果。除此之外应当明确规定相应的处罚对象和处罚措施，避免发生网络暴力事件却“无法可依”，进而造成不可挽回的严重后果的情况。同时，在韩国多方主体对于青少年网络暴力行为进行政策制定方面，我国应当吸取韩国的治理教训，防止部门间政策的重复、合作体系的不完善，避免资源的浪费。

第四节　德国：多元协同治理模式

一、德国网络暴力治理模式概述

在德国，网络暴力现象一直以来被认为是严重的社会问题。早在2014年，第85届司法部长会议就讨论了这个问题，请求联邦司法和消费者保护部部长（Bundesminister der Justiz und für Verbraucherschutz）审查现行刑法是否足以应对网络暴力问题。德国现行立法上并没有明确规定网络暴力或者网络欺凌的概念。根据德国联邦家庭、老人、妇女以及青少年事务部（Bundesministerium für Familie，Senioren，Frauen und Jugend）的界定，网络暴力行为是指，通过使用智能手机、邮件、网页、论坛、网聊或者（网络）社区等社交媒体，对人所实施的侮辱、威胁、恶意曝光（Bloßstellung）或者骚扰行为。如今，针对网络暴力这一问题，德国并未设定专门性法律加以规制，而是采取分散规定与适用多部法律法规的方式来进行协同治理（见表3－2）。

表 3－2　德国治理网络暴力行为的相关法律法规及代表性条文规定

法律法规名称	代表性条文规定
德国《基本法》[1]	1. 第 1 条保护人性尊严。 2. 第 2 条保护人的个性发展自由
德国《刑法典》	1. 名誉类犯罪 第 185 条以下规定的侮辱、诽谤、诋毁等犯罪，第 201 条 a 以录像侵害最私密的生活领域罪；附属刑法《艺术及摄影作品著作权法》第 33 条侵害个人言论和影像权利的犯罪。 2. 侵犯公民个人自由类犯罪 第 238 条跟踪罪、第 241 条恐吓罪；附属刑法《民事保护免受暴力和跟踪法》(GewSchG)第 4 条违反防止暴力和跟踪犯罪。 3. 电子数据类犯罪 第 202 条 a 窥探资料罪、第 202 条 c 窥探与截取资料预备罪
德国《民法典》	第 823 条损害赔偿义务
德国《青少年保护法》	1. 第 10 条 a 规定在媒体中保护儿童和青少年的目标。 2. 第 10 条 b 对影响发展的媒体进行细化，第 15 条对对青少年有害的媒体进行细化。 3. 第 17 条 a 规定对儿童和青少年进行保护的联邦管理部门的任务。 4. 第 24 条 a 规定提供商所应采取的预防措施
德国《青少年媒体保护国家协议》	1. 第 4 条与第 5 条对分级系统的规定。 2. 第 14 条规定对电信媒体的监管。 3. 第 19 条对志愿自我管理机构的确定
德国《网络执行法》	1. 第 2 条规定，社交网络提供者有全民报告如何处理投诉信息的义务。 2. 第 3 条规定，社交网络提供者有处理非法内容的义务。 3. 第 4 条规定，对违反本法相关义务的处罚
德国《反右翼极端主义和仇恨犯罪法》	涉及对七部法律的修改。具有代表性的是： 1. 对德国《刑法典》第 126 条恐吓犯罪破坏公共安全罪、第 185 条侮辱罪、第 188 条对政治人物的诽谤或诋毁罪的修改。 2. 对《联邦刑事警察局法》第 10 条 a 的修改，规定为识别目的收集数据的条件。 3. 对《电信媒体法》第 14 条第 2 款的修改，规定服务提供者提供数据的限制，增设第 15 条 a 规定储存和使用数据的信息程序

注：[1] 德国《基本法》(Grundgesetz，GG)，即德国宪法。

(一)对基本权益的宪法保障

作为德国最重要的法律,《基本法》提供对各类权益最基础的保障。其第1条、第2条保护人的尊严、人权以及个性自由发展等最重要的权益不受侵犯。而网络暴力者往往是通过对上述权益的侵害或者限制来实现自身非法目的。

(二)对涉网络暴力犯罪行为的全面打击

在基本法的基础框架下,主要以刑法对网络暴力问题进行规制,其行为方式可能构成多种犯罪。首先,最重要的是德国《刑法典》第185条以下规定的侮辱、诽谤、诋毁等犯罪,第201条侵害言论秘密罪,第201条a以录像侵害最私密的生活领域罪和《艺术及摄影作品著作权法》(Gesetz betreffend das Urheberrecht an Werken der bildenden Künste und der Photographie)第33条侵害个人言论和影像权利的犯罪,以及少数情况下涉及德国《刑法典》第130条煽动民族罪。传播经过加工的贬低被害人名誉的图像、视频或音频文件的行为可构成德国《刑法典》第186条以下所规定的犯罪,在明显加工的情况下,可能构成第185条的侮辱罪。其次,网络暴力行为还可能导致侵犯公民的个人自由,例如违反德国《刑法典》第238条跟踪罪[①]、第240条强制罪、第241条恐吓罪以及在少数情况下违反《民事保护免受暴力和跟踪法》第4条。最后,网络暴力的手段方式也可能构成相应的电子数据犯罪,如违反德国《刑法典》第202条a窥探资料罪、第202条c窥探与截取资料预备罪、第303条a变更电磁记录罪、第317条妨碍电信设备罪等。

(三)对民事主体一般人格权益的保护

在德国,除熟悉的刑法干预外,由于媒体的影响,民法也越来越多

---

① 网络暴力行为可能涉嫌该条第1款第3、4、5项规定,具体包括:“无故跟踪他人,致使严重影响他人日常生活,有下列情形之一,处三年以下有期徒刑或罚金:……(3)滥用他人个人咨询订购商品或服务,或使第三人与其接触;(4)恐吓危害他人或亲近之人生命、身体、自由;(5)其他类似行为。”

地参与到对网络暴力的治理当中。[①] 其中,具有重要地位的是德国《民法典》第 823 条,该条款对民事主体的一般人格权益(allgemein Persönlichkeitsrecht)进行保护,在该权益受到侵犯的情形下,当事人有权主张获得损害赔偿。在网络暴力的情形下,该条款一般对民事主体的肖像权(Bildnisrecht)、信息自决权、隐私权、免受虚构(der Schutz von Unwahrheit)、保护生活和自由免受危险以及名誉、荣誉予以保护。

在行为人通过网络暴力行为对被害人名誉、荣誉实施侵害的情形下,往往通过援引德国《民法典》第 823 条第 1 款对一般人格权益保护的规定以及德国《基本法》第 1 条对人性尊严的规定及第 2 条对个性发展的规定对被害人的名誉、荣誉进行保护。[②]

对于隐私的保护,民法上是通过划分不同的生活领域来加以实现的。根据民事主体所涉生活关系领域,可将其区分为保密领域(Geheimsphäre)、亲密领域(Intimsphäre)、私人领域(Privatsphäre)、社会领域(Sozialsphäre)以及公共领域(Öffentlichkeitsphäre)。[③]

保密领域是指在尊重合理尊严情况下,根据所涉人员可识别的意愿,不应该向公众透露的人类生活领域。在非法曝光他人私密录音、通信、文件等不应被公开的信息时,被害人的保密领域以及信息自决权就遭到了网络暴力者的侵犯。对此,作为一般人格权益下的保密领域可以通过适用德国《民法典》第 823 条进行保护,要求暴力者进行损害赔偿。[④]

亲密领域往往在网络暴力的情形下受到侵害。属于亲密关系领域的个人信息应当绝对地受到保护。因此,当事人可以要求,不得在未经许可的前提下,向第三方披露或公布。其中包括一个人的性取向、性细节,[⑤]公众不知晓的疾病(如具有影响力的公众人员患有艾滋病)[⑥],没有公开的生活

---

① Vgl. Nadine Dinig, Zivilrechtliche Interventionen bei digitaler Gewalt, Geschlechtsspezifische Gewalt in Zeiten der Digitalisierung, Bielefeld: transcript, 2021, S. 151.

② Vgl. VI ZR 496/15; Wenzel, Karl Egbert, Das Recht der Wort-und Bildberichterstattung: Handbuch des Äußerungsrechts, Köln: Dr. Otto Schmidt, 2018, Kap. 5, Rn. 1.

③ Vgl. Wenzel, Karl Egbert, Das Recht der Wort-und Bildberichterstattung: Handbuch des Äußerungsrechts, Köln: Dr. Otto Schmidt, 2018, Kap. 5, Rn. 35ff.

④ Vgl. VI ZR 490/12; VI ZR 137/77.

⑤ Vgl. VI ZR 121/73.

⑥ Vgl. 9W 123/09.

上的关系,拍摄睡着的人或者无意识者的裸照或者视频。[1][2]

私人领域主要指的是那些在保护范围和空间上较为确定,其他人只有在允许的范围内才能进入的领域,主要包括房屋、家庭、休闲度假等与公众明显分离且不属于亲密领域的场域。需要注意的是,考虑到对隐私分级保护的理念,对私人领域的保护力度应当与亲密领域相区分。[3] 对于前者的保护应当要在具体案件中进行利益衡量,如果信息的利益超过了当事人的个人利益,那么可以在未经授权的情况下予以发布。[4]

社会领域主要指的是私人领域以外的领域,在这个领域里,个人以一种可被外界人所感知的方式存在,个人可以选择并决定将自己展示给哪些群体。比较具有代表性的是,对伙伴关系的表达上的一般人格权益限制,它虽然不再是纯粹的私人事务,但是也并不一定适合进行公开讨论。[5] 而公共领域则属于任何人都知道或应当知道所公开信息的领域,因此,在这个领域也就不再存在对隐私的保护。

此外,还具有重要意义的是对肖像权的保护。作为一般人格权益的特殊表现形式,肖像权赋予了自然人以决定传播和公开展示其肖像的专属权利。如前所述,《艺术及摄影作品著作权法》第 22、23 条对个人肖像权的使用规则进行了相对细致化的规定。该法第 22 条是为了保护个体的个性,使得只有在获得肖像权主体同意的前提下才能对肖像进行使用。德国判例上对于肖像的认定,并没有采取非常严格的限制,只需要是可以识别的[6],或者即便他/她的脸是模糊的,但能够通过结合属于他/她的特征对其进行辨认就足够了。[7]

---

① Vgl. 6 U 120/97.

② Vgl. Nadine Dinig, Zivilrechtliche Interventionen bei digitaler Gewalt, Geschlechtsspezifische Gewalt in Zeiten der Digitalisierung, Bielefeld: transcript, 2021, S. 160.

③ Vgl. 1 BvR 967/15.

④ Vgl. VI ZR 264/98.

⑤ Vgl. Wenzel, Karl Egbert, Das Recht der Wort-und Bildberichterstattung: Handbuch des Äußerungsrechts, Köln: Dr. Otto Schmidt, 2018, Kap. 5, Rn. 65ff.

⑥ Vgl. I ZR 151/56.

⑦ Vgl. Ib ZR 126/63.

（四）对青少年和儿童①群体的特殊保护

数字生活已经逐渐成为未成年人的主要生活部分之一。德国西南地区媒体教育研究协会（Medienpädagogischer Forschungsverbund Südwest，mpfs）2020 年的研究报告 JIMStudie2020（Jugend，Information，Medien Studie 2020；2020 年少年信息媒体研究）指出，38% 的青少年已经目睹了在网上有人遭受欺凌。KIMStudie2020（Kindheit，Internet，Medien Studie 2020；2020 年童年互联网媒体研究）指出，随着年龄的增长，青少年接触到不适当内容的可能性也会大大增加。不愿意接受具有性含义的内容、通过发布性内容来进行勒索、网络欺凌以及通过设置陷阱进行线上的性虐待等，都是数字空间的潜在危险。② 在德国，主要通过《青少年保护法》（Jugendschutz，JuSchG）和《青少年媒体保护国家协议》（Jugendmedienschutz-Staatsvertrag，JMStV）来对青少年的数字生活进行保护。

德国《青少年保护法》是对青少年进行保护的基础性法律，其中主要涉及在公共场所对青少年的保护（§4－10），在媒体领域对青少年的保护（§10a－16），对于儿童和青少年进行保护的联邦管理部门（§17－25），监管机构（§26）以及违规处罚（§27－28）。在针对青少年的网络暴力的情形下，具有重要意义的是以下条款。《青少年保护法》第 10 条 a 对媒体中保护儿童和青少年的目标进行了规定，即保护儿童和青少年免受“影响发展的媒体以及对青少年有害的媒体”的影响，第 3 项明确指出，在使用媒体过程中要保护儿童和青少年的个性完整性。第 10 条 b 与第 15 条分别对“影响发展的媒体与对青少年有害的媒体”进行了细化。第 16 条明确了该法与《青少年媒体保护国家协议》之间的关系，指出“在电信媒体领域，联邦各州可以制定超出本法的对青少年保护的规定。对电信媒体内容的特殊要求来自《青少年媒体保护国家协议》”。第 17 条 a

---

① 根据《青少年保护法》第 1 条第 1 款的规定，儿童指的是未满 14 岁的人群，青少年指的是已满 14 岁未满 18 岁的人群。

② Vgl. Walburga Hirschbeck，Anna Schweda，Das Recht junger Menschen auf Schutz vor Gewalt im gesamten institutionellen Gefüge des Aufwachsens-Empfehlungen des Bundesjugendkuratoriums，Interdisziplinäre Fachzeitschrift，45，51.

对保护儿童和青少年的联邦管理部门的任务进行了规定，其中主要包含了设立专门机构对相关媒体是否对青少年有害进行审查，应当通过适当措施促进儿童和青少年发展，根据第 24 条 a 的预防措施审查服务提供者等。第 24 条 a 具有重要意义："1. 为用户存储或提供第三方信息以谋取利润的服务提供商应在不违反《电信媒体法》第 7 条第 2 款和第 10 条的情况下，采取适当和有效的结构性预防措施，以保障第 10 条 a 中第 1 至 3 项的保护目标……2. 应特别考虑以下预防措施：(1) 提供报告和补偿程序，使得用户能对以下情况提出投诉……(2) 提供适合儿童和青少年的报告和补偿程序的用户指南，在此框架内，特别是未成年用户可以向服务提供者报告用户生成的信息对其个性完整性的损害……(7) 考虑到儿童和青少年的年龄，建立限制其使用风险的默认设置，特别是不要求明确的相反同意。a) 用户资料不能被搜索服务找到，也不能被未注册的人查看。b) 位置和联系数据以及与其他用户的交流不得公开。c) 与其他用户的交流被限制在用户自己事先选定的范围内，并且 d) 使用是匿名或用假名的。"

在互联网上，对青少年的保护性规定尤其体现在《青少年媒体保护国家协议》当中，该协议是联邦各州在电信媒体和广播中保护未成年人的统一法基础。[①] 从整体内容上看，该协议主要包括一般性规定（§1－6）、对于广播的规定（§8－10）、对于电信媒体的规定（§11－12）、除却公共合法的广播之外的提供者程序（§13－19a）、对除却公共合法的广播之外的提供者进行执行（§20－22）以及对除却公共合法的广播之外的提供者违法行为的惩罚（§23－24）。为了保护儿童和青少年免受电子信息媒体和通信媒体中会损害或危及他们发展或者教育的产品的影响，以及保护他们的人性尊严或者那些由刑法所保护的法益不受侵害（§1），《青少年媒体保护国家协议》在第 4 条与第 5 条中规定了一个分级系统，将绝对禁止的产品提供与那些通常只禁止青少年接受的产品提供相区分。

第 4 条规定："1. 在不影响刑事责任的情况下，这些产品提供是被禁止的：……(3) 煽动对部分人口或民族、种族、宗教或依据民族特点加以

---

① Vgl. Harald Baumeister, Kathrin Schwärzel, Wissenswelt Internet, Berlin: De Gruyter Saur, 2018, S. 300.

确定的群体的仇恨,促使对他们的暴力和恣意举措,或通过辱骂、恶意使其受到蔑视或诽谤部分人口或上述群体,以侵犯他人的人格尊严;(4)以扰乱、否认或不强调公共和平的方式在国家社会主义统治下实施《国际刑法典》第6条第1款所述的行为,或以侵犯受害者尊严的方式扰乱公共和平,认可、颂扬或为国家社会主义的暴力和专横统治辩护……(8)侵犯人的尊严,特别是通过描述已经死亡的人或正在或已经遭受严重的身体或精神痛苦的人,在对这种形式的描述或报道没有一个合法利益时,对这样一个事实情况进行复述;同意应是微不足道的……2. 在不影响刑事责任的情况下,这些产品提供也是被禁止的:……(3)考虑到传播媒介的特殊影响形式,明显能够严重危害儿童和青少年的发展或其成长为独立和有社会能力的人。在电信媒体中,如果提供者确保只向成年人(封闭用户群)提供服务,不属于前项情形,产品提供是被允许的。3. 根据《青少年保护法》第18条的规定,在某一产品被列入名单之后,根据第1款和第2款的规定,即使内容发生了重大变化,在有关机构[如负责对青少年有害的媒体进行审查的联邦审查机构(die Bundesprüfstelle für jugendgefährdende Medien, BPjM)]做出决定之前,禁令仍然有效。"

第5条规定:"1. 如果提供者传播或提供可能损害儿童或青少年发展成为独立和有社会能力的个性的产品,他们应确保有关年龄层级的儿童或青少年通常不使用这些产品。年龄分级为:(1)6岁以上;(2)12岁以上;(3)16岁以上;(4)18岁以上。2. 如果根据《青少年保护法》不对相应年龄组的儿童或青少年开放,则应推定提供的服务适合于第1款意义上的损害发展。第1句话相应适用于在内容上与被评价的产品基本相同的产品提供。根据申请,媒体中的青少年保护委员会(KJM)应确认由公认的志愿自我管理机构进行的年龄分级。第20条第3款第1句和第5款第2句应相应适用于青少年保护委员会的审查。根据《青少年保护法》,国家最高青少年主管部门在发布和标示内容相同或基本相同的产品时,应采用经青少年保护委员会确认的志愿自我管理机构的公认年龄认定。3. 提供者可以通过以下方式履行其第1款中的义务:(1)使用技术或其他手段使有关年龄组的儿童或青少年无法,或使有关年龄组的儿童或青少年相当难以利用该产品,或根据第11条第1款和第2款的规定,通过适当的保护未成年人的方案使其能够阅读该内容的年龄标识产品,或

(2)选择传播或提供服务的时间,以使有关年龄组的儿童或青少年通常不会利用到这些产品。没有发展障碍的产品可以标示为'无年龄限制'并不受限制地传播……"

针对电信媒体的规定,值得注意的是,《青少年媒体保护国家协议》第11条第5款规定:"任何职业上或者大规模传播或提供电信媒体者,应当根据第11条第1款和第2款[①]的规定,将对儿童或青少年而言毫无疑问的产品编入适当的青少年保护计划,只要这样做是可期待的,而且不会耗费不成比例的成本。"在针对电信媒体的监管上,第14条规定:"1. 国家媒体主管部门应审查适用于提供者的本协议规定的遵守情况。它应根据本协议的规定作出相应的决定。2. 应设立青少年保护委员会,以履行第1款规定的任务……"除青少年保护委员会和国家媒体部门外,第18条规定:"1. 由国家最高青少年保护机构建立的各州青少年保护联合单位('jugendschutz. net')应在组织上与青少年保护委员会建立联系。各州青少年保护联合单位是由国家媒体部门和各州共同出资的。各州对该单位的资助细节由各州负责保护未成年人的部长通过决议在法规中确定。法规还应对该单位的技术和预算独立性作出规定。2. 各州青少年保护联合单位应支持媒体中的青少年保护委员会和国家最高青少年保护机构完成其任务。3. 各州青少年保护联合单位应审查电信媒体的产品。此外,各州青少年保护联合单位还将执行有关电信媒体的咨询和培训任务。4. 在可能违反本协议规定的情况下,各州青少年保护联合单位应向提供者指出这一点并通知青少年保护委员会。如果是被公认的志愿自我管理机构的成员可能违反规定,则应首先向该机构发出通知。公认的志愿自我管理机构必须在一周内启动程序,并相应通知各州青少年保护联合单位。如果公认的志愿自我管理机构不采取行动,各州青少年保护联合单位应通知青少年保护委员会。"

针对志愿自我管理机构的确定,《青少年媒体保护国家协议》第19条作出规定:"……2. 在下列情况下,一个机构应被承认为本协议意义上

---

① 《青少年媒体保护国家协议》第11条第1款指出,对可能损害儿童和青少年发展的产品进行年龄标识,由志愿自我管理机构进行评估。第2款指出,为了评估合适性,整个项目可以仅提供给个别年龄组,或者在一个封闭系统里允许使用该电信媒体。

的志愿自我管理机构：(1)其任命的审查员的独立性和专业性得到保证，应当考虑到来自特别关注未成年人保护问题的社会团体代表。(2)通过大量的提供者来保证适当的人员配置水平。(3)有适合审核员判断的准则，以确保在裁判实践中有效保护儿童和青少年。(4)程序规则规定了核查范围、组织者还有提交文件的义务，以及可能的制裁，并规定在州法律规定的青少年帮助组织提出申请时，也能对该申请的决定进行核查……"针对志愿自我管理机构的监督，第 19 条 b 规定："1. 国家媒体主管部门可以通过青少年保护委员会反对公认的志愿自我管理机构超出其自由裁量权范围的决定，并要求撤销这些决定。如果公认的志愿自我管理机构未能履行本协议规定的职责和义务，国家媒体主管部门可通过青少年保护委员会要求其履行这些职责和义务。对由此造成的任何金钱上的损失，不应给予补偿。2. 如果志愿自我管理机构根据第 11 条第 1 款和第 2 款对保护青少年的项目进行了评估，并因此超出了其评估自由裁量权范围，国家媒体主管部门可以在公认的志愿自我管理机构作出决定后的三个月内，通过青少年保护委员会宣布该决定无效，或对保护青少年项目的提供者施加要求……"

(五)对平台主体增设监管与救济义务

对于网络暴力的法律规制，除了基本法、刑法、民法以外，最值得一提的就是德国《网络执行法》。为了能够对网络上的仇恨犯罪和其他应受刑罚惩罚的内容采取有效和即时的行动，[①]德国联邦议会于 2017 年颁布并实行《网络执行法》，其目的是为社交网络制定规则，更有效地消除仇恨言论。《网络执行法》主要规定包括：

1. 第 2 条规定了社交网络提供者[②]的报告义务(Berichtspflicht)。譬如第 2 条规定："1. 在 1 个日历年内收到超过 100 个关于非法内容投诉的社交网络提供者有义务每 6 个月编写一份关于其平台上非法内容投诉处

---

① Vgl. BT-Drucks. 18/12356, S. 2.

② 《网络执行法》第 1 条第 2 款规定："如果社交网络在德国的注册用户少于 200 万，则该社交网络提供者免除第 2 条至第 3 条 b 和第 5 条 a 的义务。"第 3 条 b 规定了(投诉者或内容被投诉的用户)提起重审的程序(Gegenvorstellungsverfahren)，第 5 条 a 规定了用于科学研究的信息(Auskünftc für wissenschaftliche Forschung)。

理情况的德语报告,其内容涉及对第2款所要求的相关信息的陈述,并在6个月结束后1个月内在《联邦公报》和自己的主页上公布。在自己的主页上发布的报告必须易于识别,可直接并长期查阅。2. 报告应至少涉及以下这些方面:(1)社交网络提供者为禁止平台上犯罪行为所做努力的一般性陈述。(2)必要时被用于自动识别那些应当被删除或屏蔽的内容的程序的类型、运作模式特征以及范围,包括关于所使用的培训数据和提供者对这些程序结果进行核查的一般性说明,以及科学和研究界在评估这些程序方面多大程度上能得到支持并且为此目的被允许访问提供者的信息。(3)介绍违法内容投诉机制,介绍删除和屏蔽违法内容的判断标准,介绍审查过程,包括对是否存在违法内容或是否违反提供者和用户之间合同规定的审查顺序。(4)报告期内收到的有关违法内容的投诉数量,按投诉部门的投诉和用户的投诉以及投诉的原因分类。(5)负责处理投诉的工作单位的组织、人员配置、专业和语言能力,以及对负责处理投诉的人员的培训和看管……(8)报告期内,导致删除或屏蔽投诉内容的那些大量投诉,按总数、投诉机构和用户的投诉、投诉原因进行细分,投诉原因包括是否存在第3条第2款第3项a规定的情况,在此情况下是否向用户转发,哪个审查步骤根据第3条的规定导致删除或屏蔽,以及是否随之根据第3条第2款第3项b的规定,移交给公认的受监管的自我管理机构。(9)在每种情况下,导致24小时内、48小时内、一周内或稍后的时间里非法内容被删除或屏蔽的投诉数量,要另外按投诉机构和用户的投诉进行分类,以及按投诉的原因进行划分……”

2. 第3条规定了社交网络提供者有义务建立投诉管理系统,确保社交网络提供者在短期内审查并处理相关非法内容。譬如,《网络执行法》第3条规定:“……2. 该程序应确保社交网络提供者:(1)立即注意到投诉,并检查投诉中所报告的内容是否是违法的,并且是必须被删除或屏蔽对其的访问。(2)在收到投诉后24小时内删除明显非法的内容或禁止对其访问;如果社交网络提供者与刑事主管部门商定了删除或禁止明显非法内容的更长期限,则不适用。(3)通常在收到投诉后的7天内立即删除任何非法内容或阻止对其访问;在下列情况下,可以超过7天的期限:a)关于内容非法性的判断依赖于事实声明的不真实性,或明显取决于其他事实情况;在这种情况下,社交网络提供者可以在作出判断之前给用户提供发表针对投诉的观点的机会。b）社交网络提供者在收到投诉后7天内将非法性的判断移交给第6至8款被认可的受到监管的志愿自我管理机构，并听从其决定……（5）迅速将作出的任何决定通知投诉人和被投诉内容所涉及的用户，并在此过程中：a）说明其判断的理由；b）指出根据第3条b第1款第2句提出反请求的可能性，根据第3条b第1款第3句规定的为此所提供的程序，根据第3条b第1款第2句规定的时限，以及反请求的内容可能在第3条b第2款第1句所规定的程序中加以披露；c）告知投诉人，他可以进行刑事报案，必要时可以对被投诉内容所涉及的用户提出刑事告诉，并且告知投诉人可以在哪些互联网网页上获得有关的进一步信息……4.社交网络的领导小组必须通过每月检查来监督投诉的处理情况。在处理所接收到的投诉方面的组织缺陷必须立即得到纠正。社交网络的领导小组必须定期，至少每6个月一次，为被委托处理投诉的人员提供德语语言上的培训和支持。5.第1款规定的程序可以由第4条中提到的行政机关任命的机构进行监督。6.在下列情况下，一个机构应被认为是本法意义上的受监管的志愿自我管理机构：（1）其审查员的独立性和专业性得到保证；（2）保证了适当的配置和在7天内的顺利检查；（3）现有的程序规则规定了审查的范围和流程，以及所关联的社交网络的提交义务，并考虑到应投诉人的申请和被投诉内容所涉及用户的申请的决定进行审查的可能性；（4）该机构得到若干社交网络提供者或机构的支持，确保其有适当的配置。此外，它必须开放给更多的提供者加入，特别是社交网络的提供者。”

3.第3条a规定了社交网络提供者的报案义务（Meldepflicht）。譬如，第3条a规定：“1.社交网络提供者必须维持一个有效的程序，以便根据第2至5款进行报案。2.社交网络提供者必须向作为总部的联邦刑事警察局传送内容，以便能够对犯罪行为进行跟进，内容包括：（1）在关于违法内容的投诉中已向提供者报告的内容。（2）提供者已删除或已屏蔽访问的内容。（3）有具体迹象表明，这些内容已经满足以下构成要件并且没有正当事由：a）违反《刑法典》第86条、第86条a、第89条a、第91条、第126条、第129条至第129条b、第130条、第131条或第140条；b）《刑法典》第184条b；或c）《刑法典》第241条中所规定的以威胁实施危害生命、性自决、身体的完整性或个人自由的形式。……6.社交网络提供者应在向联邦刑事警察局传送内容四周后,根据第 4 款第 1 句的规定将传送情况告知用户。如果联邦刑事警察局在四周内下令,由于该信息威胁到调查目的,个人的生命、身体完整,个人自由或重大资产而暂时不公开,则不适用。在根据第 2 句发出命令的情况下,只要危险不复存在,联邦刑事警察局应根据第 4 款通知用户关于传输信息的情况。"

4. 第 4 条确定了对违反本法相关义务行为的处罚规定。其核心监管内容是建立一个报告程序,旨在在一定期限内删除被投诉的内容。其所针对的对象仅限于第 1 条第 3 款①所列明的犯罪行为。

但是,《网络执行法》自颁布时起便饱受争议。在 2017 年 6 月 7 日的一份专家意见中,德国联邦议院对《网络执行法》与言论自由之间的关系进行了审查,其结果是,根据对被讨论的利益的衡量,《网络执行法》第 3 条对于言论自由这项基础权利的干涉无法在宪法上被正当化。② 联邦宪法法院的前主席帕皮尔教授也对《网络执行法》表示了担忧,因为该法建立了一个值得怀疑的删除结构,并且表现出了一种过度的封锁。"如果私人提供者是基于预防性以及在不确定中做出删除相应言论的决定","这一点也不令人奇怪"③。2020 年 6 月 18 日德国联邦议会通过了《反右翼极端主义和仇恨犯罪法草案》,旨在对《网络执行法》进行修改,引入该法第 1 条第 1 款意义上的社会网络提供者对联邦刑事警察局的报告义务,以使得对犯罪行为的追诉变得可能。同时要求向联邦刑事警察局报告的内容必须包括有关内容,以及最后分配给用户的 IP 地址(包括端口号在内),这些用户是指那些同其他用户分享内容或者向公众提供内容的用户。④ 然而,在 2020 年 9 月 15 日发布的一份法律意见书中,德国联邦议院的科学服务处认为,该草案赋予联邦刑事警察局的获取用户 IP 地址的

---

① 《网络执行法》第 1 条第 3 款规定:"非法内容指的是第 1 款意义上,符合《德国刑法典》第 86 条、第 86 条 a、第 89 条 a、第 91 条、第 100 条 a、第 111 条、第 126 条、第 129 条至第 129 条 b、第 130 条、第 131 条、第 140 条、第 166 条、第 184 条 b、第 185 条至第 187 条、第 189 条、第 201 条 a、第 241 条或者第 269 条构成要件并且没有正当化事由的内容。"

② Vgl. WD10 – 3000 – 037/17, S. 17.

③ Vgl. Papier, Rechtsstaatlichkeit und Grundrechtsschutz in der digitalen Gesellschaft, NJW, 2017, S. 3030.

④ Vgl. BT-Drucks. 19/20163, S. 2.

权力没有得到相应的限制,与《基本法》第10条第1款不相符,因而违宪。[①] 而联邦总统基于宪法方面的考虑,并没有签署该草案,并根据《基本法》第82条暂停了该立法活动。[②] 立法机关决定在颁布前对其进行修改,使其符合宪法规定。最后,《反右翼极端主义和仇恨犯罪法》于2021年3月30日颁布并于4月3日生效。

(六)对右翼极端主义和仇恨犯罪规制进行专门立法

2021年3月30日颁布的《反右翼极端主义和仇恨犯罪法》是德国联邦议会面对愈演愈烈的网络暴力行为所给出的最新正面回应。该法律的发起人指出,在互联网上,特别是在所谓的社交媒体上,可以看到越来越多的通信"野蛮化"。尤其是那些在社会和政治上活跃的人,越来越频繁地以违反德国刑法的方式表达自己。这些行为方式往往以极具攻击性的态度、恐吓以及威胁实施刑事犯罪为特征。这样一来,不仅相关人员的一般人格权益,而且民主和多元社会秩序中的政治话语讨论也受到了攻击和质疑。[③] 内容上,该法主要包括了7部法律的修改,即德国《刑法典》、《刑事诉讼法》、《刑事诉讼指引法》(Einführungsgesetz zur Strafprozessordnung)、《联邦登记法》(Bundesmeldegesetz)、《联邦刑事警察局法》、《电信媒体法》以及《网络执行法》,与对一项基本权利的限制。

其中,具有代表性的是对德国《刑法典》的修订。对第126条恐吓犯罪破坏公共安全罪的犯罪行为类别进行了扩大,使得危险伤害(第224条)的威胁也变得可罚。在会议上或者通过第11条意义上的文书的传播公开发表侮辱性言论,今后将纳入第185条侮辱罪的范畴并且最高可以被处以两年有期徒刑。第188条对政治人物的诽谤或诋毁罪的对象得到进一步澄清,直至市级(kommunale Ebene)的政治人物都应当受到保护。第241条恐吓罪将恐吓对性的自我决定、身体的完整性、个人自由或具有重要价值的物品施加违法行为包括在内,并将对通过恐吓实施犯罪行为的法定最高刑由一年升高至两年。

---

① Vgl. WD 10 – 3000 – 030/20, S. 28.

② Vgl. Marc Liesching, DasNetzDG in der praktischen Anwendung: Eine Teilevaluation des Netzwerkdurchsetzungsgesetzes, Berlin: Carl Grossmann, 2021, S. 12.

③ Vgl. BD-Drucks. 19/17741, S. 1.

在对《联邦刑事警察局法》的修订中，第 10 条 a 值得注意，为识别目的收集使用数据应符合以下条件："1. 只要是为了完成第 10 条第 1 款第 1 项第 1 种情形所称的联邦刑事警察局的任务，就可以要求根据《电信媒体法》第 15 条 a 和第 15 条第 1 款第 2 项第 1 种情形，在以下情况下，向准备将自己或第三方电信媒体服务用于商业用途或提供这种用途的人收集数据信息：(1) 联邦刑事警察局已经知道使用电信媒体服务的内容；(2) 对公共安全有相当大的危险或有刑事犯罪的嫌疑；(3) 与此相关的数据是在《电信媒体法》第 15 条第 1 款第 2 项第 1 种情形的意义上识别用户所必需的；(4) 该数据对于确定主管刑事检察机关或主管警察机关是必要的，以便将用户的身份和使用电信媒体服务的内容转交给他们，方便能够进行刑事起诉或能够对危险进行防御……"

对《电信媒体法》的修订主要涉及以下内容：第 14 条第 2 款修改为，"根据主管人的要求，服务提供者应当在具体情况下提供储存的数据信息，只要这对于知识产权的贯彻是必要的"。在第 15 条后加入第 15 条 a（关于储存数据和使用数据的信息程序）与第 15 条 b（关于密码和其他登录数据的信息程序）。

对《网络执行法》的修订主要涉及以下内容：在第 1 条适用范围和概念定义中，增设第 4 款，即"关于非法内容的投诉是指对该内容的不满，要求删除该内容或者阻止对该内容的访问，除非该不满显然没有指出存在一个违法内容"。在第 3 条处理关于违法内容的投诉之后增加第 3 条 a，即报告的义务，对于社交网络提供者的具体报告义务进行了细化。

二、德国网络暴力治理经验的启示

综合前述德国法上的治理规定，可得到以下四点启示：

第一，我国可借鉴采取多部法律法规协同治理模式对网络暴力行为进行规制。对于一般性的网络暴力行为，德国以《基本法》对人的尊严和个性自由发展保护为核心，在此基础上，通过《刑法典》《民法典》以及以《网络执行法》《反右翼极端主义和仇恨犯罪法》为代表的具有行政属性的法律，对人的尊严以及个性自由发展进行具体保护。以《反右翼极端主义和仇恨犯罪法》为例，该法作为对右翼极端主义和仇恨犯罪的专门立法规制,虽然在内容上并未采用传统立法模式,针对规制对象采取从概念界定到行为禁止再到法律后果的立法体例,但却以一种类"修正案"的模式,对相关法律涉及其规制对象的具体条款进行整体综合,该立法模式在我国并不常见。此外,在涉及未成年人的场合,为了保护未成年人的身心健康发展,除了上述的一般性保护,德国还以《青少年保护法》为一般性规定,以《青少年媒体保护国家协议》对社交媒体场景下青少年的活动进行特殊保护,共同编织了一张针对青少年权益进行重点保护的密网。因此,对于我国而言,在一般情形下,可以借鉴上述《反右翼极端主义和仇恨犯罪法》的立法模式,以集中修正的立法为核心枢纽,联动多部相关法律法规,如此不仅目的明确,有利于实现多部门法间的协同配合,形成系统性的规制体系,同时也有利于节约立法成本。在涉及特殊群体,如未成年人的情形下,再进行专门立法修正,实现对特殊群体的特殊保护。

第二,我国后续可对相关问题作进一步严密细致的规定。目前,我国有关网络暴力的立法尚未健全,未能形成针对事前、事中、事后全阶段与全链条的详细规定。只有形成完善的立法规定,将可能的危险加以规制,如在刑法中增设关涉网络暴力行为的犯罪类型,对可能受到侵害的利益进行救济,如完善细化用户的举报机制,这样才能给实践提供充足的法律依据,让有关单位有法可依,有效遏制网络暴力行为。与此相对,德国法上对涉网络暴力情形的明确规定也值得我国借鉴。

譬如,在刑法中,除对侮辱、诽谤类犯罪的规定外,还对关涉民众信息生活隐秘的利益进行充分保护,如德国《刑法典》第 201 条对公民言论秘密的保护,规定不得以录音设备录取他人非公开言论,不得对于前述录取的录音加以使用或使第三人得以使用,以及逐字或依照其主要内容公布第 1 款第 1 项规定的录取的他人非公开言论或者第 2 款第 1 项规定的窃听的他人非公开言论。

在《青少年保护法》中,对影响发展的媒体、对青少年有害的媒体以及预防措施审查服务提供者的审查义务进行了相当细化的规定。譬如第 24 条 a 规定:"……应特别考虑以下预防措施:(1)提供报告和补偿程序,使得用户能对以下情况提出投诉……(2)提供适合儿童和青少年的报告和补偿程序的用户指南,在此框架内,特别是未成年用户可以向服务提供者报告用户生成的信息对其个性完整性的损害……(7)考虑到儿童和青少年的年龄,建立限制其使用风险的默认设置,特别是不要求明确的相反同意。……”

在《青少年媒体保护国家协议》中,对于青少年的分级系统以及相关管理组织,如青少年保护委员会、各州青少年保护联合单位以及志愿自我管理机构及其之间的权责关系,进行了详尽规定。譬如该协议第 18 条规定:“1. 由国家最高青少年保护机构建立的各州青少年保护联合单位应在组织上与青少年保护委员会建立联系……2. 各州青少年保护联合单位应支持媒体中的青少年保护委员会和国家最高青少年保护机构完成其任务……4. 在可能违反本协议规定的情况下,各州青少年保护联合单位应向提供者指出这一点并通知青少年保护委员会。……”

第三,我国在后续立法中应注重对其他关联部门法的指向进行明确。德国法上对于多部门法间如何具体衔接配合作出了相当明确的规定。譬如,在《艺术及摄影作品著作权法》及《民事保护免受暴力和跟踪法》中规定,何种情形应当认定构成刑事犯罪,《艺术及摄影作品著作权法》第 33 条规定:“违反第 22 条和第 23 条,传播或公开展示图像,处一年以下有期徒刑或罚金”;该法第 22 条规定:“肖像只有在肖像者同意的情况下才能被传播或展示……”在《青少年保护法》中,对于何种情况应当参考《青少年媒体保护国家协议》以及《电信媒体法》作出具体规定,譬如第 16 条指出,“在电信媒体领域,联邦各州可以制定超出本法的对青少年保护的规定。对电信媒体内容的特殊要求来自《青少年媒体保护国家协议》”。又如第 24 条 a 规定:“1. 为用户存储或提供第三方信息以谋取利润的服务提供商应在不违反《电信媒体法》第 7 条第 2 款和第 10 条的情况下,采取适当和有效的结构性预防措施,以保障第 10 条 a 中第 1 至 3 项的保护目标……”而我国在立法上常采取“应当遵守国家有关规定”之类较为模糊的表述,在寻找前置法或相关联部门法时,会存在一定的错漏风险。因此,在后续立法过程中,应尽可能对这种关联部门法的指向进行明确,从而更加便捷有效地对网络暴力行为进行规制。

第四,可以由国家设立专门针对社交网络提供者的监管组织或寻求第三方进行监督。譬如,《青少年媒体保护国家协议》第 19 条规定:“1. 可为广播和电信媒体建立志愿自我管理机构……”第 19 条 a 第 1 款规定:“公认的志愿自我管理机构应在其法定职责范围内,监督相联系的提供者们遵守这里的国家条约规定的情况以及在这方面公布的章程和准则的遵守情况。它们有义务根据第 19 条第 2 款第 4 项规定的程序规则,及时地调查对其相联系的提供者的投诉。”若对社交网络提供者科以建立网络暴力投诉处理机制的义务,那么一方面,其需要对海量的投诉作出应对,另一方面,社交网络提供者的数量本身也并非少数,若单独依靠民众对其进行监督或依赖于传统执法部门进行监管,则并不现实。因此,可考虑由国家设立专职部门或委托第三方专业机构对社交网络提供者进行监督。

从以上四点可以看出,针对网络暴力行为治理问题,在整体上,德国采取多元“立法”模式(这里的立法不仅包括作为联邦法律的德国《刑法典》《民法典》《网络执行法》等,还包括不作为联邦法律的《青少年媒体保护国家协议》);在具体内容上,对相关规范进行详尽细化,并对规范之间如何进行协调适用作出规定,从而形成从整体到局部,从局部到局部之间的,既宏大又具体的系统协同治理模式。此种体系性的治理方式,值得我国在后续立法修订中加以借鉴学习。

第四章

网络暴力治理的理念更新与路径调适

为适应网络空间自身演化，为网络空间治理提供更有效、更合理的方案，当前互联网治理理念应积极调整，从而实现包括网络暴力等在内的网络空间问题系统解决，网络空间良法善治。

第一节　网络暴力治理的核心理念确立

网络暴力具有全球化特征，目前世界范围内的治理效果均不够理想，共性表现为立法滞后、平台监管技术不完备且缺乏常态化监管、治理手段协同性弱。建构针对网络暴力的法治化治理体系，首要任务就是确立基础性的治理理念，而治理理念的提炼则需要根据网络暴力的实际情形和行为构造，从业已发布的法律规范文件中确立全新的治理理念。

一、当事人保护主义的治理理念

中央网信办于 2022 年 11 月颁发了《关于切实加强网络暴力治理的通知》，其中提出要强化网暴当事人保护，具体措施包括设置一键防护功能、优化私信规则以及建立快速举报通道，措施的核心是围绕保护当事人的个人权利展开的。实际上，“当一个人如果被非法地和恶意地从一个社交团体中开除出去，那么他在名誉和社会地位上所受到的损害可能在经济上对他有严重的影响”①，

---

① ［美］罗斯科·庞德：《通过法律的社会控制》，沈宗灵译，商务印书馆 2010 年版，第 44 页。

而网络空间显然就是全新的“社交团体”概念，网络暴力作为一种群体属性且跨越双层社会的新型暴力，会逐渐侵害当事人的合法权利并且侵蚀其基本的社会属性，以暴力压迫的方式使得被网暴者不能或不敢反抗，使网络社会乃至现实社会产生冲突性紧张与恐惧。[①] 在 Web 3.0 时代，网络空间的法治秩序应该以当事人保护主义为核心要旨，当事人保护主义的核心价值来源于基本的人权保障理念，为了确保公众在网络空间中能自由地表达自己的观点而不受到恐吓与压迫，鉴于网络暴力是“侵蚀他人的权利，在自己的权利上没有正当理由而横加他人以损失，不公平地以优势凌人”[②]，所以借助法治化路径来保障当事人的合法权利就显得尤为重要。

第一，当事人保护主义的治理理念符合网络暴力法治化治理的规范要求，当事人保护主义在《关于切实加强网络暴力治理的通知》中被多次提及，体现出国家层面对网络暴力中个人权利保护的重视。“2004 年宪法修正案增加规定‘尊重和保障人权’，突出人权的核心价值地位”[③]，在网络暴力事件中，设置一键防护功能正是在平台机制上以技术手段保护个人权利，针对侮辱、诽谤等网络语言暴力以先进技术进行识别与屏蔽，规避道德层面的强制性压力以言语霸凌的形式传导至网络空间的独立个体。优化私信规则是在规则层面保护个人权利，用户可根据自身需要自主设置接受权限的规定意味着对网络空间信息的接受在很大程度上尊重公民的个人意愿，而这同样也是避免当事人遭受不友善攻击的程序性设计。建立快速举报通道是在事后对当事人权利的快速恢复和弥补，方便当事人快速收集网络暴力的证据，在很大程度上降低网络暴力给当事人造成的财产与精神损失，并进行事后梳理以免下次重复作用于行为人。通过《关于切实加强网络暴力治理的通知》的规定可以发现，现有的法律规范已经充分重视对当事人的保护，并且以文字规定的形式予以呈现，而类似的规定同样也散见于《网络主播行为规范》《互联网用户公众账号信息服务管理规定》等法律规范中，为法治化治理体系中贯彻对当事人的保

---

① 参见[美]兰德尔·柯林斯：《暴力：一种微观社会学理论》，刘冉译，北京大学出版社 2016 年版，第 9 页。

② [英]约翰·密尔：《论自由》，许宝骙译，商务印书馆 2017 年版，第 93 页。

③ 周佑勇：《中国行政基本法典的精神气质》，载《政法论坛》2022 年第 3 期。

护提供规范根基。

第二,当事人保护主义的治理理念能够贯通网络社会与现实社会的双层空间,构建从网络社会到现实社会的对网络暴力的全方位治理,实现对公民个人的全方位保护。不同于传统暴力行为发生在现实社会中的物理空间,网络暴力则是起源于网络社会,但是负面影响可能传递至现实社会,施暴者借助网络社会中匿名的多元主体间的语言舆论进行暴力压迫,包括道德谴责、道德审判、道德约束等多种复合方式,①所以其网络暴力的发生场域与影响范围包含了网络社会与现实社会的双层空间。网络暴力是以网络为媒介,将负面影响在网络社会与现实社会之间传递,但是以往对于网络暴力的法治化治理大多集中在网络空间,治理模式本身存在"浮于表面"的嫌疑,并未在现实社会中对行为人提供全面保护,而这也从侧面导致了网络暴力的屡禁不止。以当事人保护主义的治理理念作为核心要旨,则是将法治化的保护重心从单一的网络社会转移到网络社会与现实社会的双层社会,构建贯通两者的保护体系,实行全方位保护,而这也是网络暴力法治化治理理念的题中之义。《关于切实加强网络暴力治理的通知》在强化网络暴力当事人保护的基础上提出要严防网络暴力信息传播扩散,就是在现实社会中最大限度地降低网络暴力对当事人带来的负面影响,将网络暴力遏制在网络社会中,避免其次生影响传导到现实社会并且在发酵扩散之后对当事人造成"二次伤害"。

总之,网络暴力的法治化治理应确立当事人保护主义的理念,以在形式层面与实质层面对公民进行全方位保护,并代表了网络暴力治理的未来发展方向。在保护网络技术成长、激发网络空间活力的同时,要避免网络空间无序化的失范行为演化为网络暴力,并且基于对公民基本人权的保障引入民法、行政法、刑法等进行协调治理,在有效打击网络暴力的目标基础上划定对网络技术的监管界限。② 实际上,确立当事人保护主义既是对现有法律规范的价值观提炼,又是对网络暴力发生在网络社会与现实社会的客观境况的必要应对措施,对于占据"道德高地"而肆虐的网

---

① 参见[美]撒穆尔·伊诺克·斯通普夫、[美]詹姆斯·菲泽:《西方哲学史》,邓晓芒、匡宏等译,北京联合出版公司2019年版,第268~269页。

② 参见储陈城:《以利益衡量作为网络领域刑事治理的原则》,载《法学论坛》2021年第5期。

络暴力，只有基于当事人保护主义才能回归人权保障的初衷，持续优化人权保障的网络环境，落实网络时代人权保障的全新诉求，[①]为网络暴力法治化治理奠定核心价值诉求。

二、多措并举的积极治理理念

当代社会的发展进程伴随着各类“风险”“冲突”涌现，持续对国家安全、人的权益、社会秩序等带来新型的影响或威胁，社会治理总体模式因此开始向积极预防倾斜。国家主体的干预措施几乎遍布各个重要领域，立法空前活跃及刚性制裁措施积极介入成为世界各国之共有现象，积极预防倾向成为复杂社会控制风险与冲突所必需。然而，国家主体于外部直接进行积极干预的治理，与具体治理对象适配度低且缺乏灵活调整的弹性，常陷入治理效果不佳或治理手段与对象间不符合比例原则而招致合法性质疑等系列困境；管理式的单向治理则缺乏主体间的交流疏通，难以在社会系统中形成积极的治理循环。可见，积极预防的社会治理需求向旧有模式提出新挑战，若要有效推进社会治理的积极预防模式，有效地防控风险与疏通矛盾，则应跳脱出传统固有的社会治理思路。党的十九大报告提出“打造共建共治共享的社会治理格局”，在此背景下，社会治理模式应向合作治理的方向转变，积极的社会治理则指向多方主体参与释放社会活力并持续探索治理手段的多元化与多样性，既保持对社会中的新兴问题积极回应，又以发展中的新技术新理念为基础不断优化革新社会治理方式。

实现积极治理的路径在于治理方式的“多措并举”以及治理过程的“多元协同”。就网络暴力治理而言，多措并举的积极治理可从治理主体多元与治理手段多元两方面展开：主体多元旨在充分激发各主体在网络空间治理中的作用，国家主体与非国家主体积极探索各自治理优势，形成公权力与私权利有机协同治理；手段多元旨在在多元主体的基础上发展一套系统协同的治理体系，在网络暴力治理中根据网络空间领域的技术

---

① 参见刘红春、唐梦玲：《中国人权发展道路的机理阐释——基于国家人权行动计划及评估报告的分析》，载《东南法学》2021 年第 1 期。

特征与网络社会的基础研究及其阶段性研判，铺设与其发展阶段相匹配的治理措施。

（一）治理主体多元协同

从主体多元的角度来看，网络暴力多措并举积极治理应当从政府、网络平台、行业组织等主体展开。社会协同理论的研究显示，越复杂的社会系统越需要社会协同治理，政府、社会组织与公众之间的有效协同对复杂社会系统治理具有正面积极的作用，[①]目前，以多方参与共同治理的多元共治模式建构网络空间秩序已逐渐成为共识性主张，[②]网络暴力的治理应使国家主体与非国家主体共同在宏观、中观、微观层面形成多元化与有序化。

1. 宏观层面由政府积极主导治理框架搭建

面对频繁发生的网络暴力，目前并无针对性的法律法规，在事中及事后的个体维权、平台规制以及网民行为等方面都缺乏明确的行动依据，现有治理资源呈现出零星分散、缺乏系统性等特征，导致各主体面对网络暴力时难以明确畅通地有所作为。政府在整合治理资源时应发挥主导作用，搭建网络暴力治理的宏观框架，包括提供治理的基本理念与基本方向，在整体治理政策制定、立法工作推进、行业监管中继续发挥主导作用。

首先，政府应指导建立网络暴力治理的基本目标与总体政策，为后续各参与主体积极治理提供方向指引。治理网络暴力应尊重网络空间技术性与协商性的基本特征与发展规律，政府既需要对网络空间发展变化保持宏观控制，也需要转换角色适当下放治理权限，在对网络空间中新滋生的违法犯罪行为以及尚无法规制的灰色地带保持敏感的同时，为企业平台等民间机构的治理提供规范边界以确保其符合法治进路。事实上，自从 2011 年国家互联网信息办公室成立以来，对于网络空间中信息内容的管理，政府总体保持积极治理走向，针对信息内容的治理先后发布了一系列规章及规范性文件，以促进信息内容类平台健康发展；2016 年《网络安

---

① 参见范如国：《复杂网络结构范型下的社会治理协同创新》，载《中国社会科学》2014 年第 4 期。

② 参见贾宇：《检察机关参与网络空间治理现代化的实践面向》，载《国家检察官学院学报》2021 年第 3 期。

全法》出台，第7条中的“国家积极开展网络空间治理”“推动构建和平、安全、开放、合作的网络空间”“建立多边、民主、透明的网络治理体系”也表明政府在网络空间治理中的基本立场：积极主导治理、推动形成合作共治。为回应愈演愈烈的网络暴力现象，2022年11月中央网信办印发《关于切实加强网络暴力治理的通知》，明确当前网络暴力治理的目标，并要求压实平台主体的责任，建立治理的长效机制。

其次，政府应积极推进并完善网络暴力相关的立法工作，建立较明晰的法律治理逻辑与基本权责框架，为后续治理的协调性、有序性、高效性提供法治保障。如前所述，中央网信办印发的《关于切实加强网络暴力治理的通知》是当前网络暴力治理的指导性文件，后续还应继续推进具体治理的立法工作。网络暴力的立法工作面临基本权利冲突、平台权责划分、争端解决程序等多重问题，政府推进相关立法工作应包含以下内容：其一，面对潜在的权利冲突与不公正掠夺，立法应对此进行基本的利益平衡，评估网络暴力治理中可能涉及的多方利益关系，如保护言论自由与维护网络秩序、明确平台主体的实际权责范围等。其二，在形成基本治理框架基础上，继续细化治理主体间的权责关系，包括明确网络服务提供者在自有互联网生态内的具体责任及权力范畴，为网络监管部门与相关企业的有效协作提供法律依据，推动网络平台与自媒体主体间法律关系进一步明确化等。总而言之，政府积极推进的立法工作应实现为相关执法部门、互联网行业平台提供具有可操作性的法律依据。

最后，政府应在合作共治基础上，形成对平台等非公权力主体的有效监管。平台运用技术手段治理网络暴力时，必然涉及用户数据处理，目前政府与网民对平台处理用户数据及账号过程的知情度还较低，容易出现“信息不对称”“治理垄断”现象，在治理网络暴力过程中政府有必要加强平台对数据处理的监管。我国《数据安全法》中规定了“开展数据处理活动以及研究开发数据新技术，应当有利于促进经济社会发展，增进人民福祉，符合社会公德和伦理”“开展数据处理活动应当加强风险监测，发现数据安全缺陷、漏洞等风险时，应当立即采取补救措施”“重要数据的处理者应当按照规定对其数据处理活动定期开展风险评估，并向有关主管部门报送风险评估报告”等关于数据处理的安全保护义务，根据《数据安全法》的目标及要求，平台处理与使用用户数据应符合法律规定，与此同时,政府部门也应当积极履行对非国家主体治理中涉及数据安全的监管义务,共同控制网络暴力治理中潜在的安全风险。

2. 中观层面由互联网行业组织积极促成自律系统

社会治理“共建共治共享”格局下的网络暴力治理要求各行业领域积极参与,其中行业自治是网络社会治理法治实施体系中的重要内容。[①]治理网络暴力形成自律系统,既需要国家主体与非国家主体间的协同,也需要在非国家主体间协同,其中平台与平台之间的协同直指治理的公正性与公平性问题,因此需要在推进政府宏观治理要求的同时,逐渐形成平台之间的良性沟通,行业组织作为沟通国家主体与企业平台间的纽带将在中观层面发挥作用。

一方面,应推进互联网行业组织形成针对网络暴力治理的行业规范公约,为各平台的协同治理工作提供可以共同参考的标准。网络暴力治理成为业界共识后,为保障治理过程的公平性,各平台内部的治理标准与路径不应出现过大差距。因此需要互联网行业组织展开以下两项工作:其一,汇集整合各个平台已有的治理经验使行业组织内部对网络暴力治理现状形成基本认识,包括已有治理手段、治理困境、治理模糊地带等,将有益经验部分上升为内部公约,将疑难问题予以记录待后续解决;其二,制定网络暴力治理的行业规范公约需领会结合国家有关部门下发的文件,明确治理需求与目标、关注治理的系统性要求并压实行业内部与平台内部的责任。

另一方面,行业组织应积极履行在网络暴力治理中的沟通纽带作用,推动网络暴力治理在行业内部达成共识并展开普遍自治。行业组织与政府之间具有行政管理关系,便于形成良性沟通,制定行业自治公约等文件需推进国家宏观政策落实,促进协会成员增强社会责任感,并减少法律规范内部冲突;行业组织与各企业平台间亦存在紧密联系,鉴于不同平台自主治理网络暴力采取的具体措施存在差异,故需要互联网行业组织在其中进行沟通与矫正,使各平台的治理工作保持在相对一致的路径中。在此基础上,需从以下方面具体展开工作:其一,积极促进各平台有效展开网络暴力治理,推动有利于网络暴力治理的具体措施落地,例如,建立健

---

① 参见徐汉明、张新平:《网络社会治理的法治模式》,载《中国社会科学》2018 年第 2 期。

全互联网行业信用评价体系，设立规范的奖惩机制，激励与惩罚并举，在行业内部形成治理网络暴力工作的规范化评价机制，促使各平台实质有效展开网络暴力治理等；其二，积极促进各平台间建立常态化沟通机制，建立后期完善行业规范与自律公约所需要的沟通渠道，充分发挥行业自治的灵活性与契约性优势，在平台主体间逐步建立程序规范的沟通模式；其三，积极促进政府有关部门与各平台间建立长效的沟通机制，将国家对网络暴力治理的总体规划部署有效传达至平台主体，同时将平台主体治理过程中面临的实际问题及时向上反馈。

总之，行业组织及其制定的行业协定等自治性条款在实现维护网络秩序、沟通政府部门与企业平台、塑造网络空间伦理性共识、促进行业成员自主履行协定、促进网络活动参与者自觉维护规则并自发维护秩序等网络空间治理目标上具有可观的潜力，网络暴力的治理应将其运用到总体治理流程中。

3. 微观层面由网络平台积极搭建针对性治理方案

网络空间迭代发展使言论的“表达方式”“传播方式”“接收方式”发生深刻变化。如前所述，大规模的公共讨论使网络暴力具有明显的群体性特征，危害结果波及面广且不良影响具有持续性，常规路径难以形成有效治理。网络平台所拥有的技术架构、不良信息的治理经验等使其在治理网络暴力时具有天然的优势；不仅如此，网络平台规模持续拓展与技术不断更迭，加之我国互联网用户规模持续增长，均要求网络平台成为政府和个人以外的第三主体。网络平台承担网络暴力治理的具体核心任务。

首先，依托网络平台在开发算法模型等技术上具有的天然优势，持续优化信息监管技术，使网络暴力信息的治理技术更加精准与成熟，并形成趋于体系流程完备的自我更新系统。从信息处理方式的流程角度看，网络暴力信息治理模式大致可分为两种：用户反馈后平台处理与网暴预警机制触发后平台主动介入处理。平台应为两类不同的网络暴力信息处理分别设置相应的处理流程，用户反馈平台处理侧重于平台与用户之间的规则设置，触发网络暴力信息预警机制的介入侧重于信息模型检测技术。尽管目前就网络不良信息的处理，平台已积累较多治理经验，但由于网络暴力的特殊性，平台还需在现有经验基础上，针对网络暴力信息制定个别化的治理方案。

其次，依托网络平台的协商性特质，以“平台与用户”“平台与主管部门”“平台与平台”的协商机制分别展开网络暴力前期预防工作。具体而言，“平台与用户”之间是网络暴力治理最直接的环节，通过将涉及网络暴力的内容添加进已有的用户协议、社区规范、投诉处理渠道中形成平台与用户之间的契约，赋予平台处理涉嫌网络暴力信息的权限；“平台与主管部门”路径则需要平台吸纳政府对网络暴力治理的需求，在明确的治理目标指导下展开治理工作，平台获得政府主管部门下放权限自主展开治理的同时，进行治理过程问题记录与反馈工作；“平台与平台”之间应针对治理方案与治理技术进行自主沟通，由于平台监管信息的技术手段可以不断被优化，因此不同平台间技术发展进度的差异需要被关注，平台与平台之间应形成适度的“分享机制”，在合理合法的范围内进行治理措施的互相优化。

最后，依托于政府转递的充分自治空间，平台应积极探索创设性治理工作，主动更新或增设网络暴力治理措施。平台作为网络暴力信息的直接治理主体，对网络暴力具有最直观现实的认识，且拥有以往治理中所积累的丰富资料，在面对网络暴力的新问题时，平台有条件也有能力更新治理措施，且通常拥有较高的适配度。譬如，目前已有内容平台专门针对“尊重群体差异性”设置社区公约。从创新治理举措角度看，平台可主导建立用户行为准则，编制违法与不良信息清单目录，建立用户信用记录和相应的评价制度等；关注网络暴力的新内容、新样态，可设置针对性强、个别化的社区公约；重视参与治理过程中自身可能引发的伦理性问题，治理过程中坚持公正公平合理等基本价值要求，避免选择性操作、差别化对待，避免技术不完备导致的信息处理错误等，尝试建立相应的自查自纠机制。

（二）治理手段多元高效

技术的发展使社会治理的权力结构从集中转为分散，多手段治理、分散治理是推动积极治理的有效途径。从手段多元的角度看，网络暴力多措并举积极治理应当从完善法律治理、推动公共治理、发展技术治理等维度展开。

1. 以完善的法律治理推动形成积极治理

面对网络暴力及其带来的负面影响，法律体系仍应积极应对，但与以往不同,法律体系积极参与治理的重心转为主动促成各部门法之间有效衔接、减少治理冲突,并重视同法律体系外部治理手段之间的合作融贯。

首先,在现有的法律治理中,应及时转变以往网络空间治理中的刑法依赖模式,加大前置的预防性法律以及更柔和制裁手段先行治理。面对网络空间滋生的违法犯罪问题,以往刑法一直持积极的应对态度,不断扩大处罚范围。过于依赖刑事法律治理网络空间既不符合网络发展的技术性特质,同时带来诸多附随问题,譬如,网络空间治理缺乏对网络空间自身的契约规制与技术规制的认识及尊重,刑罚模式等国家强制力过多干预将导致治理机制短效等问题;[①]在尚未完善前置法等法律规定时直接动用刑事法律导致"只能治标,难以治本"[②]。因此,首先需要转变犯罪治理、违法行为治理、网络灰色地带管束的刑法依赖倾向,网络暴力治理的重点应设置在事前干预及事中阻断阶段,以避免严重后果发生,并探索多元刑罚替代措施,刑法作为严重性后果的保障性制裁手段即可,形成"从事后追责转向事前预防""前置性法律优先治理"的转变。网络暴力的法律治理保持预防性思维,"积极"则体现在预防手段多元化,在法律体系内部形成以预防性法律为主导的法律治理,完善相关民事法律、行政法律对事后责任的承担、补偿等规定。

其次,在未来应对网络暴力治理的法律体系进行完善,实现系统且完整的法律治理。法律治理追求治理的体系化以及部门法之间的有效衔接,网络暴力正面临可依循的法律规定零星分散、针对性弱等问题。因此,从立法角度看,法律治理需要进行以下工作:其一,明确治理网络暴力的立法模式,从已有的法律完善模式中选择适合网络暴力治理的模式,如"当前修改现行法律 + 未来专章式专门立法"在网络谣言治理方案中被主张,[③]网络暴力的法律治理可对目前的立法模式进行权衡与选择。其二,法律治理应与公共治理、技术治理进行有效配合,形成价值统一、路径协调的系统。网络暴力的治理既要求法律体系内部的秩序统一,也追求法律治理与其他治理措施的协同,因此需要厘清法律治理、技术治理与公

① 参见刘艳红:《网络时代社会治理的消极刑法观之提倡》,载《清华法学》2022 年第 2 期。

② 喻海松:《网络犯罪黑灰产业链的样态与规制》,载《国家检察官学院学报》2021 年第 1 期。

③ 参见林华:《网络谣言治理法律体系的完善进路》,载《行政法学研究》2021 年第 4 期。

共治理的权责关系，并从治理内容、治理手段、治理阶段等方面进行衔接与配合，最终形成多元高效的综合治理链条。

2. 以公共治理激活多方参与权

相较于传统的法律治理，公共治理则具有鲜明的开放性、多元性、参与性、合作性等特征，公共治理的发展与扩张是对传统“国家中心主义”治理模式的超越。在网络暴力治理中，公共治理能有效激活各方参与治理的主动性，并以此形成治理系统的灵活性与流动性。

第一，通过公共治理促进不同群体间的沟通，形成网络暴力治理的细节共识。网络暴力主要发生于陌生群体中，负面影响范围辐射十分广泛，是包括当事人、参与者、旁观者在内的大型公共群体事件，与典型的法律治理中更关注身份确定的法律关系并不适配，广泛的参与性与多元性恰好是公共治理的特点，针对不特定群体以及多元价值诉求，公共治理的协商性能更好架起沟通、反馈、对话的桥梁，促进治理环节中各方主体的意见表达：其一，增强网络暴力治理各环节的民主机制，将“举报”“申诉”“反馈”等环节逐一进行程序化、透明化。其二，及时展开群体调研工作，由于网络暴力概念难以精准把握，大多数情况凭借经验认定，加大治理过程的不确定风险，从经验研究的角度收集民众对网络暴力的认识与看法，则有助于捕获网络暴力的群体意象，形成普通公民与政府、平台间对同一问题认识的真实沟通，从而减少治理中的摩擦。

第二，通过公共治理促进公众参与治理，形成网络暴力的开放治理与深层治理。有别于实体社会的各子系统交织以及复杂的权力演化过程，互联网自诞生起便搭建起“权力平等”的社会，网络空间的秩序化因而也具有独特性，虚拟社会治理的权利主体具备多元与平等特征，秩序形成更依赖协商与沟通等软性措施，激活非国家主体参与治理权，通过“自律”“他律”“互律”三种机制逐渐形成秩序化。① 具体而言，其一，促进网络暴力治理中公众广泛参与治理的意识形成。进而形成网络暴力治理中的“社会治理共同体”，治理权限激活进一步唤起责任意识与边界意识，通过由内而外的主体性意识，达到约束自身言行、敢于纠正他人言行从而抑

① 参见何明升：《虚拟社会治理的概念定位与核心议题》，载《湖南师范大学社会科学学报》2014 年第 6 期。

制网络暴力产生的长效目标。其二,持续拓展网络暴力治理的开放性。同时畅通“自上而下”“自下而上”两条路径,前者由国家主体通过制定政策、立法完善自上而下推动权利保护与秩序维持;后者由非国家主体通过积累实践中产生的治理方案、治理问题等自下而上形成经验持续供给与问题解决机制的良性循环,使治理主体的治理权限得到实际行使,形成国家主体与非国家主体之间长效的对话机制。

3. 以技术治理提高治理效能

网络空间兼具社会性与技术性特质,二者相互关联,技术自始便参与网络空间的社会性建构,由于技术及其搭建的空间结构深度发展,技术治理也顺势成为网络空间极为重要的治理手段。监管网暴信息需要技术支撑,面对数量庞大的网络信息,在其中找寻出网暴信息并进行及时预防显然需要人工智能等技术进行及时识别,对于关键词汇、关联词汇、剪辑图片以及暴力视频进行及时识别,并且由平台主导建立基础词库,引入新兴技术加以识别,并且将识别出的网暴信息进行及时传输,对于模糊不清的网暴信息由后台进行人工识别,从而形成一体化的联控预防机制。

通过技术治理的直接性与即时性,能够形成对网络暴力信息的有效治理。技术治理直接作用于网络暴力信息,如呈现于内容平台的文字、图片、视频等,内容平台运用技术条件可对信息进行呈现或取下。由于网络暴力的危害性大小常常难以预估,攻击性的言论传播速度与广度亦受多方因素影响,因此需要迅速且高效的治理手段、技术手段能够随时在场,对于突发的网络暴力即时展开治理,减少治理的时间差;技术治理对内容平台信息的敏感度,亦有助于早期阶段遏制网络暴力信息的传播。因此,为实现网络暴力信息的核心技术治理环节高效运行,还需要兼顾技术治理的“持续开发”与“规范监管”,提升技术治理的精准性同时规避治理风险。

其一,通过技术治理的自主更新形成与网络暴力治理适配度更高的治理措施。技术手段能够“跟随开发”“及时完善”,治理网络暴力的技术手段随着网络空间的技术架构、内容平台的功能开发等同步发展,可保持治理技术的高匹配程度,更加高效地提供治理。因此,采用技术治理时应注重对技术的持续开发,包括对用户数据的分析技术、攻击性言论的识别过滤技术、图片内容与视频内容识别技术的优化等。总体而言,技术的开发应以治理的精准性为目标，并保持治理过程的内部可视化，避免治理暗箱，同时形成不同主体间的技术优化交流。

其二，对技术治理进行规范监管。由于技术通常被认为具有中立性，容易产生无差别治理，因此，内容平台依托于技术治理提高治理效能的同时，应当对技术治理有更深入的研究与认识；技术治理具有自主性与独立性，故需要形成监管与控制，技术治理与以国家为核心的法律治理方式不同，其具有自成体系的治理方式，并主要以技术编码与自治伦理为基础，[①]技术驱动的治理不仅有别于法律治理，"技术对技术"的治理，也冲击着传统自上而下管控型的国家治理模式。[②] 由此可见，技术治理具有超越制度调控的自主发展趋势，不仅直接影响网络空间治理权责的重新界定，也存在潜在的治理冲突与风险。因此，发展网络暴力治理中的技术治理，应同时对其进行"规范监管"，防范治理过程中可能产生的法治风险。具体而言，应妥善规范技术治理与以国家为主导的法律治理之间的关系，实现政府相关部门对技术治理的有效监管，同时保障技术治理的自主性与灵活性，故需要在后续的治理方案中注重监管内容的划分、监管程序的规范化、建构合理的申诉机制等内容。

三、标本兼治的源头治理理念

源头治理理念源于党的十九届四中全会推进国家治理体系和治理能力现代化的制度要求，与系统治理、依法治理、综合治理共同构成整体的治理体系。源头治理主张从根本与源头对犯罪进行治理，避免犯罪继续发展和衍生其他犯罪：[③]一方面，源头治理强调犯罪治理早期化，通过"打早打小"对犯罪行为及时阻断，防范更严重危害结果发生；另一方面，源头治理着眼于犯罪原因，通过犯罪学视角研究犯罪生发诱因与发展基本脉络后对症下药，采取更具针对性与情境性的方案进行治理。源头治理理

---

① 参见郑智航：《网络社会法律治理与技术治理的二元共治》，载《中国法学》2018 年第 2 期。

② 参见刘艳红：《网络时代社会治理的消极刑法观之提倡》，载《清华法学》2022 年第 2 期。

③ 参见齐文远：《"少捕慎诉慎押"背景下打早打小刑事政策之适用与反思——以网络犯罪治理为视角》，载《政法论坛》2022 年第 2 期。

念下的网络违法犯罪治理早期化并不当然地指向通过刑法进行早期干预,网络空间因其“缺场社会”的特征使社会空间双层分化,衍生出由网络失范及违法行为发展而成的包括网络暴力在内的独属于网络空间的公共问题,[①]加之刑法本身固有的功能性局限,因此,网络时代刑法参与源头治理具有有限性。[②] 在网络暴力治理中,源头治理理念的具体落实,主要应当依托互联网平台这一主体。

网络暴力的源头治理旨在强化初期预防与干预,规避严重性伤害,故指向网络暴力发展前期阶段。如前文所示,网络暴力生发态势具有多样化特征,催化原因亦呈现多元性,初期的网络暴力往往并非直接有迹可循,个人用户发布的个别化信息一旦开始传播发展亦难以直接分辨与区隔,基于互联网平台的技术性架构与内容呈现机理,源头治理需要网络平台在治理过程中发挥能动作用,同时从多路径进行,包括信息内容的审核、个人账号的分类管理、网络暴力预警及流程化的规范处理制度、促进网民文明依法参与网络活动的伦理道德建设等。近年在网络乱象治理过程中已展开源头治理工作,例如,国家互联网信息办公室在“清朗”专项行动中所采取的“强化信息公示”“强化用户保护”“强化推荐管理”等举措即为预防层面的源头治理,这些举措的落实需要平台积极响应并以其自身便利采取技术层面的配合。因此,面对频繁发生的各类型网络暴力,为在早期遏制网络暴力蔓延,在多措并举的积极治理理念之后,还应当确立源头治理理念,互联网平台应在网络暴力萌发初期阶段、蔓延中期阶段的治理中发挥更大作用。具体而言,网络暴力源头治理理念需从以下方面继续展开:

第一,健全网络暴力信息预警机制与首发溯源机制。信息预警机制对于网络暴力发展初期的预防具有较大意义,强化预警机制要求细化网络暴力信息分类标准,持续在技术上提升信息识别能力,设置及时预警网络暴力苗头性、倾向性问题的应对机制;溯源机制对于网络空间信息治理具有普遍作用,2022 年国家互联网信息办公室在网络谣言治理工作中强调建立溯源机制,将“造谣人”“传谣人”作为重点治理对象。在网络暴力

---

① 参见何明升主编:《网络社会学导论》,北京大学出版社 2020 年版,第 334～335 页。

② 参见冀洋:《网络黑产犯罪“源头治理”政策的司法误区》,载《政法论坛》2020 年第 6 期。

治理中,建立溯源机制对恶意煽动性等信息的治理具有及时发现、及时控制的作用。建立溯源机制首先要求对大规模、同质化的信息发布、评论行为重点关注,技术上能够识别恶意煽动性言论的首发源头;平台对此类账号可通过针对性屏蔽、黑名单、禁止注册新账号等不同方式加大监管力度。因此,首发溯源机制需要借助并持续开发完善相应的技术手段。

第二,强化"网络水军"的全链条治理。"网络水军"作为网络黑灰产业的典型类型,具有以利益为驱动,有组织地操控、扰乱网络正常信息与言论的特点。"网络水军"影响网民正常言论表达,不当侵占网络公共资源,对网络空间秩序与伦理以及公民信任均产生不同程度的侵蚀,具有加强治理的必要性。我国对"网络水军"的认识与治理相对较早,但在识别、定性、取证与追责方面仍存在诸多困难。2017 年国家互联网信息办公室公布的《互联网跟帖评论服务管理规定》中明确规定跟帖评论服务管理细则,对跟帖评论服务提供者加强用户管理作出规定。2022 年国家互联网信息办公室修订《互联网跟帖评论服务管理规定》,要求跟帖评论服务提供者严格落实跟帖评论服务管理主体责任,确立"后台实名、前台自愿"原则,细化规定平台警示、删帖、关闭账号的权限与责任,建立用户分级管理制度等。进一步,应强化商业性"网络水军"的全链条治理,构建针对商业性"网络水军"的有效识别机制,并完善追责机制。平台在技术上应建立完善商业性"网络水军"检测模型,将其标记并与普通用户区分管理,从内容管理到账号治理进阶,实现精准预防网络暴力蔓延;强化对从事恶意炒作、煽动舆情盈利的网站、组织、个体的法律追责,明确法律适用,在罪名选择、证据规格、取证要求等方面持续规范化。

第三,完善上架视频内容审查监管制度。中国互联网络信息中心相关统计报告显示,截至 2021 年 12 月,我国网络视频用户规模为 9.75 亿,占网民整体的 94.5%,较上一年增长 4794 万,视频类社交媒体发展规模持续壮大。从内容审查来看,对内容平台的管理正不断强化,2021 年中国网络视听节目服务协会修订《网络短视频内容审核标准细则》以回应内容平台存在的现实问题,细化"不良内容"的类别并加强管理,包括炒作赚流量、恶俗博眼球、伪慈善等新发不良内容。从监管制度来看,目前针对上架视频审查缺乏一个系统、完备的制度,健全视频媒体审查监管机制可从平台与主播、平台与内容中展开,平台与主播事前签约合规,普及法律法规政策给予平台内视频制作者以正确指引；平台应提升视频内容审查的体系化、流程化，制定完善的“审核—发布—取下”机制；平台应提升应急能力，制定突发事件应急处置方案与基本规则，并配备相关专业人员。

第四，推进道德层面的网络伦理建设。网络暴力本质上属于道德失范行为，产生严重结果则上升至违法、犯罪层面，因此网络暴力产生的本源是缺乏内在道德约束导致的外部失范行为，行为人缺乏自我道德约束，需要进行公民的道德意识塑造。法律与技术的配合固然可使网络暴力强制性“消失”，从视觉上净化网络环境，然而，究及网络暴力的根源，欲从源头治理以疏通谩骂、诽谤、侮辱等言语暴力，还需从“言论输出者”方面采取措施。由于法律规制与平台规制的局限，有观点认为网络空间也应当形成伦理秩序，通过将伦理价值观念融入立法与平台规制，实现对网络群体行为形成潜移默化的影响，并逐渐塑造出被群体认可的数字公民伦理。① 如何塑造互联网空间的公民伦理，有待进一步探索。从整体层面看，网络空间身份隐藏的特性加剧道德意识塑造的难度，需要采取多手段、多渠道措施，包括制裁形式、引导形式、教育形式等，逐步建构网络空间言论环境的道德伦理。制裁形式通过将伦理价值观念融入立法与平台规制过程之中，实现对网络群体行为形成潜移默化的影响，并逐渐塑造出被群体认可的网络空间伦理；引导形式已有社交媒体平台进行类似探索实践，例如“哔哩哔哩”“新浪微博”等网站对用户使用“弹幕”“评论”等功能进行伦理塑造，通过设立用户自主举报机制形成有效监督，并在网站页面使用软性提示，潜移默化影响用户言论发表的形式，提示性的标题如“发一条友善的弹幕”等促进用户形成言论发布的自我约束。塑造网络空间公民伦理的源头治理是长线治理，虽然无法立见奇效，但重视并推动网络伦理建设有助于维护既有的治理成果，形成良性循环。

四、对症下药的精准治理理念

在社会治理现代化推进过程中，精准治理在诸多领域被反复提及。

---

① 参见王静：《数字公民伦理：网络暴力治理的新路径》，载《华东政法大学学报》2022 年第 4 期。

在宏观的社会治理理念层面，精准治理主张把握社会问题与需求，建立独立、高效、沟通顺畅的内部体系。[①] 在具体的国家治理现代化路径层面，精准治理则与人工智能及大数据的发展紧密关联，如党的十九大报告中对智慧社会建设的部署及目标安排与社会治理的精准性密不可分。正是依托于人工智能与大数据的发展，精准治理在现代社会治理过程中才真正得以被实现，技术是社会治理实现精准化与智能化的基础。[②] 精准治理依托于大数据、人工智能等高新数字技术，通过数据的采集与分析进行治理，依托于信息的"统合—区分"过程实现"靶向式治理"从而提高治理效能。[③] 在以现代信息技术为基础架构且不断迭代更新的网络空间中，精准治理的理念与技术方法因其契合度更容易发挥治理功能。

网络暴力治理也应依循精准治理的理念。一方面，网络暴力治理的法治化本质在于实现网络空间的良法善治，即有效遏制网络暴力发生，保护潜在被网暴者的身心健康，疏通极端化及仇恨化的情绪，打击扰乱公共平台正常交流的非法营利组织，构筑和谐友善的网络空间。为实现以上目标，便不能采取单一措施实行机械治理或粗放治理，而是需要极具针对性、技术性与灵活性的精准治理。具体而言，应当包括以下治理目标：精准治理非法信息同时保护合法信息，避免因技术性原因不当损害公民合法的言论自由权利；在整体治理的诸环节中落实精准性要求，根据不同阶段采用更匹配的治理措施，避免治理成本过高或治理效果不佳；在不同类型或情境的网络暴力治理中发挥精准治理的灵活性要求，及时、能动地调控具体治理方案；积极运用信息技术实现高效能的靶向治理。另一方面，精准治理能够逐一克服 Web 1.0 时代传统治理模式的缺陷，形成针对网络暴力的有效治理、降低治理成本。精准治理理念自诞生时起便已摆脱 Web 1.0 的传统思维，将技术、算法纳入治理体系，从法律外部对网络失范行为形成技术性质的治理模式，不局限于治理成本较高的法律体系，不

---

① 参见曲纵翔、吴清薇：《复合治理框架下整体性治理的精准性拓展》，载《内蒙古社会科学》2020 年第 1 期。

② 参见郑戈：《国家治理法治化语境中的精准治理》，载《人民论坛 · 学术前沿》2018 年第 10 期。

③ 参见纪光欣、徐培洋：《治理现代化视域下的精准治理与模糊治理》，载《中共山西省委党校学报》2021 年第 2 期。

过多纠结于网络暴力合法/非法的界限,从集体公众普遍性的道德意识出发,将治理的主要内容聚焦于技术性干预,以达到预期的效果,通过技术与算法的便捷性降低治理成本;精准治理理念融合全链条治理与预防性治理,着重关注网络暴力的“事前预防”“事中干预”两个阶段,及时察觉网络暴力蔓延苗头,避免其发展至实质危害阶段,降低动用成本较高的刚性法律的频率,有效地阻断即将/正在发生的网络暴力。具体而言,精准治理理念要求网络暴力治理过程中应实现以下治理目标。

首先,精准治理理念要求在治理网络暴力的同时保障合法信息与言论。网络暴力治理难点之一是区分非法信息与合法言论,无论是关键字抓取还是煽动性言论识别都存在各自的技术缺陷。原因在于,治理网络空间依靠纯粹的技术手段仍存在很大局限性,人类语言表达具有多样性,语义内容也随语境随时转变,如今即便关键词抓取技术已经十分成熟,也依然需要人工审核或复核;治理网络空间中滋生的公共问题亦难形成一套标准统一的方法,即便在网络言论领域,治理网络谣言与治理网络暴力也难以使用同一套治理方案,因为治理谣言与治理辱骂、攻击、仇恨言论时所进行的利益衡量过程不同,高发的情境亦存在差别。换言之,作为网络空间公共问题之一的网络暴力的治理,需要以技术为基础搭建极具个别化的治理模型。精准治理理念的贯彻有助于权利义务责任的法治观念确切得到落实,通过个别化的治理模型实现遏制违法行为与保障合法权利的双重目标,是将治理现代化理念落到实处的实践活动。

其次,精准治理理念要求治理网络暴力时在各个环节通过“方案+技术”落实精准性。由于网络暴力全链条治理的不同需求,落实精准性需要总体上在各个环节采取“针对性方案+辅助性技术”的治理思路,并逐渐形成流程化的固定治理对策生成程序。例如,在常态预防网络暴力阶段,需要制定针对平台内容审核、内容举报与申诉的具体方案,配套相应的技术措施;在网络暴力发展初期,某事件、某人物被集中攻击的前期阶段,需制定针对平台内公共言论的处理方案,需经过实体性的情境与标准研讨并进行合法性审查,而后配套相应的信息屏蔽等技术性措施。又如,针对不同的群体需要根据保护层级的需求制定具体方案并辅以相应技术措施,网络暴力治理中重点人群为未成年人群体,对其应设置有别于成年人的保护体系，根据我国未成年人保护的法律体系及其理念与精神，制定相应措施。总体而言，需针对不同阶段的治理需求，通过先制定实体的治理方案进行法治标准审核，后根据方案配备所需的技术性措施，形成个性化、高效能和灵活的精准治理。相较于传统的监管方式，技术赋能后的监管体系能够提高预防的精准度与及时性，对于网暴信息严密监视，同时在网络信息的讨论中形成正向引导，通过技术手段扭转舆论上的二次暴力，对于“网络水军”“黑公关”等网络暴力黑灰产业进行定点打击，通过技术升级提高对话题炒作、造谣行为的识别意识，全面切断网络暴力黑灰产业的盈利来源，做到既治标又治本。

最后，精准治理理念要求推进并持续优化治理网络暴力的算法技术。算法决策具有数据化、精准化、智能化等特征，精准治理将为大数据时代针对网络空间的治理提供更便利的条件。利用算法治理网络暴力的过程主要包括：通过机器学习和自然语言处理开发系统评估大量数据的计算模型的自动化技术来评估潜在有害言论内容；建立算法治理评估机制，及时反馈并改进算法缺陷提升精准度，形成算法可信任的良性循环机制。由于算法技术在后台处理中的重要性以及其具有需要不断优化完善之特性，因此在落实精准治理过程中就要求互联网企业/平台积极承担技术研发、规则制定、效果反馈等治理职能。一方面，企业作为算法的研发者与应用者有能力不断优化算法漏洞与缺陷，将技术优势与制度结合形成自我监管的企业自治；[①]另一方面，平台自身需要展开更深入的数据采集、归纳与分析，持续优化升级算法技术的准确性与可信度，提升模型精度与准确性。此外，精准治理理念要求行业积极展开网络暴力治理“事前预防与事中干预”具体举措的升级探索。网络暴力治理事前预防、事中干预阶段的治理活力依赖于互联网行业自律。事前预防要求建立“常态保护措施”，如“一键开启防暴模式”“一键举报通道”等；事中干预要求建立“应急防护模式”“突发事件应急方案”等；网络平台要探索人工审核与内容巡查系统结合机制，提升网络暴力信息实质审查质量。

---

①　参见张吉豫：《构建多元共治的算法治理体系》，载《法律科学（西北政法大学学报）》2022年第1期。

五、软硬互补的综合治理理念

2020年中共中央发布的《法治社会建设实施纲要（2020—2025年）》中指出，推进社会治理法治化应当完善社会治理体制机制，打造共建共享共治的社会治理格局，并推动社会治理从现实社会向网络空间覆盖，建立健全网络综合治理体系。综合治理理念既是世界各国社会治理的法治经验，更是我国当前法治社会建设所提倡的目标与追求。社会成员广泛参与治理的社会系统具有开放性特质，应积极运用软法治理完善共治。① 当今时代，软法在互联网治理中承担着越发重要的功能。软法与硬法同为现代基本法的表现形式，并扮演不同治理角色，各有所长，互为补充。网络暴力治理采取软硬互补的综合治理理念是大势所趋，也是实现治理效果最佳化的必然选择。

近年来，互联网行业中"软法"呈数量持续增长与规模不断升级的趋势。在国家层面，面对网络空间滋生的众多亟待解决的负面问题，为营造互联网健康、安全、有序的空间环境，国家"十三五"规划将"网络强国"提升为国家战略，出台系列规范性文件如国务院《关于积极推进"互联网＋"行动的指导意见》等软法为互联网治理提供规范性指导；在行业内部层面，互联网行业呈现"自治"现象，互联网行业协会（团体）与互联网企业根据互联网发展现状与平台的运行特征以及技术范畴自发出台行业规范、平台规范，用以规范网络空间行为，维护网络空间秩序，例如，中国网络视听节目服务协会发布的《网络短视频平台管理规范》；在企业平台层面，各互联网企业出于对平台秩序的维护以及对违法犯罪行为的预防，根据平台自身的治理结构与内容特征，发布个性化的管理规范与用户协议并根据新发问题进行常态化的更新，例如《哔哩哔哩社区"尊重"专项治理公告》，禁止对死亡、病痛或伤残（包括身体的和精神的）、灾难、突发恶性社会事件的娱乐化恶搞，禁止基于性别等不同立场对某一群体宣泄仇恨等。综上，国家机构、互联网行业以及各大互联网企业所出台规范性文件、行

---

① 参见江必新、王红霞：《论现代社会治理格局——共建共治共享的意蕴、基础与关键》，载《法学杂志》2019年第2期。

业协定、用户规范等共同构成了互联网平台内的软法体系。表4－1为互联网领域代表性软法的列举示例。

表4－1　互联网领域代表性软法示例

国家机构	行业团体	企业平台
国务院《关于积极推进“互联网＋”行动的指导意见》(2015年)	《中国互联网行业自律公约》(2004年)	《新浪微博社区管理规定(试行)》(2013年)
《促进大数据发展行动纲要》(2015年)	《中国互联网网络版权自律公约》(2005年)	《微博商业行为规范办法》(2015年)
中国人民银行、工业和信息化部、公安部等《关于促进互联网金融健康发展的指导意见》(2015年)	《关于“清朗网络空间,文明网络行为”的联合倡议》(2015年)	《微博社区娱乐信息管理规定》(2017年)
《国家信息化发展战略纲要》(2016年)	中国互联网协会《抵制网络谣言倡议书》(2012年)	《微博社区公约》(2021年)
《国家网络空间安全战略》(2016年)	《数据流通行业自律公约》(2016年)	《微信朋友圈使用规范》(2015年)
《国家车联网产业标准体系建设指南(智能网联汽车)》(2017年)	《网络短视频内容审核标准细则》(2019年)	《微信开放社区运营规范》(2022年更新)
国家广播电视总局《关于推动广播电视和网络视听产业高质量发展的意见》(2019年)	《网络短视频平台管理规范》(2019年)	《哔哩哔哩直播服务协议》(2022年更新)
《网络音视频信息服务管理规定》(2020年)	《电信和互联网行业网络数据安全自律公约》(2020年)	《哔哩哔哩社区“尊重”专项治理公告》(2022年)

软法与硬法的作用领域及功能有所差别,共同进行社会治理需要进一步明确互补协同机制,将二者作用领域、约束力等差异在具体情境中加以分析,具体而言,软法硬法互补综合治理网络暴力包含以下几方面内涵:

(1)软法作为治理网络暴力的主要方式,承担预防与阻断作用。软法注重协商、促进沟通，在社会共同体治理领域具有硬法不可替代之功能，[①]网络空间相较于现实社会具有更高度的开放性与传播性，硬法在介入网络空间秩序体系时更易出现法律空白、监管缺位等问题，[②]互联网时代是“软法之治时代”，网络暴力的治理应积极探索软法治理路径。软法的预防作用体现在通过软法制定过程的协商性与沟通性形成群体对行为规范的普遍认可，从而促进主体行动上的自我约束，形成强制性之外的约束力，[③]基于“认同”形成的软法规范从行为产生时即形成有效约束，通过提前规范行为预防基于个体的失范行为产生；通过建立具有超前性与规划性的公约与倡议促进行业整体进行管理工作的规划与探索。无论是政府的宏观导向还是行业的自律公约以及落实在个体用户的自我约束，均能够对预防网络暴力发生起到作用，与硬法的事后惩戒共同构成完整的治理链条。软法的阻断作用体现在通过设立不与硬法精神相抵触的规范形成对失范行为的部分控制。软法虽然不具备硬法的强制性特征，但在一定范围内可通过设置内部行为规范与救济规范形成网络平台内的有效管理，譬如，网络平台内用户协议等软法中所包含的用户举报机制与用户申诉机制，能够控制平台内部的部分不道德或违法行为及化解用户之间的纠纷，使部分辱骂、仇恨、造谣诽谤言论等在平台内部被阻断或化解，只有较为严重的或通过第三方难以解决的再进入硬法的治理程序中，故软法治理在预防网络暴力蔓延发展的同时，也可起到为硬法高效治理筛漏的作用。

首先，为实现网络暴力的软法治理，应进一步完善网络暴力治理的软法体系建设，形成“国家—行业规范—平台规则”的系统性软法治理体系。国家政策等非强制性规范，应充分发挥其宏观指导和激励促进作用；行业协会作为专业权威应积极主动制定完善互联网行业规范，发挥自身在聚合资源、协调利益方面的优势；企业平台应根据国家政策、行业规范继续完善丰富以“行业规范”“社区规范”“社区公约”等为代表的软法规范，逐步形成成熟的平台自治模式。最终形成政府、企业、行业协会三方

---

① 参见罗豪才、周强：《软法研究的多维思考》，载《中国法学》2013 年第 5 期。

② 参见石毕凡、付浩亮：《“网络软法”治理与国家法秩序的冲突及整合》，载《上海政法学院学报（法治论丛）》2018 年第 1 期。

③ 参见沈岿：《论软法的有效性与说服力》，载《华东政法大学学报》2022 年第 4 期。

协商对话、合作治理的系统性软法治理。其次，软法治理网络暴力的具体方式主要为内容管理、账号管理。内容管理是对积极性内容的倡导宣传与对违法与不良内容的禁止、抵制与防范；账号管理是对账号主体、账号涉违法信息处理等的具体规范化管理。

（2）硬法作为治理网络暴力的保障手段，承担保障与监督功能。首先，以刑法为代表的最具刚性的硬法应保持谦抑，给予软法等治理手段前期的空间。硬法因其属性特征存在管理滞后等缺陷，在诸多领域出现法律空白和监管真空，硬法相对固化的管理方式难以适应互联网的变动性、开放性、包容性，因此，网络空间的治理应采消极刑法观，尊重网络空间自身的契约规则与技术规则，使用多元的刑罚替代措施。[①] 其次，硬法对软法实施进行保障。由于软法不具有强制力等特性，且部分制定主体是行业组织与企业平台，缺乏实施效力，硬法的强制力可弥补软法缺失的约束功能；由于软、硬法治理目标一致，硬法可保障软法精神的落实。最后，硬法对软法体系进行监督。软法的制定程序与实施程序相对缺乏硬法体系中法律价值的约束，具有合法性风险，国家层面的硬法可通过对软法的审查、监督实现价值矫正，保障软法的制定与运作符合法律体系的公平正义理念。

（3）“硬法之治”与“软法之治”根据网络暴力的不同类型进行互补形成综合治理。网络暴力亦属综合性社会问题，单一部门法不足以完成治理任务，[②]治理路径过度依赖硬法亦不足以完成治理任务。因此，建立网络暴力治理的长效机制需要运用综合治理手段，既要通过平台规则、行业公约进行价值理念的倡导，积极探索软法治理，形成“国家—行业规范—平台规则”的系统性软法治理体系，又要通过行政法、刑法等法律规范加以规制，通过法律的强制力实现兜底性保障。通过行业公约规制网络暴力，主要是针对过失性、偶发性网络暴力，当某些公众事件中不明真相的群众因为“义愤”而实施“过失性网暴”时，需要由平台出面进行积极的舆论引导，避免事态进一步升级，通过平台规则、行业公约的教育矫正措施

① 参见刘艳红：《网络时代社会治理的消极刑法观之提倡》，载《清华法学》2022 年第 2 期。

② 参见敬力嘉、胡隽：《网络暴力法律规制的完善路径》，载《中国人民公安大学学报（社会科学版）》2021 年第 5 期。

来预防网络暴力,借助平台规则将部分账号进行一定程度的“雪藏”或者收回,从而降低舆论热度。对于蓄意引发的有组织的网络暴力,比如“网课爆破”案中有组织、有经验的蓄意的网络暴力,造成了网络空间公共秩序严重受损并危害公民生命健康安全,那么平台在监测到信息之后,需要从法秩序整体的角度来评析网络暴力的行为性质与法益损失,通过民行刑共治对网暴事件进行处理。[①] 对尚未造成严重损害后果的网络暴力采用行政处罚,对造成严重损害后果且屡教不改的网络暴力,才适用刑事处罚。实际上,对于具体的刑事入罪标准要尤为谨慎,[②]着力于对整个网络暴力黑灰产业链加以刑法规制,并且重点关注个人行为,对其中的骨干成员颁发网络行业的从业禁令,限制其在网络空间中再次组织网络暴力,从根源上预防严重的网络暴力犯罪。

第二节　网络暴力治理的本土路径建构

在网络暴力的法治化治理体系中,不仅需要厘清治理理念,更需要将理论层面的宏观治理构想落实到现实层面的微观治理路径。面对愈演愈烈的网络暴力,根据网络暴力的发生周期应确立事前、事中与事后的全链条闭环治理逻辑。分析网络暴力的发生场域以及损害范围可以发现,网络暴力的损害后果不仅局限在发生过程中,并且因为“互联网有记忆”原理而具有一定的留存周期,其负面影响甚至会随着时间而扩散蔓延,所以必须在事前预防治理,在事中监管治理,并在事后追责治理,才能以最小的治理成本取得最好的治理效果。

一、网络暴力的事前监测预防机制

基于网络暴力扩散快、隐蔽性强等诸多特性,有必要在网络暴力形成

---

① 参见刘艳红:《民刑共治:中国式现代犯罪治理新模式》,载《中国法学》2022 年第 6 期。

② 参见[日]仲道祐树:《法益论、危害原理、宪法判断——刑事立法分析框架的比较法考察》,蔡桑译,载《苏州大学学报(法学版)》2021 年第 3 期。

前期做好网络信息审查与舆论监测工作,建构“信息分级与审查机制”及“网络暴力识别与预警机制”。

一方面,应完善网络信息的全面分级审查机制。网络信息内容分级机制是一种依据一套既定分级标准,将网络暴力进行“分门别类”,并结合相应的分级标准与技术模型,对相关信息进行分层级过滤的信息管理制度。[①] 为保障未成年人等特殊或弱势群体的利益,防止不良信息泛滥,我国应考虑对互联网信息进行全面的信息分级与内容审查,进而在类型化、差异化的治理思路下,提升网络治理的效率与针对性。如前所述,在域外,英美形成了以 RSACi(ICRA)和 PICS 为代表的成熟的网络信息分级制度。在韩国,相关信息管理机构则依据相关信息是否涵盖性行为、暴力及其他不良信息,将信息分为 0 ~4 五个等级,并通过信息提供方自主定级、明确标识和政府抽检等方法,实现对未成年人的信息保护。在我国,2021 年 6 月 1 日实施的《未成年人保护法》第 67 条规定网信部门应会同公安、文化和旅游、新闻出版、电影、广播电视等部门根据保护不同年龄阶段未成年人的需要,确定可能影响未成年人身心健康网络信息的种类、范围和判断标准。这给我国针对“未成年人”的网络内容分级制度提供了基础性思路。在此基础上,《未成年人网络保护条例(征求意见稿)》正在积极探讨关于未成年人网络信息分级的具体制度安排。但总体而言,我国未成年人信息分级保护还处于起步阶段,缺乏全面性、规范化的网络信息分级审查的制度建设,有待围绕信息分级的范围、标准及程序措施等作出进一步制度安排。在分级范围上,当前我国对“网络有害信息”范围与类型的界定仍旧存在立法用语抽象、规范文件层级较低、语义冲突等问题。因此,有必要通过进一步的立法修正明确“网络有害信息”范围,并对需要分级的网络信息进行更为准确的划定。[②] 在分级标准上,可以结合域外治理经验,采取“信息内容”与“受众年龄”相结合的分级体制,对涉及暴力、淫秽(性)、粗俗语言、歧视等不同类别的网络信息,结合不同受众年龄,划分不同级别,并设置相应指示标示。在分级程序上,应

---

① 参见黄晓斌、邱明辉:《网络信息过滤中的分级体系研究》,载《中国图书馆学报》2004 年第 6 期。

② 参见尹建国:《我国网络有害信息的范围判定》,载《政治与法律》2015 年第 1 期。

围绕“定级程序”、“过滤认证程序”和“定级异议程序”三个层次进行细化的程序设置。在细化与完善相关分级审查机制过程中，还需充分发挥相关网络平台与行业组织的自治优势。例如，可以考虑由网络服务提供商自主进行网站初步定级、标注分级标识、设置身份认证系统等，政府则发挥后置性审核与引导作用。①

另一方面，应建构网络暴力的专门性识别与预警机制。根据传播学原理，群体是情绪化、易被影响、易于诉诸暴力的，所以网络上的信息热点经由算法的加工推荐，会逐渐偏离事情的本质，导致群体不断生成丰富的认知与情感，②而这种情感大多是负面的，并有可能转化为言语霸凌的网络暴力，对他人构成侮辱和胁迫。③ 面对网络暴力的指数级传播效果，最好的治理措施就是在网络暴力发生前进行识别与预防，其中内容识别是事前预防治理的形式措施，对应技术层面的甄别，而识别模型则是事前预防治理的实质措施，对应规范层面的判断，当这两者在形式与实质层面相结合之后，就共同构建出有效的涉网暴舆情应急响应机制。

网络暴力的识别预警系统是一种通过人工智能算法等网络技术建构的信息识别与舆情分析系统。该系统可以对网络舆论进行实时监测，并在发现疑似“网络暴力”时，通过“弹窗警告”等方法发出消息提示，并在必要时将相关信息反馈给治理责任方，进而实现网络暴力的早期预防。从作用效果出发，由于“网络暴力”存在扩散快、证据固定难、维权成本高等诸多特性，本类识别预警机制有利于及时发现网络暴力行为，通过对涉嫌“网络暴力”的当事者进行弹窗预警等消息提示，防止网络暴力的非理性扩散，引导与塑造良好网络风气。2022 年中央网信办开展“清朗 · 网络暴力专项治理行动”，明确提出“建立健全识别预警机制”的要求，包括抖音、爱奇艺等网络平台方，也初步开发了“网暴信息”识别模型与弹窗预警的初步设置。但是，当前“网暴”识别预警机制的建构仍处于起步阶段，存在很大改进空间。首先，网络暴力识别预警的规范标准有待进一步

---

① 参见尹建国：《我国网络信息的政府治理机制研究》，载《中国法学》2015 年第 1 期。

② 参见［法］塞奇 · 莫斯科维奇：《群氓的时代》（第 2 版），许列民、薛丹云、李继红译，江苏人民出版社 2006 年版，第 42 页。

③ See Al-Alosi H., *Cyber-Violence: Digital Abuse in the Context of Domestic Violence*, 40 The University of New South Wales Law Journal 1573, 1573 – 1603 (2018).

完善。如前所述，在缺乏明晰的"网暴"内涵界定与层级界分的情况下，根本难以做到对"网络暴力"的精准识别与风险预判。因此，在完善相关法律法规的过程中，网络平台方需进一步细化识别预警的制度安排，明确"网暴"信息的具体识别标准与责任承担方式，实现网络暴力的"规范化"表达。其次，需改进网络暴力识别、审查的技术方法。在技术方法上，面对多样化的"网络暴力"形式，当前的智能识别技术仍旧难以全面、及时分辨出所有不良信息。例如，目前应对网络暴力行为时，大多数社交平台采用的是言论投诉、评论过滤、私信关闭或者好友关注过滤等技术，这在一定程度上能够缓解网络霸凌的问题，如当前广泛适用的"黑名单"制度，但其并不能完全将网络暴力扼杀在萌芽中，无法消除网络暴力带来的扩散性影响，且识别技术也不能保证识别完全正确。为此，有必要进一步发展网络暴力识别技术，除了建设网暴信息样本库、发展关键词拦截策略等"简单识别"的技术手段外，还应完善"文本识别 + 劝阻式干预"以及"反讽识别 + 折叠式"等多种干预方法，运用情绪解析、文本观点提取、文本相似度判断及词法分析等技术原理，实现"网暴"信息的基础性与自动化识别。[①] 在此基础上，还应通过平台方审核机构及第三方组织等，进行疑难信息的二次识别与人工审核，避免遗漏新类型、疑难性网络暴力信息。最后，需建立网暴识别预警的投诉和解除机制。技术的有限性决定了网暴识别可能存在相当多的误判。在相关系统存在误判导致平台方侵犯了网民正当权益的情况下，应保障用户救济渠道，设置审核异议程序与解除措施，完善相关投诉、举报及诉讼机制，缓解"信息流通自由"和"信息阻断义务"的矛盾。[②]

网络暴力的发生机制与现实社会中的暴力相似，遵循同样的从产生到结束的周期，而事前的预防治理就是在网络暴力舆论的发酵过程中尽早发现其中的潜在风险，具体措施包括上述技术层面的预防追踪与规范层面的标准制定。第一，在技术层面，新兴技术可以在很大程度上防患于未然，诸如基于文本语义的网络暴力分析方法（text semantic based

---

① 参见蒋安杰：《破解我国网络暴力治理困局——"网络暴力治理法治化研究"研讨会述要》，载《法治日报》2022 年 11 月 9 日，第 10 版。

② 参见赵健旭：《网络暴力识别预警机制的法治建构》，载《民主与法制时报》2022 年 5 月 11 日，第 3 版。

approach for cyber violence analysis, TSCA）等新技术可以在网络空间追踪网络暴力舆论的潜在迹象，TSCA 运用交互信息理论创建网络暴力的基础词库并生成负面情感词组集，随后对词库中的负面情感词组集进行暴力特征筛选，生成暴力词组集，最后对网络空间中的文本信息进行筛选和多维度分析，找出潜在的网络暴力发生领域。[①] 实际上，当前相关网络平台已经初步开发了网暴信息识别模型与弹窗预警的设置，积极回应《关于切实加强网络暴力治理的通知》的要求。第二，在规范层面，事前预防治理需要制定符合网络发展需要的合理识别标准，这一标准既要精准地识别网络暴力词汇，又要尽可能避免误伤，防止标准过于严苛阻碍网络产业发展，并为网络平台构建内部合规体系提供技术参考。规范文件的制定需要在治理和保护之间寻求平衡，过于严苛的认定标准虽然在短期内看似会取得较好的治理效果，但实际上不利于网络产业的整体发展，规范文件中对于具体识别内容不宜规定得过于仔细，而是应该通过兜底性条款构建识别空间，比如对身材、样貌的描述性词汇，不必仔细地列举具体的词汇，而是规定对于涉及身材、样貌的词汇，平台要参照标准进行二次人工审核，并根据网络文化的发展及时补充新出现的词汇，增强识别预警的科学性与准确性，将规范文件转化为切实可行的合规标准。第三，结合预防技术与规范标准构建合理的预防体系，要求由政府主导网络平台对网络暴力的发酵过程、影响因素和表现形式等进行系统性研究。[②] 对于技术与规范的结合，需要避免规范层面的负面影响对技术算法构成误导，而要让技术真正分析并预测出网络暴力产生方向，将规范标准以合规的方式纳入技术运行的过程中，避免技术“算法黑箱”危及数字人权、损害公平价值，[③]将技术与规范优化整合为满足现实需求的网暴舆情应急响应机制。

---

① 参见刘玉文等：《基于文本语义的热点事件网络暴力分析方法》，载《计算机技术与发展》2022 年第 7 期。

② 参见侯玉波、李昕琳：《中国网民网络暴力的动机与影响因素分析》，载《北京大学学报（哲学社会科学版）》2017 年第 1 期。

③ 参见张恩典：《超越算法知情权：算法解释权理论模式的反思与建构》，载《东南法学》2022 年第 1 期。

二、网络暴力的事中干预处置机制

在网络暴力持续期间，为避免网络暴力的扩大化，有必要及时阻隔网络暴力的内容传播，实现对被害人的实时保护，并且通过教育引导、信息公开等方法，及时澄清谣言，平息网民情绪，进行舆论引导。

首先，完善网络暴力当事人实时保护机制。“被害人实时保护机制”是一种在网暴发生过程中，通过屏蔽相关暴力言论、阻断沟通渠道、隐藏被网暴者个人信息等措施，对网暴当事人进行保护的机制。2022 年 4 月中央网信办要求平台建立健全网络暴力当事人实时保护机制，调整私信功能规则，及时过滤网暴内容，强化“一键防护”等应急保护措施，建立快速取证和举报通道。在此背景下，我国相关网络服务提供商进行了相关机制的初步尝试。例如，抖音上线了“一键防暴”功能，以及私信的临时对话设定功能。该功能在被开启后将限制陌生人对被网暴对象发送信息的数量，只有在取得用户同意的情况下，陌生人才能与其展开为期 24 小时的临时会话。微博官方也推出私信功能强化，用户可通过主动选择是否接收未关注人私信等方法实现对自身的保护。但是，在治理过程中，依然存在“网络暴力”判断难、识别难、阻隔难等诸多困境，“网络暴力”也常常存在极大的平台传导性，使得单一平台的保护机制往往鞭长莫及。因此，需进一步吸纳域外治理技术与经验，改进网络暴力识别与拦截技术手段，畅通当事人的求助渠道，通过多平台协同与联动的方法，建构统一、全面的被害人实时保护机制，进而提升网络暴力治理的预防与干预能力。此外，为了便利当事人在网络暴力发生后及时保障自身权益，在开发“一键防护”功能的同时，也需注重利用区块链等网络技术，对“一键取证”等网络暴力证据保留、证据提取功能进行开发和完善，进而缓解当事人因难以及时保留证据或取证，进而无法通过自诉形式进行刑事诉讼，维护自身合法权益的困境。

其次，完善信息公开和舆论引导机制。网络暴力的产生往往存在深远的社会原因。在交通事故、灾情险情等公众事件中，网络社会可能会被纷繁的虚假信息误导而产生焦虑、愤怒等情绪，进而产生群体性的非理性行为，对某些事件的当事人实施网络暴力。此外，在涉及男女对立、种族歧视、劳资纠纷等社会性议题时，社会公众也可能会因被煽动、引诱，进而造成网络暴力事件。根据“陌生人私信显著增加、相关话题热度迅速攀升、搜索量快速增长、举报频次加大”等情况，平台方和政府机构可以及时判断出可能出现的网暴异常行为。在本类网络暴力形成过程中，相关治理主体必须及时利用信息整合、信息公开以及舆论引导方法，积极进行舆情治理与谣言澄清，制止网络暴力扩大化。一方面，要建立常态化的突发事件网络舆情风险监测机制。相关网络舆情监管主体可以通过设置舆情中心以及舆情检测员的方法，实现对于网络舆情的日常监督。善用区块链、大数据等技术手段，对于一些争议较大的时事话题、公众议题进行常态化舆情观察与监测，对于其中可能出现的舆情风险特别是容易引发“人肉搜索”“造谣”等的行为风险进行预判，及时预警相关网络暴力行为。另一方面，需要改善技术方法，完善舆情引导、谣言澄清工作机制。对于可能或者已经产生的网络暴力，应善用政务平台、官方网站、新闻媒体等及时进行舆论引导与谣言澄清，与此同时，也需联动相关平台官网、网络“大V”等多方主体，尝试通过传播范围更广，更加通俗、简明的方法进行普法宣传与网络教育，进而及时告知事件真相，提升公民网络识别能力与网络素养。

与此同时，在网络暴力的具体事中监管治理过程中，应将网络暴力的事中监管治理措施作为合规任务，并且重视合规监管体系的有效性，[①]在合规任务中融入《关于切实加强网络暴力治理的通知》的具体内容作为实时合规监管有效性的具体衡量指标。2021年8月20日公布的《个人信息保护法》第28条对于公民敏感个人信息的保护规定，要求合规监管重心置于对个人信息泄露的监管，防止敏感个人信息泄露导致网络暴力的损害后果由网络社会延伸至现实社会。对于网络评论、网络直播、重点话题的监管，应该作为网络平台合规监管的中心任务，网络舆论热点案件中的评论要避免指向单一个体，强化《个人信息保护法》中对敏感个人信息的保护。这类信息一旦泄露或者被非法使用，容易导致自然人的人格尊严受到侵害或者人身、财产安全受到损害。网络暴力的次生损害也大

① 参见陈瑞华：《合规监管人的角色定位——以有效刑事合规整改为视角的分析》，载《比较法研究》2022年第3期。

多来源于“人肉搜索”等方式对敏感个人信息的无序攫取，经过二次加工之后会对公民个人信息自决权造成严重损害。在网络暴力的事中监管过程中，如果能够以合规监管的方式及时阻断网络社会与现实社会之间的联系，那么大多数网络暴力的次生损害后果就会随之消失，这也是在事中及时进行合规监管的价值所在，保证网络暴力的损害后果不至于成倍扩大。除此之外，在事中的合规监管过程中，网络平台主导的合规监管体系也不能一直被动防御，而是应该积极主动进行引导，对于有一定社会影响力的公共事件，要分析出其中的社会舆论基础，及时发现潜在的偏见性信息，然后借助政府的公信力在网络空间进行舆情治理与谣言澄清，制止网络暴力扩大化。总之，对于网络暴力的事中监管治理，需要从网络平台入手进行实时合规监管，鼓励网络平台将重点领域的监管作为合规任务纳入监管体系之中，以合规监管的模式保护公民的敏感个人信息，将网络暴力的次生损害阻断在网络社会，避免网络暴力在现实社会对当事人造成二次伤害。

三、网络暴力的事后制裁救济机制

在事后救济层面，有必要及时完善相关法律法规与行业规范，采取多元化、区分化的综合制裁手段，规范处置有关网络暴力的违法犯罪行为。与此同时，也应动用社会力量，完善社会帮扶与救济体系，及时救助“被网暴者”，疏导社会情绪，降低网络暴力的后续影响。

首先，应完善相关法律法规与行业规范，为网络暴力事后制裁提供有力依据。如前所述，我国针对网络暴力的相关法律规定散见于民法、刑法、治安管理处罚法、网络安全法、个人信息保护法等法律规范中，这些法律规范较为分散，适用性、衔接性不强，造成了网络暴力被害人取证困难、求助无门，平台主体权责不清等困境。因此，面对网络暴力这一综合性社会问题，需要协调整合相关法律法规，实现对网络暴力系统性、全面性的法律应对。一方面，应通过完善既有的法律规定，实现立法的全面化。在实体法层面，应通过完善民事立法、行政立法等法律法规的方法，对网络暴力的概念、分类、等级标准等进行统筹规定，并进一步完善网络服务提供者的信息审查与公开报告等义务，完善未成年人的网络暴力法律保护。

在程序法层面，应进一步完善网络暴力的诉讼机制，降低侮辱、诽谤罪等罪名的公诉门槛，提供相应诉讼制度保障，解决受害人救济难问题。另一方面，应提升网络暴力立法的专门化。随着信息网络的进一步发展，网络社会与现实生活的联系也日益密切。因网络的虚拟化、去中心化、交互性等诸多特征，传统的立法思维与制度方法已难以适应相关网络违法犯罪治理。针对网络暴力这一日益复杂的社会问题，有人大代表指出，应考虑专门制定一部“反网络暴力法”，或依托现行的相关法律法规制定具有可操作性的司法解释，通过立法手段实现对网络暴力言论的分级管理，严格事后追惩制度，实现依法治理的目标。这一治理思路，可以作为网络暴力的长期治理方案予以践行。此外，鉴于行业自治在各国的网络治理中的作用越发重要，相关网络平台服务商也应在立法完善的同时，通过完善“社区公约”“行业自律规定”等方法，进一步细化、规范网络暴力的治理依据。

其次，应采取多元化、区分化的综合制裁手段，加大网暴行为的处置力度。网络暴力的形式多样，对应的法律规制也形式多样，鉴于新的犯罪形式影响了众多法律领域，从而提高了规制的复杂性，①因此需要对不同部门法协调并用进行针对性治理。对于网络暴力不能单一地依赖刑法规制，否则可能导致刑法沦为单纯的社会控制手段，②实际上并不能取得最好的规制效果，甚至可能因此阻碍网络产业的可持续发展。鉴于网络暴力的复杂性，应当根据危害程度进行阶梯化治理，对于情节较轻的尚处于萌芽阶段的网络暴力，以教育、惩戒、删除、封号、罚款等制裁方法为主，从根源上遏制网络暴力的肆意传播，而对于情节严重的已经扩散的网络暴力，需要引入刑法规制手段，当下大多采用侮辱罪、诽谤罪加以规制，今后可以尝试在刑法中增设关涉网络暴力的犯罪类型，提供更具针对性的规制措施。此外，对于“网课爆破”这种严重损害当事人生命健康安全的犯罪行为，有学者提出应该增设网络暴力罪，以解决追究网络暴力行为人刑

---

① 参见[德]乌尔里希·齐白：《全球风险社会与信息社会中的刑法：二十一世纪刑法模式的转换》，周遵友等译，中国法制出版社2012年版，第299页。

② 参见刘艳红：《积极预防性刑法观的中国实践发展——以〈刑法修正案(十一)〉为视角的分析》，载《比较法研究》2021年第1期。

事责任的问题。[①] 鉴于数字化与技术创新本身就会对刑法责任的构造产生深刻影响,[②]所以在事后刑事追责的过程中,在构成要件的制定上要充分考虑网络暴力的技术类型、传播特性、损害后果鉴定等诸多内容,确保对网络暴力犯罪的精准打击。

但当前对于网络暴力的制裁仍存在诸多问题。一方面,网络暴力作为一种成因复杂的群体性行为,涉网暴的违法违规行为人存在发起、煽动、跟风等多种行为类型,删除、封号、罚款等制裁方法并未依据不同情形设置相应的处罚标准。另一方面,当前对于网络暴力的制裁力度明显过轻。在行政制裁上,在《治安管理处罚法》中对于情节严重的网暴行为,仅仅"处五日以上十日以下拘留,可以并处五百元以下罚款",而在刑事制裁上,对于"网络暴力致死"等性质严重的暴力行为,也处于难以有效规制的状态。综合而言,当前的处罚方法与处罚分量,并不足以匹配当今网络暴力的危害程度。因此,有必要在类型化及区别化思维的引导下,进一步加强网络暴力治理的处罚力度。例如,针对发起、多发、煽动和跟风发布等不同情形,分类处置网络暴力相关账号,完善连带处置违规账号背后的 MCN 机构等相关机制,对相关处置疏漏予以分类和补全。又如,在相关法律衔接时,要注重遵循"民法先行""刑法谦抑"等基本处置思路,渐进式加大对相关行为的处罚力度。具体而言,对于轻微的网络暴力,可以发动平台方和社会力量,进行及时监测与有效预防,并采取民事侵权等救济模式予以认定和处理;对于造成一定社会影响或危害后果的网络暴力行为,则应加大行政处罚力度;只有对于情节严重或造成严重后果的网络暴力,方能采取刑事处罚的方法进行严厉追诉和处置。

最后,应建立社会帮扶与救济体系,降低网络暴力的后续影响。网络暴力事实上是一类因社会伦理与文化心理异化所导致的群体性"不理性"行为,其会给网络暴力当事人以及社会心理、心态、文化等带来深远的不利影响。而对于未成年人等特殊群体而言,因未成年人群体的自我保护与心理调解能力较弱,往往在经历网络暴力后还会产生抑郁、轻生等情

---

① 参见石经海、黄亚瑞:《网络暴力刑法规制的困境分析与出路探究》,载《安徽大学学报(哲学社会科学版)》2020 年第 4 期。

② 参见[瑞士]比扬·法塔赫 - 穆加达姆:《刑法中的创新责任:在严格责任、过失与容许风险之间》,唐志威译,载《苏州大学学报(法学版)》2022 年第 3 期。

绪,甚至发生自残、自杀等不幸事件,产生难以逆转的不利后果。对于本类成因复杂、影响深远的网络暴力现象,除加大国家监控与处置力度外,也有必要发动社会力量,实现对网络暴力当事人的社会综合性帮扶与救济。举例而言,在网络暴力发生后,社区组织或其他公益性组织等可以主动与被网暴者对接,提供心理疏导、经济援助、社会救助等有效措施。与此同时,还需通过网络暴力典型案例宣传、社会心理疏导、虚假信息澄清等多种方式,纠正社会心理,尽量消弭网络暴力事件的后续影响,进而塑造和谐的网络与社会环境,根源性治理网络暴力。

总之,塑造网络暴力法治化治理的逻辑,应遵循网络暴力的固有发生机理实施事前、事中与事后全链条闭环治理逻辑建设,在事前从技术和规范两个层面提供预防治理,在事中利用合规体系进行实时监管治理,并在事后阻断网络暴力的影响传播,协调不同法律规范构建阶梯化治理体系,强化对于网络暴力的事后追责,尽可能降低网络暴力造成的损害后果。

第五章

网络暴力治理的权力配置与责任承担

建立和完善网络暴力治理的长效机制需要引入多方力量，将平台、政府与个人都纳入网络暴力治理机制中，从多方面入手对网络暴力进行全方位预防，并且通过技术赋能优化监管模式，才能以合理的成本从海量的网络信息中找出网络暴力信息加以处置，技术赋能使长效机制得以运行。在具体规制模式的选择上，需要将多种规范都纳入治理体系内，实施重点化构建、系统化推进、协同化衔接，[①]避免单一规制措施导致对网络暴力的打击范围宽泛化，防止网络暴力治理力量被分散，通过不同强度、不同模式的治理措施做到有的放矢。

第一节　网络暴力治理的政府权责

互联网治理模式大致分为政府主导型治理模式、行业自律型治理模式以及政府与行业共治型模式三种，其中韩国属于政府主导型治理模式，英国和美国属于典型的行业自律型治理模式，法国和德国是政府与行业共治型模式的代表国家。[②] 目前，我国互联网治理模式属于政府主导型治理模式。但随着治理中心多元化，以威慑处罚为特征的传统行政规制模式难以适应互联网新形态，并且行政机关受限于技术能力和执法资源，其自身难以直接对平台内的违法行为予以有效管控，造成规制失灵和监管乏力，亟待做出适当的功能调适和角色转换。在

---

① 参见刘艳红：《中国反腐败立法的战略转型及其体系化构建》，载《中国法学》2016 年第 4 期。

② 参见韩新华：《网络暴力内容的规制：标准、机制及方式》，载《社会治理》2019 年第 3 期。

治理现代化视域下，通过政府机构之间以及公私部门之间的整合与协调，可以推动“网络规制与网络自治、国家管制与技术革新、国家与网络用户之间相互权衡”①。由于平台在管控违法行为方面具有便利性和专业性，且政府与行业共治型模式与互联网治理理念相契合，中国网络暴力治理应迈向政府与行业共治型模式。在网络暴力治理的共治型模式中，核心在于强化政府主导的公权力部门权责有效配置，既要受到规范主义的控权模式约束，也要适应功能主义的权力协同模式引领。具体而言，包括三个方面的内容：一是完善网络暴力治理的法治规范体系，为网络暴力治理提供明确的规范依据；二是优化网络暴力治理的监管机构职能，实现各职能部门的功能协同；三是提升网络暴力治理的技术监管能力，促进网络暴力治理现代化。

一、完善网络暴力治理的法治规范体系

网络暴力治理法治化路径的关键在于，为政府治理各种网络暴力行为提供明确的法律依据。法治是网络空间治理的价值根基，良法之治是推动网络暴力治理体系现代化的根本遵循。如果缺乏良善的网络暴力治理法治体系的基础支撑，就难以全面有效打击网络暴力违法犯罪行为。2020年中共中央印发的《法治社会建设实施纲要（2020—2025年）》，将“依法治理网络空间”作为法治社会建设的重要内容。网络暴力问题是新时代网络空间治理的重要内容，依法治理网络暴力问题是规范政府执法权力、维护网络空间秩序与保障公民合法权利的迫切需要。

（一）良法之治是网络暴力治理法治化的根本遵循

网络暴力治理法治化是依法治网的必然选择，良法之治是网络暴力治理法治化的根本遵循。“没有法治体系作为依托和载体，就没有国家治理体系的存在。”②法治体系是整个国家治理体系的基础，网络法治体系是网络空间治理体系的支柱，良善的网络法治体系是推进网络暴力治理

① 刘艳红：《网络时代言论自由的刑法边界》，载《中国社会科学》2016年第10期。

② 周佑勇：《推进国家治理现代化的法治逻辑》，载《法商研究》2020年第4期。

体系现代化的重要保障。良法之治不仅能够为网络暴力治理提供规范支撑,还有助于强化对政府治理网络暴力行为的法律制约与促进对公民在网络空间中合法权利的保障。然而,由于现行网络暴力治理领域的法治规范体系不健全,监管机构难以全面有效履行政府职能,从而影响网络暴力治理效能与公民权利救济力度。在法治轨道上推进政府网络暴力治理规范化,首先要促进网络暴力治理有良法可依,然后才能提升网络暴力治理效能与加强公民权利救济。

“制度赋予社会关系以秩序,减少行为中的机动性和可变性,并限制了片面追求私利或欲望的可能性。”①在技术的助推下,网络空间中的自由行为变幻莫测,不受控制的网络暴力随时可能侵蚀网络秩序和公民权利,需要发挥法治的刚性约束功能,矫正网络失范与规范技术发展方向。网络暴力治理的法治逻辑就是要促进依法管网、依法办网、依法上网,保证网络空间秩序在法治轨道上健康运行。依法管网在网络暴力治理中,就是依据网络空间治理法治原理,结合网络暴力实践问题与信息化发展规律,完善互联网运行、网络信息内容管理、网络账号处置等法律法规,构筑网络暴力治理法治体系。尤为重要的是,政府机关在治理网络暴力时,应严格依照法定权限和程序履行职权,做好网络平台监管与网络言论治理工作,整顿不合法、不合规的网络违法犯罪行为。依法办网在网络暴力治理中,就是要规范网络经营秩序,网络服务提供者应该坚持法治原则,自觉运用法治规范,既要保障网络经营活动合法运行,也要督促网络服务使用者合法合理使用网络。依法上网在网络暴力治理中,就是要加强网络法治宣传教育,提升公民的网络法治素养与数字伦理品德,引导公民规范上网与理性发言,共同构建良好的网络信息内容生态。另外,国家还要帮助人民感知网络暴力风险、增强网络安全意识、提高依靠法律手段保障合法权益的能力。

传统的网络治理法律规范体系无法有效回应新型网络暴力问题的治理需求,因为不仅缺乏关于网络暴力治理的专项立法,而且对于网络暴力治理的权责主体、制裁措施、救济方式等都存在制度疏漏。只有建立完善的网络空间治理法治规范体系,才能推动网络暴力治理现代化,进而实现

---

① ［美］詹姆斯·马奇、［美］约翰·奥尔森:《新制度主义详述》,允和译,载《国外理论动态》2010 年第 7 期。

公民权利保护与信息技术发展有序共存。“智能时代的法律秩序将与传统社会的法律秩序截然不同,要求改变传统法律观念,构建完善的法律供给机制与法律保障体系。”①由于信息技术发展的变动性与法律规范品格的安定性之间存在一定的紧张关系,信息技术的迅猛发展将对传统网络空间治理法律规范体系造成巨大冲击,导致现有的网络暴力治理法治框架出现滞后性。那么该遵循何种良法善治逻辑,来构建网络暴力治理的法律规范体系?在法治规范的构成要素中,法律规则能够发挥稳预期的调节功能,法治原则具有一定的灵活性。只有充分发挥规则与原则之间的相互调适机能,推动网络暴力的规则之治与原则之治有机结合,才能实现网络暴力治理的良法之治。

(二)建立健全网络暴力治理的法律规则体系

规则之治是推进网络暴力治理法治化的逻辑前提,建立完善的网络暴力治理的法律规则体系能够为网络暴力治理提供合法性基础。规范主义思维强调法律的裁判和控制功能,关注法律的规则取向和概念属性,体现的是一种法律自治。② 规则之治要求运用法治思维和法治方式规范网络暴力行为,明确网络活动的法律边界,建立健全网络暴力治理法律保障体系。

按照网络空间治理体系现代化的要求,需要完善传统网络暴力治理法律规范体系与构建新型网络暴力治理法律规范体系,重构网络暴力治理法律秩序,充分保障公民的合法权利与公共网络空间秩序。

在现行网络空间治理领域的法律体系中,关于网络暴力治理的立法相对滞后、具体规定较为模糊、各个位阶的立法之间缺乏有效衔接、相关权利救济途径不畅,难以为网络言论行为提供全面的规则指引,无法有效规制网络暴力风险。在国家法律层面,《网络安全法》《数据安全法》《个人信息保护法》等为构建网络暴力治理法律保障体系,提供了概括性规范支撑。在行政法规和部门规章层面,主要有《互联网信息服务管理办法》《通信网络安全防护管理办法》《电信和互联网用户个人信息保护规定》

---

① 周佑勇:《论智能时代的技术逻辑与法律变革》,载《东南大学学报(哲学社会科学版)》2019年第5期。

② 参见[英]马丁·洛克林:《公法与政治理论》,郑戈译,商务印书馆2002年版,第85页。

《互联网信息内容管理行政执法程序规定》《互联网域名管理办法》《网络安全审查办法》等，为与网络暴力问题相关的网络信息内容监管、个人信息保护、域名管理、通信安全等领域的治理提供相对碎片化的规范依据。此外，2023 年 7 月 7 日，为加强网络暴力信息治理力度，营造良好网络生态，国家互联网信息办公室专门起草了《网络暴力信息治理规定（征求意见稿）》并公开征求意见，该规定从网络平台的信息内容管理主体责任、网络暴力信息监测预警、网络暴力信息处置、保护机制、监督管理和法律责任等方面为网络暴力的治理提供指引，这在回应网络暴力问题的及时性、调整网络生态的灵活性以及制度实施的调控性等方面具有十分明显的优势。但是，该规定正式颁布后仍属于部门规章，法律位阶较低，并且治理网络暴力不仅涉及预防、监测、处置、制裁、救助等环节，还涉及人身和财产关系，部门规章难以作出有效的规定。综上所述，鉴于法律、法规、规章中对于网络暴力问题的规定比较模糊，难以为网络暴力治理提供具体的规则指引，因此亟待完善网络暴力治理规则体系，为治理网络暴力风险提供全面系统的规制工具。

依据法治化路径，现行网络暴力治理的制度设计应该多向延伸，拓宽网络暴力治理法律规范体系的广度和深度，形成体系完备和规则细化的网络暴力治理法律秩序。通过补充网络暴力治理专门领域的内容，克服当下相关法律规范的漏洞，为网络言论行为提供规则指引。首先是要完善网络暴力治理基本法律，制定一部专门规制网络暴力的基础性法律。由于网络媒介的分散性、易入性、普及性与匿名性特点，[①]网络暴力治理的法律规范难以跟上信息技术的发展速度和网络暴力内容的滋生程度。尽管《网络安全法》作为网络治理领域的基本法，在整个网络法制体系中居于原则性地位，能够为治理各种网络失范行为提供基础规范依据，但是依然不足以充分规制网络暴力行为。在网络暴力治理领域缺乏全国人大及其常委会制定的基础性、综合性法律，难以应对日趋泛滥的网络暴力违法犯罪问题，建议制定集预防、遏制和惩治网络暴力于一体的"反网络暴力法"专门性法律，针对防治网络暴力相关问题作出专门性、体系性的规定，提高反网络暴力法律规范的涵摄性和适用性。在具体内容上，"反网络暴力法"应建

① 参见刘艳红：《网络时代言论自由的刑法边界》，载《中国社会科学》2016 年第 10 期。

立网络暴力预防、监测、处置、制裁、救助的全链条治理框架，在治理过程中将技术手段和规范要求相结合，明确监管部门的具体权责、强化网站平台的主体责任、细化违法犯罪分子的责任承担机制、完善用户的网络行为规范。

在基本法律的基础上，通过授权性立法制定相应的配套性法律制度体系，保证整个网络暴力治理法律规范体系的可操作性。首先，由于网络暴力主要是以违法违规言论信息的形式在网络空间中传播，所以应加强、细化对这些网络暴力信息内容的规制。在《网络安全法》《互联网信息服务管理办法》等相关法律法规中，关于网络违法违规信息的规定存在民族仇恨、民族歧视、暴力、淫秽色情信息、虚假信息等大量不确定法律概念，加大了网络服务提供者的审查难度，导致其无法有效判断信息内容的性质，可能机械地误判、误删信息。因此，政府机关应通过制定行政法规、规章及规范性文件，细化上位法中的违法违规信息概念，提供清晰明确和具有可操作性的解释准则，进而消解不确定法律概念的模糊性和多义性，为网络平台监管网络暴力问题提供科学的规范指引。其次，确立网络安全可信身份查验制度。为了促进对网络暴力问题的源头治理，应该加强网络用户的账号管理。网络运营者为用户办理网络接入、域名注册服务，办理入网手续，或为用户提供信息发布、即时通信等服务的，应当要求用户提供真实身份信息；用户不提供真实身份信息的，网络运营者不得为其提供相关服务。最后，政府机关应通过行政立法明确网络平台所承担的网络暴力监管义务，为其提供明确的法律法规指引。由于网络暴力治理的相关法律法规并未明确规定平台的监管达到何种标准、履行何种义务之后可以获得责任豁免，导致平台出于监管压力和风险的考虑，对于网络信息内容是否构成违法，很可能采取过于谨慎的策略，如采取警示提醒、限制账号功能、关闭注销账号、列入黑名单、禁止重新注册等处置措施。因为对于平台而言，面对海量的信息内容，单条信息内容对平台的价值，与其可能给平台带来的法律风险相比，是微不足道的。[①] 现行关于网络暴力治理的相关法律法规忽略了一个基本问题，即监管部门并未充分认识到平台是否具有判断相关行为是否违法的能力。换言之，从技术角度而

① 参见赵鹏：《超越平台责任：网络食品交易规制模式之反思》，载《华东政法大学学报》2017 年第 1 期。

言,网络平台虽然有能力确认实施网络暴力的相关行为人,但却不是判断相关行为是否违法的最佳裁判者。① 由平台负责作出是否违法的决定,但又未给出清晰和明确的指引,这可能会形成扭曲的激励机制,使得其机械地误判、误删信息,增加平台判断错误的概率,影响网民的言论自由权。因此,未来应通过行政立法明确网络平台对信息内容管理的主体责任,规范网络平台在用户信息账号管理、信息发布审核、信息监测预警、举报救助、网络暴力信息处置等方面的责任,厘清网络平台所应承担的网络信息内容监管义务,进而为其提供明确的法律法规指引,以确保网络平台行使监管义务的合法性和规范性,为作为“守门人”的平台提供一个更加稳定和可预期的监管环境。

另外,在条件尚不成熟的情况下,国务院可以先行制定“网络暴力防治条例”,这既能够弥补网络暴力治理领域碎片化立法所带来的明确性和针对性不足的问题,也有利于及时吸收网络暴力治理实践中的有益经验。在具体内容上,“网络暴力防治条例”可以从网络暴力的多元共治机制、监测预防机制、干预处置机制、制裁救济机制等方面作出详细的制度安排,实现网络暴力问题从粗放式治理到靶向式精准治理的转变。在多元共治机制上,确立以政府监管为主导的、网络平台协助的、社会多元主体参与的网络暴力协同治理机制。在监测预防机制上,网络平台有必要在网络暴力形成前期做好信息内容审查与舆论监测工作,根据历史发布信息、违规处置、举报投诉等情况,动态管理涉网络暴力重点账号,建构“信息分级与审查机制”及“网络暴力识别与预警机制”②。在干预处置机制上,为了避免侮辱谩骂、造谣诽谤、侵犯隐私等网络暴力信息的扩散传播,

---

① 参见赵鹏:《超越平台责任:网络食品交易规制模式之反思》,载《华东政法大学学报》2017 年第 1 期。

② 《网络暴力信息治理规定(征求意见稿)》第九条　网络信息服务提供者应当建立健全网络暴力信息分类标准和典型案例样本库,在区分舆论监督和善意批评的基础上,明确细化网络暴力信息标准,增强识别准确性。

第十条　网络信息服务提供者应当根据历史发布信息、违规处置、举报投诉等情况,动态管理涉网络暴力重点账号,及时采取干预限制措施。

第十一条　网络信息服务提供者应当建立健全网络暴力信息预警模型,综合考虑事件类别、针对主体、参与人数、信息内容、发布频次、环节场景、举报投诉等维度,及时发现预警网络暴力风险。

网络平台有必要采取删除屏蔽、断开链接、限制传播等处置措施;应当加强对跟帖评论信息内容、网络社区版块、网络群组的管理,强化直播和短视频内容审核,加强信息内容真实性、合法性审核,不得渲染炒作网络暴力事件;不得借网络暴力事件实施蹭炒热度、推广引流、故意带偏节奏等恶意营销炒作行为,也不得为传播网络暴力的账号、机构等提供流量、资金等支持。① 在制裁救济机制上,有必要采取多元体系化的综合制裁手段,通过民事、行政、刑事等责任衔接机制,规范处置相关网络暴力违法犯罪行为。与此同时,也应从政府、学校、家庭、平台等各个方面完善网络暴力受害者的帮扶与救济体系。

(三)优化完善网络暴力治理的法治原则体系

网络暴力治理的原则之治能够适应信息技术的发展,对网络暴力治理的各个主体发挥全面的约束作用。法律规则强调的是法秩序的统一性和强制性,但网络空间存在不确定性和偶然性,稳定的法律规则无法及时应对未知的网络暴力风险。而法律原则具有灵活性与开放性,可以发挥对法律规则稳定性与封闭性缺点的补充功能。在法律规则不够健全的网络法治环境中,面对具有隐蔽性、虚拟性、不确定性的新型网络暴力风险,

---

① 《网络暴力信息治理规定(征求意见稿)》第十二条 网络信息服务提供者发现侮辱谩骂、造谣诽谤、侵犯隐私等网络暴力信息的,应当采取删除屏蔽、断开链接、限制传播等处置措施。对于涉及网络暴力的不良信息,不得在《网络信息内容生态治理规定》第十一条规定的重点环节呈现,防止网络暴力信息扩散传播。

第十三条 网络信息服务提供者应当加强对跟帖评论信息内容的管理,及时处置以评论、回复、留言、弹幕、点赞等方式发布、传播的网络暴力信息。

第十四条 网络信息服务提供者应当加强对网络社区版块、网络群组的管理,不得在词条、话题、超话、群组、贴吧等环节集纳网络暴力信息,禁止创建以匿名投稿、隔空喊话等名义发布导向不良等内容的话题版块和群组账号。

网络社区版块、网络群组的建立者和管理者应当履行管理责任,规范成员网络行为和信息发布,发现用户制作、复制、发布、传播网络暴力信息的,应当依法依约采取移出群组等管理措施。

第十五条 网络信息服务提供者应当强化直播和短视频内容审核,及时阻断涉及网络暴力信息的直播,处置含有网络暴力信息的短视频。

第十六条 互联网新闻信息服务单位应当坚持正确的舆论导向,加强信息内容真实性、合法性审核,不得渲染炒作网络暴力事件,新闻信息跟帖评论实行先审后发。

第十七条 任何组织和个人不得借网络暴力事件实施蹭炒热度、推广引流、故意带偏节奏或者跨平台搬运拼接虚假信息等恶意营销炒作行为。网络信息服务提供者不得为传播网络暴力的账号、机构等提供流量、资金等支持。

需要更新法治理念,强化对网络暴力行为治理的原则之治。

首先,政府机关规制网络暴力应遵循比例原则。比例原则是通过考察目的和手段的关联性,维持公权力调整的各种利益之间的均衡。在比例原则的指导下,政府机关应根据不同情形,权衡公民的言论自由、第三人权益、公共秩序和国家安全等之间的利益冲突,确立一套科学、合理、公正的网络暴力规制标准,为网络平台治理低俗不良的网络暴力内容提供遵循和指引。“行政机关在面对多种适合达成行政目的的手段可供选择时,应选择对相对人利益限制最少或损害最少的手段”①。与传统言论自由原则相比,比例原则被认为在以下三方面具有优势:承认利益和价值多元;决策透明;救济更加灵活。② 基于网络言论所具有的言论自由和监督权的特殊宪治价值,政府机关在对网络言论采取规制措施时,应选择对网络用户利益限制最少或损害最少的手段。而对网络用户权益限制最少或损害最少,从另一方面来看也就意味着采取的手段或措施是为维护网络空间秩序、打造良好网络生态所绝对必要的。所以可以认为对公共利益的实现来说,政府机关采取的干预措施是绝对必要的,除此之外,别无他法。此外,政府机关规制网络暴力时对非法网络言论的界定不能过于宽泛,否则势必会对网络用户的言论自由和监督权造成不必要的限制。也就是说,政府机关为了公共利益对网络言论进行干预时,其在给私人权益造成的损害与该公共利益之间,应当保持适当平衡和合比例,即只有在该公共利益重于给私人权益造成的损害时才能采取公权力措施予以干预网络言论;反之,则不能采取。进言之,政府机关不宜过度干预网络言论,尤其是舆论监督和善意批评的言论,为网络用户在互联网上表达思想、监督政府在制度上留下空间。

其次,政府机关规制网络暴力应遵循平等原则。平等原则要求同等情况同等对待,不同情况区别对待。网络暴力治理中平等原则的应用应采取类型化思维,针对同种性质或严重程度类似的网络暴力案件,政府机关采取公权力措施予以干预时,应在同等情况下作出相同处理;针对不同

---

① 周佑勇:《行政法基本原则研究》(第2版),法律出版社2019年版,第197页。

② See Evelyn Douek, *Governing Online Speech: From "Posts-as-Trumps" to Proportionality and Probability*, 121 Columbia Law Review 759, 759 - 834(2021).

类型的网络暴力案件或严重程度存有差异的网络暴力案件，政府机关应采取差异化规制措施。在平等原则的指引下，对于法律许可传播的信息内容，可以按照网络暴力呈现的具体内容、频次、方式等设置内容分级制度，防止未成年人接触到与其年龄段不相称的信息，同时为具有理性判断能力的成年人留出充分发表自己言论的空间。而法律限制传播的网络暴力内容一般与公序良俗背道而驰，属于低俗不良的暴力内容。例如，《互联网信息服务管理办法》中的“九不准”规定，由于关于这类内容的规定存在一定程度的模糊性和不确定性，无法为网络平台提供清晰明确的指引和遵循，导致网络平台无法有效判断相关信息的性质，容易造成机械地误判、误删合法信息。因此针对这类内容，不能笼统地划定处罚与否的标准，政府机关应该建立行政裁量基准，为平台提供清晰明确、具有可操作性的指引。而法律禁止传播的暴力内容不仅违背公序良俗，损害公民的合法权益、扰乱社会秩序，甚至危害国家安全和社会稳定，如《网络安全法》第 12 条中规定的“利用网络从事危害国家安全、荣誉和利益，煽动颠覆国家政权、推翻社会主义制度，煽动分裂国家、破坏国家统一，宣扬恐怖主义、极端主义，宣扬民族仇恨、民族歧视，传播暴力、淫秽色情信息，编造、传播虚假信息扰乱经济秩序和社会秩序，以及侵害他人名誉、隐私、知识产权和其他合法权益等活动”。这类低俗不良、违法有害的暴力内容，不仅应受到行政法的规制，还要受到刑法的严厉制裁。另外，对于针对未成年人、老年人、残疾人等特殊群体的网络暴力，应采取针对性规制措施。此种规制措施应明确规定是针对哪些群体实施的网络暴力，是何种类型的低俗不良、违法有害的暴力内容，并应当采取何种特定性规制措施，体现区别规制的平等理念。

最后，政府机关规制网络暴力时应遵循正当程序原则。正当程序原则强调对公权力运行过程的规制机能，包括避免偏私、公平听证和行政公开这三项子原则。[①] 在网络暴力治理过程中，政府机关应该将正当程序贯彻整个治理过程，保证程序的公开透明。具体而言，一是政府机关在对实施网络暴力的相关网络用户依法实施行政处罚或治安管理处罚活动过程中，应确保相关网络用户在政府机关作出决定过程中受到平等对待。

---

① 参见周佑勇：《行政法基本原则研究》（第 2 版），法律出版社 2019 年版，第 220 页。

二是在对实施网络暴力的相关网络用户依法实施行政处罚或治安管理处罚时，相关网络用户应参与作出行政处罚或治安管理处罚决定的全过程，而参与过程实际上又是政府机关行使行政权与相对人参与行政形成的互动过程。这种互动过程意味着相关网络用户不再是行政处罚或治安管理处罚活动中的被动受体，而成为积极主动的一方，其享有听证、陈述及申辩的权利。三是根据《互联网信息内容管理行政执法程序规定》的规定，由互联网信息内容管理部门依法对实施网络暴力的相关用户实施行政处罚时，应将拟作出行政处罚的违法事实、处罚的理由和依据以及当事人依法享有的陈述、申辩权告知当事人，并向当事人和社会公众公开，以使当事人和社会公众知悉并有效监督行政权力的运行过程。

二、优化网络暴力治理的监管机构职能

网络暴力治理监管部门在网络暴力治理体系中发挥核心导向作用，各个监管部门之间的职能配置，关系到网络暴力治理的整体功效。我国现行的网络暴力治理监管体制呈现出“九龙治水”的特征，存在多头管理、职能交叉、权责不一、效率不高等弊端，导致网络暴力监管职能的实效性不彰，从而影响网络暴力治理的能力和水平。由于缺乏科学合理的权力配置理念，势必导致多职能多任务压力下网络暴力监管权力运行的部门主义和碎片化。为此，需要基于功能主义的权力配置原理，优化网络暴力治理的监管机构职能，确保网络暴力风险得到有效控制。

（一）确立网络暴力监管职能的功能主义配置理念

在我国的网络法治体系中，网络暴力治理的监管主体之间表现为分散性权力配置模式，各个监管机关的权力义务不明确，无法形成系统性监管合力。按照《网络安全法》第8条的规定，国家网信部门负责统筹协调网络安全工作和相关监督管理工作，国务院电信主管部门、公安部门和其他有关机关以及县级以上地方人民政府有关部门在职责范围内负责网络安全保护与监督管理工作。由此可知，网络安全治理的权力配置呈现“九龙治水”的特征，不同部门在权属职责上存在重合现象，导致网络运行安全的监管效率低下，甚至出现相互推诿和不作为现象。网络暴力问题属

于网络安全中涉及网络信息安全的重要内容,网络暴力治理的效能提升在一定程度上依附于网络安全治理的权力结构。那么在网络暴力治理中,该如何消除“多头管理、职能交叉、权责不一、效率不高”的监管权力弊端呢?这取决于权力配置的功能适当理念。

功能主义治理模式关注的是权力运行的功能和效率,[①]强调合适的权力配置给组织结构最优的职能部门。随着现代社会的功能分化,公法思想中的功能主义认为政府在职能分工的基础上相互合作,基于一定的目的,积极发挥国家职能,有利于作出高效正确的决定。[②] 功能主义的权力配置理论强调发挥能动型国家的职能,尝试建立一种相互依存、功能有序的权力配置体系。“科技时代与风险社会时代催生了国家行政管理的职能和行政目的日趋增多”[③],在现行网络暴力治理权力结构中,就存在严重的“条块分割”和“多头治理”问题,导致治理效能低下。在功能主义权力配置理论的指导下,政府部门应在网络治理中承担核心治理角色,各职能部门以网信部门为权力中枢,在充分发挥各职能部门的功能优势基础上,实现公权力之间的协同共治。

在网络暴力治理的权力结构中,分散性的权力配置会影响权力治理的效能,可以借助功能主义的理论模型来调整网络暴力治理的权力配置,进而发挥各职能部门的专业优势与组织力量,优化网络暴力治理的权力配置模式。基于功能主义的权力配置理念,网络暴力治理监管机构的职能配置,就是要明确国家互联网信息内容主管部门治理网络暴力的核心职责,强化领域性部门治理网络暴力的辅助职能。在国家互联网信息办公室与相关职能部门协同配合的治理体系中,搭建“专责性部门主管+领域性部门协同”的权力配置模式。根据《网络暴力信息治理规定(征求意见稿)》第3条第1款的规定,国家网信部门负责统筹协调全国网络暴力信息治理和相关监督管理工作。这正是基于功能主义权力配置理念确立的网络暴力监管职能。

---

① 参见周佑勇:《行政裁量治理研究:一种功能主义的立场》,法律出版社2008年版,第38页。

② 参见周维栋:《功能主义视野下国家监察与审计监督的协同关系》,载《时代经贸》2020年第6期。

③ 刘艳红:《刑法理论因应时代发展需处理好五种关系》,载《东方法学》2020年第2期。

（二）明确网络暴力监管机构的核心职能分配

自国家互联网信息办公室成立以来，该部门就在我国互联网信息内容规制体系中起到了至关重要的作用，其主要职责包括落实互联网信息传播方针政策和推动互联网信息传播法制建设，指导、协调、督促有关部门加强互联网信息内容管理，依法查处违法违规网站等。尽管国家互联网信息办公室的成立有助于垂直领导下属工作部门治理网络暴力问题，但是针对新型网络暴力问题，各个监管部门的职能配置并不明确，无法及时高效应对风险泛化的网络暴力事件。如何进一步强化国家互联网信息办公室在信息内容治理中的主导作用，在各行业主管部门之间形成监管合力，则是下一阶段要着力解决的问题。基于此，有必要在《网络安全法》第 8 条的基础上，细化网信部门的主导职责，明确电信、公安、文化、教育等相关部门的协助职责，制定网络暴力治理部门的权力清单和责任清单。只有形成主次有序、层级分明的权责配置体系，才能促进网络暴力治理权力组织的结构优化和治理能力的有效提升。

一方面，网络暴力监管机构应当注重引导网络服务提供者对网络暴力问题进行自我规制，使网络信息服务提供者充分承担信息内容管理主体责任，进而通过对网络服务提供者的监管达到间接实现治理网络暴力的目的。面对复杂的互联网环境、技术的日新月异与海量的互联网信息，各种网络用户可以自发生成海量的信息内容，其中就涉及侮辱谩骂、造谣诽谤、侵犯隐私等违法信息，造成对他人的网络暴力。随着大数据时代的来临，“政府—个人”二元监管模式转变为“政府—平台—个人”三元监管模式，网络平台往往置于网络暴力问题的治理前端。于是，网络暴力监管部门通常并不与用户发生直接的行政管理关系，而是“退居幕后”，由作为“守门人”的平台担任“监管代理人”。那么网络暴力监管部门的重要职责就在于加强对网络服务提供者的监管，促进网络服务提供者依法履行平台治理职责，达到预防和处置网络暴力行为的目的。另外，政府受限于监管资源的有限性与滞后性，在网络暴力事件频发的数字时代，监管能力就显得尤为欠缺。所以政府机关应从压力型监管转向包容审慎治理，即监管部门需要转变直接对平台监管的线性思维，转向对平台自我规制的监管。

另一方面,网络暴力监管机构应该加强在治理末端制裁网络暴力违法犯罪行为与救助网络暴力受害者。在制裁方面,相关网络监管部门应及时采用技术与法律手段对网络暴力行为实施制裁。一是监管部门应及时问责处罚失职失责的网站平台,对其采取警告、通报批评、限期改正、罚款、暂停信息更新等措施;二是公安机关、人民检察院、人民法院对实施网络暴力的个人或单位,可依照《民法典》《治安管理处罚法》《刑法》等分别追究其民事侵权责任、行政责任和刑事责任。在救助方面,相关网络监管部门应对网络暴力被害人提供法律援助和社会援助,降低网络暴力的后续影响。一是各个监管部门应根据网络暴力事件危害程度,构建多样化的应急响应机制,提供一键防护或者协助当事人启动一键防护,采取技术措施阻断网络暴力信息通过私信传输,简化投诉举报程序,并应对投诉举报内容以及相关证明材料及时受理研判。①这有助于实现对网络暴力事件的实时性回应,最终实现网络暴力应急责任的精准化承担。二是建立健全辟谣机制,完善信息公开和舆论引导,及时公布网络暴力治理工作情况,并通过政务平台、官方网站、新闻媒体等渠道完善舆情引导、谣言澄清工作机制,回应社会关切,引导网民理性发声,防止网络暴力扩大化。三是建立未成年人特别救助机制,特定职能部门应重点关照未成年人身心健康与未来发展,对涉及网络暴力的未成年人应提供及时的教育、疏导,这与最有利于未成年人的理念相契合。

---

① 《网络暴力信息治理规定(征求意见稿)》第十八条　网络信息服务提供者应当建立完善网络暴力防护功能,提供一键关闭陌生人私信、评论、转发和消息提醒等设置。用户面临网络暴力风险时,应当及时发送系统信息,提示其启动一键防护。

第十九条　网络信息服务提供者应当完善私信规则,允许用户根据自身需要设置仅接收好友私信或拒绝接收所有私信。采取技术措施阻断网络暴力信息通过私信传输。

第二十条　网络信息服务提供者发现以下情况时,应当及时协助当事人启动一键防护,切实强化当事人保护:

(一)网络暴力当事人涉及未成年人、老年人等的;

(二)当事人在公开环节表示遭受网络暴力的;

(三)若不及时采取强制介入措施,可能造成严重后果的其他情形。

第二十一条　网络信息服务提供者应当在显著位置设置专门的网络暴力信息快捷投诉举报入口,开通网络暴力信息投诉举报电话,简化投诉举报程序。

网络信息服务提供者应结合投诉举报内容以及相关证明材料及时受理研判,对明确为网络暴力的情况,依法依规处置并反馈结果,对核实不属于网络暴力的,应当按其他类型举报受理要求予以处理并反馈结果。

（三）加强网络暴力监管机构的信息共享与协商沟通

功能主义导向的网络协同治理具有灵活性、开放性和高效性等方面的特质，加强网络暴力监管机构之间的信息共享协商，有助于共同控制网络暴力治理中潜在的安全风险。随着网络技术的更新、网络产业的勃兴和用户规模的增长，网络暴力在网络空间中的发展态势呈现出专业性、隐蔽性与规模性等特征，仅仅依靠单一的监管部门难以有效识别与打击网络暴力违法犯罪行为。在“宽容性共识”的信息时代，互联网赋能的信息化打破了传统封闭的组织界线，各种监管主体之间更容易联结成合作型伙伴关系。风险沟通是当前防控风险的重要路径，有必要充分发挥多元监管主体的协同效应，通过各个监管系统的沟通协作，实现风险治理的功能耦合。① 在网络暴力治理过程中，各个监管部门进行充分的信息共享和沟通协调，有助于推动达成网络暴力治理共识，提升对网络暴力风险的系统性治理能力。

信息是风险治理的核心要素，促进网络暴力监管机构之间的信息共享，可以及时有效预防和控制网络暴力风险。进入大数据时代，信息和数据是权力交流与合作的媒介，通过信息与数据的流通可以实现权力的协同高效运行。在网络暴力监管过程中，通过各职能部门之间信息和数据的流通共享，可以实现跨层级、跨地域、跨系统、跨部门、跨业务的网络暴力协同治理。一是要建立健全网络暴力事件信息披露机制，要求监管机构在网络暴力风险治理的全过程中及时披露相关信息，包括事前发布预警信号、事中公开涉案信息、事后共享处置情况，有助于各职能部门及时采取预防和控制措施，降低和阻止网络暴力风险的扩大化。二是要搭建网络暴力事件信息交流共享平台，通过一体化的信息共享平台建设，各个监管主体可以及时上传相关网络暴力信息，提升网络暴力信息治理效能。尤其是国家互联网信息办公室与公安系统之间要建立网络暴力舆情对接防控机制，通过和公安大数据平台进行对接，可以预测可能引发的线下人身风险，避免网络暴力危害结果脱虚向实，有助于实现网络暴力治理一体

① 参见周维栋：《论突发公共卫生事件中信息公开的法律规制——兼论〈传染病防治法〉第 38 条的修改建议》，载《行政法学研究》2021 年第 4 期。

联动。

为了避免各个监管机构在网络暴力治理过程中出现权力分歧与管辖冲突,需要加强网络暴力监管机构之间的协商沟通。根据《互联网信息服务管理办法》第 18 条的规定,除国务院信息产业主管部门和省、自治区、直辖市电信管理机构对互联网信息服务具有规制职能外,新闻、出版、教育、卫生、药品监督管理、工商行政管理和公安、国家安全等有关主管部门在各自职责范围内依法对互联网信息内容实施监督管理。由于互联网的复杂性、广泛性、融合性及动态性,各规制主体对网络暴力的监管存在一定程度的管辖权冲突。这表面上体现为对网络暴力治理问题的重视,但却可能造成没有规制机构对该问题负责,不利于规制措施效果的发挥,影响网络暴力治理效能。鉴于网络暴力治理的特殊性和监管部门之间的职能交叉,建议由国家互联网信息办公室牵头设立跨部门的网络暴力治理协调机构,进而加强各监管机构之间的沟通协调。例如,《网络暴力信息治理规定(征求意见稿)》第 3 条第 1 款规定,国家网信部门负责统筹协调全国网络暴力信息治理和相关监督管理工作。通过建立常态化的重大网络暴力问题会商研判机制,消解监管部门之间的管辖权冲突,提升网络暴力治理效能。

三、提升网络暴力治理的技术监管能力

在技术赋能网络空间治理现代化的时代进程中,政府监管部门应充分利用信息技术,提升网络暴力治理的技术监管能力。随着信息技术的迭代更新,网络暴力监管能力远远跟不上新型网络暴力的发展变化步伐,导致技术监管难度增大。推进网络暴力治理法治化,应遵循网络技术发展规律,积极运用技术手段,依靠技术路线实现“以网治网”目标,做到精准识别、全面预防与有效打击网络暴力违法犯罪行为。

(一)信息技术助推网络暴力监管理念现代化

随着信息技术的发展,人类社会经历了从以单向获取信息为特征的 Web 1.0 时代,到以双向互动交换分享信息为特征的 Web 2.0 时代,再到以

个性化订制信息为特征的 Web 3.0 时代的更新换代过程。[①] 与 Web 1.0、Web 2.0 时代所不同的是，Web 3.0 时代呈现出显著的智能性特征，伴随的是海量的数据生成与信息的自由流动。在开放、共享、去中心化的互联网运营模式下，网络平台数量爆炸式增长、信息内容质量参差不齐、信息分享不受时空限制，导致网络暴力风险加剧，网络监管难度增大。此时防范网络暴力风险，就不仅仅依赖于建立健全的网络暴力防治制度体系，而且还取决于网络安全技术的发展程度。监管机关应该积极适应网络空间治理现代化转型，通过更新监管理念，融入技术思维来提升网络暴力治理效能。

推动政府监管与信息技术良性互动，有助于更新网络暴力监管理念。技术是现代性的动力和决定性的特征，技术重塑了现代生活并推动现代化进程。[②] 由于作用于网络空间场域的信息科技和新型业态的迭代更新，我们对于网络暴力问题的概念和内涵的认识不能墨守成规，必须跟上数字时代的发展步伐，对网络暴力治理理念进行动态调适。在信息技术助推社会发展的同时，技术变革也反向驱动技术治理理念革新，从传统的"守门人"责任理论发展出"技术守门人"和"合作守门人"理论。其中，"技术守门人"理论提出对不法行为进行直接监管的两种替代方式：第一，努力争取中间人协助规范个人的"传统守门人"；第二，努力改变技术本身以便直接识别和规范个人的"技术守门人"。[③] 政府机关与网络服务提供者是技术治理最为重要的主体，但是二者具备不同的治理逻辑。《网络暴力信息治理规定（征求意见稿）》《互联网新闻信息服务管理规定》《互联网跟帖评论服务管理规定》《互联网论坛社区服务管理规定》等具有预防网络暴力功能的规范性文件主要从网络服务提供者的角度对监管技术完善提出要求。这些要求的出发点是网络服务提供者可以在扁平化的治理结构中第一时间采取网络暴力应对措施，从预防、监测、处置、保护

---

① 参见刘艳红：《Web 3.0 时代网络犯罪的代际特征及刑法应对》，载《环球法律评论》2020 年第 5 期。

② 参见张成岗：《技术与现代性研究——技术哲学发展的"相互建构论"诠释》，中国社会科学出版社 2013 年版，第 9 页。

③ See Jonathan Zittrain, *A History of Online Gatekeeping*, 3 Harvard Journal of Law & Technology 19,255(2006).

机制等角度进行自动化决策。而在网络暴力治理的监管体制下,政府机关的网络暴力监管技术不面向网络暴力的第一线,而是通过对网络服务提供者进行监督、干预,一方面从网络暴力的根源、特质等角度出发完善体制机制与制度措施,另一方面借此机会抓住社会治理的痛点,以对社会善治产生正向推动作用。

在具体的监管理念上,树立动态的、综合的网络暴力防护理念。在"互联网+"万物互联的时代背景下,大数据、云计算、人工智能和区块链等新一代信息技术助推经济发展的同时,传统领域与信息技术不断融合,新型网络攻击手段也会随时出现,网络暴力相较传统暴力问题具有更强的技术隐蔽性与流动变化性。由于网络暴力的威胁来源和攻击手段不断变化,仅仅依靠装几个安全设备和安全软件就能保护网络安全的时代已经过去,要摒弃传统的静态防御网络安全理念,树立动态的、综合的网络暴力防护理念。具体而言,要构建"感知、防护、检测、响应"的主动防御体系,打造"事前监测预警+事中及时阻断+事后快速溯源"的精细防御结构。首先,强化威胁预测能力建设,开展网络安全未知威胁检测技术研究,利用机器学习、人工智能等新技术,提升海量流量中高级威胁线索发现水平,实现网络攻击事件的快速发现与场景还原。其次,促进威胁感知能力建设,增强态势感知预测技术,基于大数据分析与宏观微观态势研判,实现对重大网络攻击事件的提前预警,及时做好防范与有效应对。最后,推动威胁防御能力建设,构建网络攻击实时防御技术,实现监测体系与处置体系的实时联动,确保受到网络攻击时能第一时间高效处理。只有树立动态的网络暴力监管理念,实时监测网络暴力风险、及时处置网络暴力威胁,才能与时俱进地应对技术变革导致的网络暴力风险加剧问题。

(二)充分利用信息技术提升网络暴力监管智能化水平

面对信息技术的进步与信息内容的高速流通,过去分散独立的网络变得高度关联、相互依赖,政府只有充分利用信息技术,才能提升网络暴力监管智能化水平。技术因素不仅能够促进经济社会的数字化发展,而且能够为网络安全建设提供动力和保障,进而提升网络空间治理能力,助推网络空间安全建设。[①] 技术防护手段具备实时监测能力、精准研判能力、动态防御能力与常态威慑能力，网络安全技术在提升网络暴力监管智能化水平方面发挥着不可替代的作用，监管部门应该充分运用技术手段构建网络暴力监管体系。

一是运用网络数据加工处理技术，在整合分析近年网络暴力事件数据的基础上，描绘网络暴力发生背景、特点，进而发现规律和构建模型，建立科学有效及时的防范与应对网络暴力的机制。政府机关网络暴力监管技术的核心范畴包括人工智能、大数据、区块链等信息技术，这些技术再经过融合使用，可以在数据挖掘、数据存储、深度学习、知识计算、数据可视化等方面为政府机关治理网络暴力提供支持。在数据挖掘上，政府机关收集具有价值的网络暴力数据作为技术治理的基础数字资源，并从具有随机性、模糊性的海量数据中筛选具有价值的数据，为建立在数据分析基础上的技术治理提供了可能。在数据存储上，政府机关可以通过分布式存储等技术降低存储成本与安全风险，并为政府机关之间、政府机关与网络服务提供者之间的数据共享提供基础。在深度学习上，政府机关通过人工智能技术对已有数据进行深度处理，使人工智能能够及时反馈与预测网民情绪变化、网络舆情发展趋势、网络暴力背后历史根源和社会心理要素，进而高质量解释数据反映的具体内涵。在知识计算上，政府机关的技术治理措施可以自动感知网络数据，通过用新的知识替代旧的知识，从而发现事先所没有掌握的信息，为技术治理增添新的可能。在数据可视化上，监管技术可以通过将数据转换为图形，使政府机关工作人员更加快速、直观地掌握网络暴力的发展程度、争议焦点、深层原因等事项，更好地将人工治理与技术治理相结合。

二是运用网络信息安全保障技术，通过对网络暴力态势的实时感知和反应能力建设，提升网络安全保障能力。网络信息技术更新速度较快，网络安全保障体系建设也应紧跟网络技术发展，通过运用数字加密技术、身份识别技术、安全监测技术、网安攻防技术等安全保障技术，增加个人信息获取难度，防范网络系统攻击，从而避免网络暴力风险和网络安全威

---

① 参见周佑勇：《社会主义核心价值观融入网络空间治理现代化的法治逻辑》，载《江苏行政学院学报》2022年第1期。

胁。(1)网络数据加密技术。将网络信息通过加密函数转换成无意义的密文,提升信息保密程度,减少信息直接显示带来的网络暴力风险。(2)网络身份验证技术。要求用户在提取网络信息时,先与之前创建的会话进行身份匹配,否则拒绝提供全部信息,以此增加网络信息获取难度,避免网络信息的窃取,可以实现从源头上防范网络暴力风险。(3)网络传输隐匿技术。将数据传递途径隐藏起来,使第三方难以获知机密信息是否存在,减少反向破解的可能性,进而保证信息传递安全。(4)网络入侵检测技术。对潜在的未获授权的访问信息或链接进行检测,及时发现并报告可能存在的网络安全风险,积极防御网络暴力侵害。(5)网络攻击拦截技术。在系统遭受实际侵害前对可疑指令进行拦截,搭建一堵防火墙,避免黑客或病毒攻击,实现网络信息的预防性保护。

(三)制定切合网络暴力实际的网络安全技术标准

网络安全技术的实施离不开具体的网络安全技术标准的规定,应加强对网络暴力应对技术的规制,促进技术向善。制定切合网络暴力实际情况的网络安全技术标准,通过规范化路径激发平台企业参与制定标准、引用标准和遵守标准的积极性,有利于充分发挥技术标准在网络暴力治理体系中的辅助作用。

习近平总书记在网络安全和信息化工作座谈会中提到,"要落实网络安全责任制,制定网络安全标准,明确保护对象、保护层级、保护措施"。因此,在网络暴力对抗性的本质下,制定网络暴力应对的安全技术标准,将应对侮辱谩骂、造谣诽谤、侵犯隐私,以及严重影响身心健康的道德绑架、贬低歧视、恶意揣测等不同类型的网络暴力信息的安全技术进行划分,并对应不同的衡量标准,能够最大化地发挥网络安全技术的效用。网络安全技术标准是国家网络安全保障的重要组成部分,需要依据相关法律规范构建行之有效的约束和激励机制,确立明确、科学的技术规范标准,以发挥对网络暴力的引领和规制作用。在具体标准制定上,应该由国家互联网信息办公室统筹协调,并结合网络暴力的实际情况,对网络安全技术标准进行统一技术归口。在具体的标准内容上,采取网络暴力分级分类应对技术标准。一方面是建立用户分类分级技术标准。针对普通用户与"网络水军"进行区分管理,建立商业性"网络水军"检测模型,实现精准预防网络暴力群体。例如,《网络暴力信息治理规定(征求意见稿)》第 11 条规定,网络信息服务提供者应当建立健全网络暴力信息预警模型,综合考虑事件类别、针对主体、参与人数、信息内容、发布频次、环节场景、举报投诉等维度,及时发现预警网络暴力风险。针对未成年人和老年人等不同受众群体,划分不同技术级别,并设置相应技术指示标示,保证未成年人和老年人等特殊群体免受网络暴力伤害。例如,《网络暴力信息治理规定(征求意见稿)》第 20 条规定,网络信息服务提供者发现网络暴力当事人涉及未成年人、老年人等的,应当及时协助当事人启动一键防护,切实强化当事人保护。另一方面是建立信息内容分类分级技术标准,即对于侮辱谩骂、造谣诽谤、侵犯隐私,以及严重影响身心健康的道德绑架、贬低歧视、恶意揣测等不同类型的网络暴力信息,结合相应的分级标记与技术模型,设计分层级过滤的信息技术管理制度,通过自动化技术来评估潜在有害言论内容,建立精准预防网络暴力的技术体系。

监管部门可以引导信息技术行业协会发挥技术规制能力,网信协会和技术社群通过参与制定网络安全技术标准,实现技术监管协作治理。由于互联网环境复杂以及技术特点等使得政府监管困难,网络协会自律和平台自治构成互联网治理不可或缺的一部分。具体而言,政府机关应通过激励相容制度引导网络协会或平台实现技术自治。例如,《网络暴力信息治理规定(征求意见稿)》第 4 条规定,鼓励相关行业组织加强行业自律,督促指导网络信息服务提供者加强网络暴力信息治理并接受社会监督。中国互联网协会是我国最重要的互联网行业组织,其由国内从事互联网行业的网络运营商、服务提供商、设备制造商、系统集成商以及科研、教育机构等 70 多家互联网从业者共同发起成立。中国互联网协会在行业技术自律方面发挥了关键作用,对行业技术自律机制的培育和建立起到了重要作用,政府可以引导行业协会制定行业技术规范,促进互联网产业健康发展。例如中国互联网协会倡导制定了《互联网站禁止传播淫秽、色情等不良信息自律规范》《中国互联网行业自律公约》《互联网搜索引擎服务自律公约》《关于抵制非法网络公关行为的自律公约》《文明上网自律公约》等自律规范或公约,在这些自律规范或公约基础上,可以将技术标准融入其中,以标准化带动技术规制健康发展,提升网络暴力治理现代化水平。另外,网络平台企业可以通过设置内部技术治理机制承担其社会责任,不仅可以形成有效的自我监督机制,还能够辅助行政机关利用技术手段进行网络暴力监管执法。

第二节 网络暴力治理的平台权责

在多措并举等治理理念与多方协同等治理路径的指导下,平台在网络暴力治理中往往处于核心地位,能否充分激活其治理积极性,赋予足够的处置权限与裁量空间,发挥基础性的治理功能,对于治理成败至关重要。因此,应当建构科学的权力配置与责任承担制度体系,从网络暴力发生的事前、事中、事后即治理前端、治理中端、治理末端三个维度为平台赋能,使其不仅限于作为网络服务提供者或网络暴力的发生场所而存在,而是更为主动地充当网络暴力的积极治理者之角色,对网络暴力全流程形成常态化的治理机制。2022 年 11 月 2 日,中央网信办秘书局发布了《关于切实加强网络暴力治理的通知》,提出“进一步压实网站平台主体责任”,专门针对网络暴力治理提出了多维应对举措,从预警预防机制到当事人保护和信息传播控制,再到惩罚处置等,多项内容与平台权责息息相关;2023 年《网络暴力信息治理规定(征求意见稿)》第 5 条也规定,网络信息服务提供者应当履行信息内容管理主体责任,建立完善网络暴力信息治理机制,健全账号管理、信息发布审核、监测预警、举报救助、网络暴力信息处置等制度。可以看出,在切实有效实现网络暴力治理上,网络平台承载了极其重要的政策期待。

一、治理前端搭建平台规则体系

在当今网络环境中,或大或小的网络暴力事件屡见不鲜,俨然成为网络平台运营中的日常性风险。为应对此类随时可能发生的网络暴力事件,应当积极授权网络平台构建常态化的治理举措。但是,由于网络暴力的表现形式及自身特性,其在具象化之前往往处于模糊地带,因此在治理前端的总体对策应当以授权性规范为主,即倡导和鼓励平台建立相应的制度框架与技术工具,但不宜过多强调普遍性义务的承担及责任后果,具体来说包括但不限于合理制定或修改平台公约以奠定基本的治理框架，建立健全内容审核过滤机制，建构全方位的网络暴力舆情应急响应机制，设定充分的用户保护工具与网络暴力规范措施。

(一)以平台公约奠定治理框架

任何一个网络平台都有其制定的平台公约，无论是平台自身开展运营维护，还是用户进入网络平台并从事相应活动，都受到该等规则的限制。前者指向针对平台自身的管理规章，后者则是约束网络平台使用者的用户协议，这两个面向共同构成了网络平台及其用户应当遵循的底层规则。2019年国家互联网信息办公室颁布的《网络信息内容生态治理规定》明确要求，网络信息内容服务平台应当制定并公开管理规则和平台公约，完善用户协议，明确用户相关权利义务，并依法依约履行相应管理职责。2022年国家互联网信息办公室颁布的《互联网用户账号信息管理规定》重申了类似的内容。2023年《网络暴力信息治理规定(征求意见稿)》则专门针对网络暴力治理问题进行了细化规定，其第7条载明：网络信息服务提供者应当制定和公开管理规则、平台公约，在用户协议中明确用户制作、复制、发布和传播网络暴力信息应承担的责任，并依法依约履行相应管理职责。在应对层出不穷的网络暴力时，为从根源上提升治理的规范化、法治化水平，自然也无法绕开平台公约的作用：一方面，网络平台在其制定的公约中设定网络暴力治理相关规则，既能规范平台具体治理技术的使用，也能在用户最初进入该等平台的时候即为其划定相关的授权性或禁止性行为的范围，从而奠定基本的治理框架。在平台采用合理方式进行规则明示的情况下，用户对准入协议的同意意味着其明知作为平台使用成员应当遵守的义务要求，划清了用户使用平台服务时的权利义务界限，在治理前端即为平台在网络暴力行为发生之时的介入、处置以及发生之后所采取的一系列事后措施提供规范依据，有助于塑造有序的网络暴力治理环境。另一方面且更为重要的是，从实用主义的视角来看，随着网络暴力借由数字技术革新而不断调适自身形态、网络平台组织规模日益高度复杂化，政府外部监管成本随之增加，期待监管部门及时更新“量身定制”的治理规范在治理对象的迭代速度面前缺乏现实可能性。相较于政府监管部门等外部主体，网络平台对发生在其内部空间的违法犯罪信息有着无可比拟的信息优势，通过平台公约适时根据网络暴力生发态势调整治理规范具有充分的现实可行性。

为充分实现上述愿景，平台公约应当从以下几个方面进行合理形塑：其一，在功能定位上，作为网络平台"宪法性文件"的平台公约应当定位为网络平台与政府部门的协同规制准则，强调由网络平台借此承接政府部门下放的监管权限，担当政府的协同监管角色，并根据其自身情况类型化地设定网络暴力治理的相关规范，以最大限度适应不同平台在业务类型、传播方式、用户体量、发展阶段等方面的差异化治理需求。其二，在保障机制上，获得政府赋权的平台公约实际上承载了相当的公共性，因此应当以备案登记等恰当的形式进行充分公开。政府也应当对平台自治规则制定情况和实施效果进行事后监管，即确保平台公约规则符合程序正义标准和实体正义标准，①并参照基本法律规范与平台公约规则评估网络平台是否妥当履行其承诺的治理职责，以督促平台勤勉尽职，实现政府与平台的协同共治。② 此外，督促网络平台对该等公约的实施情况进行定期报告或者根据特定事件进行特别报告，也是一种有效的外部监管举措，如2023年《网络暴力信息治理规定（征求意见稿）》第8条即有相应规定："网络信息服务提供者应当定期发布网络暴力信息治理公告，并在网络信息内容生态治理工作年度报告中，报告相关工作情况。发现存在网络暴力风险时，网络信息服务提供者应当及时公布治理工作情况，回应社会关切，引导网民理性发声，防范抵制网络暴力行为。"其三，在规范内容上，平台公约应当发挥国家法律规范与用户行为准则之间的桥梁作用，将前者关于网络暴力治理的相关规定导入平台公约当中，并根据平台自身性质将其转化为具有针对性且能够实现动态调整的管理规则，对平台、用户形成刚性约束和义务要求，使法律规范在具体网络平台中得到贯彻与细化，亦能为平台实施相应的治理措施提供准据。在法律规范有明确规定的事项中，平台公约应当确保自身与上位法规范不产生冲突，值得借鉴的是某平台《社区自律公约》中对行为准则体系的设定，其将平台与用户

---

① 参见刘权：《网络平台的公共性及其实现——以电商平台的法律规制为视角》，载《法学研究》2020年第2期。

② 参见宋亚辉：《网络平台的动态规制理论》，载《上海政法学院学报（法治论丛）》2023年第2期。

共同遵守的行为准则划分为三个层次，分别为"倡导的行为""不欢迎的行为""禁止的行为"，从正面与反面申明并强调了平台的观念导向，并相应配以不同的管理处置措施，在落实法律规范的同时也贯彻了平台自身的价值观，形成了层次化的科学治理模型。其四，在规范形式上，鉴于网络暴力在各大网络平台中已经成为显性现象，因此平台公约应当以足够体量的规范体系对其进行专门规定，其内容包括网络暴力行为的类型化提示，用户的权利行使边界与义务范围，平台在事前、事中、事后对网络暴力的处置措施，平台为用户提供的救济工具，以及施暴者可能面临的平台惩戒或法律责任等，以充分保障用户的知情权，同时起到教育与警示的作用。

（二）以数字技术完善审核机制

在网络暴力的前端治理中，网络平台借助自身数字技术优势建立健全合理的内容审核过滤机制，以对与网络暴力相关的内容进行一定程度的研判与预防，是及时发现并在网络暴力萌芽之初即将其予以遏制的关键一招。早期网络治理中，平台责任制度规定得较为宽松，网络平台定位于传统的"守门人"治理角色，主要承担事后责任、间接责任，固然主要是出于激励数字经济发展的规范意图，技术条件不成熟也是重要缘由。伴随着数字技术迭代升级、人工智能深度学习算法取得重大突破等经济技术因素，网络平台日益基础设施化，其自动化信息处理能力也得到迅猛发展，以往难以实现的网络暴力内容识别机制已逐渐完备落地可行性，平台的管控能力和管控措施不断提升，对平台责任的"规制宽容原则"也实现了向"压实平台责任"的规范演进。[①] 在 2019 年中国网络视听节目服务协会制定的《网络短视频内容审核标准细则》中对网络平台内容审查提出了具体的标准和要求，比如不得出现侮辱、诽谤、贬损、恶搞他人的内容，或不利于未成年人健康成长的内容等。2020 年施行的《网络信息内容生态治理规定》对网络信息内容服务平台赋予了内容管理的责任，即平台应当建立网络信息内容生态治理机制，制定本平台网络信息内容生态

① 参见魏露露：《网络平台责任的理论与实践——兼议与我国电子商务平台责任制度的对接》，载《北京航空航天大学学报（社会科学版）》2018 年第 6 期。

治理细则,健全用户注册、账号管理、信息发布审核、跟帖评论审核、版面页面生态管理、实时巡查、应急处置和网络谣言、黑色产业链信息处置等制度。2022 年《关于切实加强网络暴力治理的通知》中更是进一步明确规定,平台可以建立的事前内容审核机制主要有二:一是内容识别预警机制,即网站平台建立网暴信息分类标准和典型案例样本库,在区分舆论监督和善意批评的基础上,明确细化涉网暴内容标准,增强识别预警准确性,并结合网站平台业务特点和具体处置案例,不断更新分类标准,持续完善样本库;二是网暴技术识别模型,即网站平台要综合考虑事件类别、针对主体、参与人数、信息内容、发布频次、环节场景、举报投诉等维度,建立符合自身特点的网暴行为识别模型,及时发现预警网暴倾向性、苗头性问题。2023 年《网络暴力信息治理规定(征求意见稿)》以专章的形式,在第三章"网络暴力信息监测预警"中以三个条文将前述通知精神予以落实。这一规制转向符合"作为能力提升注意义务也相应提高"的治理规律,但是内容审核必然涉及与用户权利或言论自由之间的博弈,[①]且由于网络言论自身的特性,在其正式形成暴力效应或规模化之前,往往难以准确厘清其与正常言论之间的界限,因此应当准确把握平台在网络暴力治理中所具有的独特的技术优势和信息优势,充分利用其数字技术在信息传播、内容管理方面的技术特质,在网络暴力风险防范的治理中发挥前端技术措施的治理效应。[②]

有鉴于此,应当充分为网络平台配置事前防范网络暴力行为的权责,由于网络平台自身的发展需求,其数字技术措施足以创建一整套以技术代码、算法规则等为主的技术治理机制。这些数字技术措施借助海量数据、智能算法等技术能够形成直接干预,更容易直接发现违反法律法规、平台管理规定而对他人进行人身攻击的行为,通过验证、痕迹追踪、信息筛选、加密等手段来阻止特定数据的获取和传播,采取诸如真实身份验证、人脸识别、恶意信息屏蔽、权限限制、冻结注销账号等措施在法律介入之前就可以直接干预并有效防止损害,或者至少可以赋予被害人防止持

---

① 参见刘艳红:《网络时代言论自由的刑法边界》,载《中国社会科学》2016 年第 10 期。

② 参见赵鹏:《私人审查的界限——论网络交易平台对用户内容的行政责任》,载《清华法学》2016 年第 6 期。

续受到网络暴力侵犯的权限。目前,各大网络平台所采用的内容识别机制主要有以下几种:一是投诉举报机制,即平台在用户主动发起投诉举报的情况下将涉网暴言论予以删除;二是人工审核机制,如公开资料显示,Facebook已雇用了数千人乃至上万人的审核团队来应对包括网络暴力在内的不良信息;三是第三方标记的实名机制,如某平台根据用户实名标记的内容进行识别、删除,如标记准确则将该用户定义为“可信标记者”,提升其标记可信度,由此不断扩大标记者群体的人数来事实上增加审核者的数量;四是自动过滤机制,即通过某种自动化算法进行识别处理;五是综合审核机制,即综合多种方法进行。当然,传统以人工审核为主的模式注定要在网络技术的发展浪潮中不断淘汰,未来的发展趋势是人工智能所占的权重将越来越大,即通过深度学习等算法来代替高昂而低效的人工审核,在输入环节将平台海量信息纳入过滤算法的数据库,构建动态更新的网络暴力信息样本库,在输出环节以关键词拦截策略、行为识别模型等方式实现准确识别、预警、拦截等措施。各个网络平台发展人工智能技术作为网络暴力治理的核心驱动力,这也是其内容识别预警机制和网暴技术识别模型得以建立的根本倚仗。值得注意的是,在强调平台事前审核机制大有可为的同时,也应当为其适用划定边界:一方面,避免对人工智能技术下的网络暴力内容识别预警赋予“终局性”,否则容易造成算法垄断或歧视,而应当辅以相应的抗辩救济机制,在相关信息的合法性得以确认后,应当立即解除临时性措施,并作出更正说明和合理补偿;①另一方面,必须避免不当强调事前审核义务的过分普遍化、强制化,而应当侧重于建立具有较为充分自主性的能动机制,以适应网络暴力复杂多变的生成机理及其与网络平台良性发展之间的协调。总而言之,敦促网络平台充分利用数字技术优势,建立具有相对弹性幅度的网络暴力内容过滤机制,能为规制网络暴力行为提供长效动力,极大提升治理效力。

此外,网络暴力行为往往以言论的形式呈现,言论语义的模糊性无法

---

① 参见赵健旭:《网络暴力识别预警机制的法治建构》,载《民主与法制时报》2022年5月11日,第3版。

消解等原因注定了事前审查有可能不当损害用户正常表达的权利。[①] 因此,在授权网络平台发挥前述治理效力的同时,也要对平台及其数字技术进行比例原则下的限制,具体而言可从两个方面展开:其一,平台的审查机制应当建立在对网络暴力内容进行类型化分析的基础上,其监控重点应当放置在那些可能造成严重损害后果的网络暴力内容上,此时平台可有较大的裁量自由空间与筛查力度,而针对较轻的网络暴力内容或疑似网络暴力内容,则应当严格限制平台的事前审查权限;其二,平台建立审查机制时,应当根据网络暴力所针对的对象进行区分规制,如为贯彻我国对未成年人重点保护的理念,平台应当充分建立涉及未成年人的网络暴力内容数据库,对相关内容予以重点筛查。

(三)以应急机制响应网暴舆情

由于网络暴力事件往往植根于现实的社会矛盾基础,在虚假信息和不良信息推波助澜与新媒体等信息技术的加持下,缺乏规范引导的网民容易陷入“群体不理性”的状态当中,对政府机关、企业或其他个人发表数量庞大的价值评判式言论,形成舆情事件,诚然从积极面向来看这些网络舆情能为政府决策提供一定的民意参考,但是由于舆论在形成一定规模之后容易“失控”,产生巨大的破坏性能量,对舆情主体、客体及其所处的网络空间环境产生毁灭性的冲击,从而导致社会矛盾进一步激化、影响国家机关公正性和独立性、公民权益遭受践踏、网络舆论生态恶化等负面效应,因此对这种舆情事件总体来看应当持有“防微杜渐、防患未然”的态度,强化事前预警与应对。因此,网络平台在治理前端应对网络暴力现象之时,应当重视防范网暴舆情于未然,在网暴事件发生之前即制定充分的应对方案,并根据舆情迹象的层级作出不同响应,即建立网络暴力治理的应急机制。2022 年《关于切实加强网络暴力治理的通知》中亦明确规定了这一点,其要求网站平台建立涉网暴舆情应急响应机制,即组织专门工作力量,及时收集网暴相关热点话题和舆情线索,强化网暴舆情事前预警,做到防微杜渐、防患未然。根据陌生人私信显著增加、相关话题热度

---

① 参见张新宝、任鸿雁:《互联网上的侵权责任:〈侵权责任法〉第 36 条解读》,载《中国人民大学学报》2010 年第 4 期。

迅速攀升、搜索量快速增长、举报频次加大等情况，及时发现网暴异常行为。

网络平台可通过日常算法巡查、网暴舆情专项技术模型优化等途径，准确把握网络暴力舆情机理，建构合理的应对策略。具体而言，可从四个层次构建全方位的网络暴力舆情应急响应机制：舆情监测机制、舆情预警机制、应急响应机制、技术与人员保障机制。

其一，舆情监测机制。一般认为网络暴力舆情的构成要素包括主体、客体、载体，舆情主体是指网民群体、“意见领袖”、媒体等在网络暴力事件中发表意见或采取具体行为的个体或者群体，舆情客体是指网暴舆情所指向的政府、企业、个人等具体对象，舆情载体则是文本、图片、音频、视频等舆情信息承载形式。① 在治理前端网络平台对网暴舆情进行监测预警即可从这三个要素切入分别搭建不同的技术模型：就主体维度而言，平台算法通过对海量数据的收集、分析与学习，在遗传算法、神经网络等技术模型下，应当在舆情预测的基础上初步建立重点关注人群数据库，尤其是对网民群体中具有煽动倾向的“意见领袖”进行重点观测，并建立网暴黑名单机制，将涉及网暴行为的个人或机构列入黑名单，在治理前端即对其采取重点监测、限流等措施，从源头防止舆情煽动成势；就客体维度而言，网络平台应当根据关键词监测等，对国家机关等重点公共事务机构、大型社会企业，以及妇女、儿童、残疾人、英雄烈士及其亲属等重点保护群体构建监测保护网络；就载体而言，网络平台应当从既往网暴舆情经验中总结一般规律，为不同的载体设定不同的算法评价指标和权重，并探索更新视频、直播等传统识别模型较难应对的技术方案。

其二，舆情预警机制。为实现网暴舆情的精准预警，网络平台应当对网络暴力舆情进行分级分类，即根据舆情的影响强弱划分等级，根据网暴舆情涉及的社会领域、关涉主体、分布的行政级别以及首发主体②区别制定不同舆情的应对方案。参考中央网络安全和信息化领导小组（2018 年变更为中央网络安全和信息化委员会）办公室 2017 年发布的《国家网络

---

① 参见左蒙、李昌祖：《网络舆情研究综述：从理论研究到实践应用》，载《情报杂志》2017 年第 10 期。

② 参见喻国明、李彪主编：《中国社会舆情年度报告（2015）》，人民日报出版社 2015 年版，第 29～45 页。

安全事件应急预案》中对网络安全事件的等级划分,可以将舆情事件由轻到重划分为四个等级:一是一般网暴舆情,即网络暴力信息传播范围较小,参与人数较少,未形成群体效应,阅读量、转发量、评论量、点赞量、搜索量等数据仍较小,并未扩散至不同网络平台,其针对的对象也并非未成年人等重点保护的弱势群体,信息话题不具敏感性或严重伤害性,关注热度增长缓慢等;二是较大网暴舆情,即传播范围扩大化,且有网络“大V”等有影响力的账号参与传播或讨论,话题讨论量等数据已较为显著,网上明显形成规模化的群体站队效应,关注热度瞬时增长快,且其影响范围已经扩散到不同网络平台之间;三是重大网暴舆情,在达到了更大的传播规模以外,还要求具备额外特征,或以未成年人等重点保护的弱势群体为网暴对象,或已经达到了行政违法的程度,或对被害人已经造成了严重的危害结果,或已经造成了较为严重的社会后果或严重影响了正常的网络秩序;四是特别重大网暴舆情,即相关的施暴行为已达到了刑事犯罪的程度,需要公安部门、网信部门等介入。在一般的等级模型之余,不同网络平台应当根据自身特点,制定量身定制的、合理的网暴舆情等级制度。与前述等级划分相对应,网络平台应当根据网络舆情的轻重分别发布蓝色预警、黄色预警、橙色预警与红色预警。在人工智能技术和数字模型广泛运用的技术条件下,蓝色和黄色预警可由算法根据其监测到的网络异常情况直接作出,但是一旦存在疑似应当发布橙色预警甚或红色预警的情况时,必须介入人工审核,以确保识别准确性。与此相对应,对于一般网暴舆情和较大网暴舆情,可由算法根据事先设定的程式启动相应应急预案,开展预警响应,以释放平台治理效能,避免给平台添加过重的事前审核负担,而对于重大网暴舆情和特别重大网暴舆情,则应当由平台的负责专员和专门团队制定应急预案,开展预警响应。

其三,应急响应机制。与网暴舆情等级从轻到重相对应,网络平台应当分别建立四级、三级、二级、一级的响应机制。对于一般网暴舆情,平台采取四级的应对措施,由专门工作人员在数字技术的辅助下,采用适时介入、疏导为主、避免事态扩大化的应对措施,将网络暴力阻遏在轻微阶段。对于较大网暴舆情,平台采取三级的应对措施,由整个技术团队分工负责,互相配合,并与其他平台形成联动,及时阻断施暴者及其网络暴力信息的影响力扩散。对于重大网暴舆情,则由于其影响范围巨大、破坏力严重,必须由全平台、全团队在不同的环节、不同的岗位上通力配合,才能有效实现权利保护和责任追究。而对于特别重大网暴舆情,由于事态已经远远超出平台可控范围,已无法仅凭借平台自身的力量予以化解,更不能使权利侵害遮蔽于某一平台之内,其必须与公权力机关形成良性沟通,在公安司法机关等部门的介入下,以实现证据保全、被害人保护、责任人确认等。此外,根据网暴舆情的发展规律,可将其划分为如潜伏期、萌动期、扩散期、爆发期、消退期[①]以及舆情反转期等,因此值得注意的是,网络平台建立的响应机制不仅应当考虑舆情等级轻重,而且必须是适应舆情发展不同阶段的动态策略,在不同阶段中,网络平台承担的责任有所不同,其算法技术的任务重点也有所差异。

其四,技术与人员保障机制。为在治理前端即建立有效的涉网暴舆情应急响应机制,平台应当发展或引进相应的分析研判数字技术,并成立专门从事舆情监测、预警、响应的团队,形成与层出不穷的网暴现象相适应的治理力量,为确保该等治理力量行之有效,还应当加强日常管理、培训演练、跨平台合作等配套措施的完善。

(四)以便捷工具强化用户保护

前述网络暴力前端治理措施中,无论是制定底层规则、运用数字技术优势建立内容审查过滤机制,还是建立舆情应急响应机制,均侧重于强调网络平台自身的直接能力,但是在体量巨大的平台中,完全依赖该等"中心化"的治理手段,难以应对形式多变、识别难度大的网络暴力现象。因此,平台还应当为用户设置足够便捷的网络暴力防范工具与技术,建立畅通的"用户—平台"沟通机制,在为用户提供便利的同时,也能有效提高用户面临网络暴力时的自我保护能力。根据2022年《关于切实加强网络暴力治理的通知》的规定,平台可以为用户设置便捷的自我保护工具。这类保护工具主要有三种:其一,设置一键防护功能,即网站平台根据自身特点,建立完善紧急防护功能,提供一键关闭陌生人私信、评论、转发和@消息等设置。用户遭遇网暴风险时,网站平台要及时发送系统信息,提示

---

① 参见陈华、张煜巍:《企业社会责任负面事件网络舆情演化阶段式建模分析》,载《中国管理科学》2023年第2期。

其启动一键防护,免受网暴信息骚扰侵害。其二,优化私信规则,即网络平台要进一步完善私信规则,对接收陌生人私信附加数量、时间、范围等限制,用户可根据自身需要自主设置仅接收好友私信或拒绝接收所有私信。对照网暴信息分类标准,采取技术措施,防范网暴内容通过私信传输。其三,建立快速举报通道,即在网站平台评论、私信等位置设置网暴信息快捷投诉举报入口,简化投诉举报程序,网站平台对于明确为网暴信息的应在第一时间予以处置。向用户提供针对网暴信息的一键取证等功能,方便当事人快速收集证据。坚持最有利于未成年人的原则,优先处理涉及未成年人的网暴举报。2023年《网络暴力信息治理规定(征求意见稿)》在落实前述通知精神之余,还对一键防护的启动情境予以细化规定,即当网络暴力当事人涉及未成年人、老年人等,或当事人在公开环节表示遭受网络暴力,或若不及时采取强制介入措施,可能造成严重后果的其他情形,网络信息服务提供者一旦发现即应当及时协助当事人启动一键防护,切实强化当事人保护。

经过对网络暴力生成机理的考察可以发现,网络暴力的形成往往需要经过多个流程:首先确定施暴意图或诱发施暴倾向,之后生成暴力内容,并进入传播、流通环节,从而抵达被害人或被害人群体,甚至进一步逐渐形成规模效应造成严重后果等。在网络暴力行为形成之前,平台应当且有能力在多个节点为用户提供相应的便利工具或防范手段。大部分网络暴力案例离不开隐私信息的泄露或非法获取,换言之,如网络平台能够提供适应多种使用场景的隐私保护工具,供用户自主选择以妥当控制内容的发布范围与查阅权限,许多网络暴力根本无从发生。某网络平台的做法值得借鉴:在通过平台协议中的专门章节规定了“尊重用户个人隐私信息的私有性”原则与匿名工具的同时,专门制定的“平台隐私保护指引”在管理账号及发布的内容与相关记录、删除个人信息、获取个人信息、撤回授权同意、注销账号、限制处理个人信息、用户请求响应等全流程中为用户提供了保护工具及详尽的使用指南,有力强化了用户对自身隐私信息的掌控能力与保护能动性。

此外,对于那些应当重点保护的用户群体,平台应当提供更为有力的事前保护。例如,未成年人由于辨认能力较弱、自我保护意识不足等,容易泄露自身那些可能容易成为网络暴力素材的信息,此时平台可采取“强式的家长主义”①模式，即尽管未成年人在发布自身的敏感个人信息时并未受到欺诈或胁迫等非自愿干扰，但是涉及生物识别、金融账户、行踪轨迹等的信息一旦公开即具有较大的安全隐患，因此平台可以在未成年人发布该等信息时通过二次确认、监护人同意等制度倾斜对这一群体的保护力度。又如，“网络水军”集体诋毁英雄烈士或某些有重要社会影响力的国家荣誉得主的事件时有发生，在这些事件中，受害人往往已不在人世或年事已高，无法直接通过网络回应的方式来避免“网络水军”对其荣誉、名誉的践踏，此时平台主动为受害者澄清事实，驱散网暴迷雾，亦能彰显平台的治理作为。

二、治理中端释放平台处置活力

网络暴力行为正式发生即意味着单纯依靠平台的前端治理机制不足以完全将该等行为遏止于未然，因此平台必须启动如干预控制等治理中端机制，包括及时响应并介入，对施暴者及其施暴内容进行有效截断，赋予双方平等的举证与申辩机会，从正向与反向共同强化网暴信息管理，并实现跨平台的有效协作等。

（一）完善分类分级裁量标准

网络暴力发生时，除了平台自身数字技术直接识别的情况以外，其介入一般是由于收到了用户的投诉或举报，因此，平台能否建立健全妥当的响应机制，及时介入事件旋涡当中并采取相应的处置措施，直接关系到受害人的权利与治理的成效。这类处置措施往往包括用户端的投诉举报方式与平台端的受理、甄别、处置、反馈等机制两个方面。目前，各个网络平台一般均已为用户设置较为便捷的反馈工具，也由轻到重设置了限制流量、屏蔽信息传输、警告、禁言、暂停使用账户、永久封号等处置措施。首尾环节均已具备，但是最为核心的问题在于中间环节，即如何实现网络暴力信息分类分级的合理化配置，目前分类分级标准仍然普遍处于薄弱状态。具体到网络信息内容分类分级，现行的法律、行政法规或部门规章，

---

① 黄文艺：《作为一种法律干预模式的家长主义》，载《法学研究》2010年第5期。

往往止步于提出分类分级的要求，而未对如何分类分级的具体方案提供可操作的指导。[①] 事实上，平台在网络暴力治理中能起到“桥头堡”的作用，其与网络暴力发生的空间距离可谓最近，其智能算法能够对网络暴力信息及其发布者进行准确识别、追踪、修改、屏蔽等，因此，应当通过平台权责的合理配置，积极对平台赋予治理裁量权限，引导平台建立健全网络暴力信息内容的分类分级标准，并以此优化处置措施配置，进而激活平台在网络暴力治理中的能动性，释放治理效能。

网络暴力信息内容的分类分级标准，需要考虑信息内容、危害程度、扩散范围等多重因素，构建科学合理、符合技术特征的网暴信息分类分级标准体系，这需要从分类分级的原则、理念、分类维度、分级框架等多个要素予以切入。就分类分级原则而言，首先应当确立合法合规原则，即不得违反上位法律规范的强制性规定，如该等标准应当与《民法典》《个人信息保护法》等上位法律中关于个人信息分类的规范意旨相符，区别评价实施网络暴力行为侵犯公民敏感个人信息和一般个人信息的严重性，该等标准也应当吸收《网络信息内容生态治理规定》《互联网用户账号信息管理规定》等部门规章关于互联网信息服务提供者对信息内容的管理权限的规定，这一原则在使上位法律规范得以贯彻落实的同时，也能为网络平台介入内容管理划定边界，避免其自我赋权，不当压缩网民的正常言论空间。就分类分级理念而言，这一标准应当具备动态调整的性质：一方面随着“数据的流动、汇集、分析以及社会经济的发展和国家政策的变化”，与时俱进不断更新网络暴力内容的风险等级与应对等级；[②]另一方面为了避免标准由于僵化与滞后性难以适应个别化的场景需求，必须在成文标准之下保留个别抗辩、裁量的空间、程序和例外规则。就分类维度而言，一般可根据网络暴力行为侵害的对象，划分为公民个人维度、企业维度、社会维度、国家维度，并突出各个维度中的重点保护群体，如公民个人维度中的未成年人等。就分级框架而言，可根据网络暴力所造成的社会危害性合理划定等级梯度，如划分为轻微等级、普通等级、严重等级等。

---

① 参见洪延青：《国家安全视野中的数据分类分级保护》，载《中国法律评论》2021 年第 5 期。

② 参见袁康、鄢浩宇：《数据分类分级保护的逻辑厘定与制度构建——以重要数据识别和管控为中心》，载《中国科技论坛》2022 年第 7 期。

总之，对于网暴信息的分类主要考虑信息内容、危害程度、扩散范围这三个因素，并对这三个因素进行综合衡量。一是信息内容属于网暴信息的实质内容，是对于网暴信息进行评价的核心要素，对于恶意剪辑、虚假捏造的网暴信息显然应该适用更高的分类标准，并对其严格预防。二是危害程度和网暴信息造成的法益损害后果直接挂钩，如果网暴信息的损害后果仅限于财产损失，并未造成“河北寻亲男孩刘某州自杀案”以及“网课爆破”案这样的严重人身健康法益损害后果，就可以适用相对较低的标准。三是扩散范围表明网暴信息的传播范围，因为网络暴力具有高速传播性，如果延伸至现实社会则损害后果呈指数级上升，在当下以自媒体为主的用户内容生产（User-generated Content，UGC）时代，如果网暴信息在网络空间中被及时阻断传播，那么损害后果一般就相对可控，但是一旦传导至现实社会，就会导致严重的法益损害后果，需要归入更高标准。

通过衡量上述三个因素，可以将网暴信息划分到合理范围内，并适用对应的分类处置机制，不能对不同类型的网暴信息适用同一处置模式，否则只会徒耗司法资源。第一，对于疑似网暴信息，应该由网络监管平台及时进行甄别比对，并将疑似网暴信息及时上报由人工比对，在确定属于可能造成损害后果的网暴信息之后，需要及时删除信息，并对当事人的账号予以警告或者一段时间内的封禁，或者以平台的名义发布禁制令来禁止其涉足某一具体版块。第二，对于一般网暴信息，网络监管平台在确认之后立刻予以删除，并向本地的网络主管部门进行汇报，由网络主管部门出面向当事人了解情况，对于涉嫌扰乱网络空间公共秩序、侵害他人合法权利的行为人予以行政处罚，对其网络关联账号进行一段时间内的封禁，并引入创新性的“严重失信联合惩戒机制”与从业禁止等规定。第三，对于严重网暴信息，平台在识别之后不仅要及时上报公安机关并且删除信息，而且要对与该网暴信息相关的网络讨论组群进行追踪，对于网暴信息或者类似表述的信息都予以删除，防止其进一步扩散，对于可能存在侮辱罪、诽谤罪、侵犯公民个人信息罪等罪名的情形，追究当事人的刑事责任，同时对被施暴者给予心理疏导。通过对网暴信息进行分类处置，可以在规制网暴信息时做到有的放矢，避免刑法规制的介入阻碍网络产业的发展活力，强化行刑衔接，对于网络暴力采用行政处罚与刑事制裁相结合的规制方式,保持刑法本身的稳定性。[①] 值得注意的是,2023 年《网络暴力信息治理规定(征求意见稿)》第 12 条在赋予网络平台处置权限的规定中,仅仅规定了当网络信息服务提供者发现侮辱谩骂、造谣诽谤、侵犯隐私等网络暴力信息时,应当采取"删除屏蔽、断开链接、限制传播等处置措施"。在网络暴力信息分类分级处置原则的审视下,这一规定显得较为粗疏,有待结合实践经验予以进一步完善。

(二)保障双方举证申辩权利

如前所述,由于网络暴力行为往往附着于言论载体,不可避免存在多义性与模糊性,在介入网络暴力事件后,若没有经过审慎的检验即对施暴者与受害者进行分别处置,容易产生误判的可能性。事实上,此时平台担任的角色类似于"准司法者",其"诉讼两造"分别为举报者与被举报者。随着网络平台的规模扩张和对信息资源的日益垄断,网络"去中心化"的平等愿景已是明日黄花,网络生态中私主体事实上的地位差异清晰地呈现出网络平台强大的私权力属性。在网络空间中,存在一种服务支配另外一种服务的分层趋势,网络平台作为网络基础设施服务提供者,相对于其他非基础服务提供者及网络用户,存在明显的优势地位。这种优势地位的背后是一种新型的不均衡现象:私主体之间抽象意义上的平等关系被打破,而打破这种既有均衡不再是简单地凭借传统的社会资源和经济资源,更多的是借助平台架构等优势资源。[②] 作为对这种资源不对称的回应,各国普遍已经从豁免平台责任向加强规制模式转变。具体到"两造"对抗的"准司法权"语境中,以网络平台为中心形成了一系列网上争议预防机制、网上争议解决机制和具有强制力的网上执行机制,[③]对网络暴力事件双方当事人的权利义务产生直接影响,随着网络社会越来越成为与物理社会并重的生活世界,平台私权力优势带来的影响愈甚。因此,必须在网络暴力治理中端为网络平台的纠纷裁决权力设定正当程序规则,从机制上赋予双方平等的举证与申辩机会,形成良性的对抗,才能确保平台参与

---

① 参见张明楷:《刑法修正案与刑法法典化》,载《政法论坛》2021 年第 4 期。

② 参见周辉:《平台责任与私权力》,载《电子知识产权》2015 年第 6 期。

③ 参见许可:《网络平台规制的双重逻辑及其反思》,载《网络信息法学研究》2018 年第 1 期。

网络暴力治理的民主性与科学性。从目前我国涉网络平台的法律法规来看，对此并无明确规定，因此，必须从相邻法域或者域外实践中引进。

在网络暴力治理中，最适宜借鉴的“两造”对抗规则是私法中的“避风港规则”。“避风港规则”起源于私法中的知识产权法领域，最早确立于 1998 年美国颁布的《千禧年数字版权法》（DMCA），自 2000 年引入我国之后，经过了从知识产权法司法解释到侵权责任法、电子商务法，再到《民法典》“侵权责任编”将其规定为网络侵权责任一般规则的法定化过程。[①] 这一规则的具体内容包括两个层次：其一，“通知—删除”规则，即当 A 用户有初步证据证明 B 用户或其发布的内容对自己构成网络暴力侵害，并告知平台时，平台应当对该等侵权信息予以删除；其二，“反通知—终止”规则，即 B 用户接到网络平台转送的通知后，可以向平台提交自己并未实施网络暴力行为的声明，并附以初步证据予以证明，平台在接到声明后，将该等声明转送给 A 用户，并告知其可以向有关部门投诉或者向人民法院提起诉讼，在合理期限内，如其并未投诉或者起诉，则平台应当及时终止此前所采取的措施。这两个子规则分别构成了双方的举证与申辩，并明确双方只需要提交“初步证据”，与司法诉讼中的证据要求形成合理的明显级差，这是由两种不同救济方式的本质所决定的。在这一过程中，平台扮演着居中裁量者的角色，对各方用户的主张具有相应的裁量权限，其裁量方式的实现既可以由人工客服审核完成，也可以通过设置智能化的自动程序予以外化呈现。随着网络平台规模的扩张和数据处理量的膨胀，有学者进一步指出，一概要求网络平台收到侵权通知后即行删除的规范已经呈现出过分加重平台操作成本与有损权利保障的困境，并因此主张平台对于仅具有一般初步证据的侵权信息只承担“通知—转通知”义务。[②] 值得注意的是，由于网络暴力涉及的“两造”主体往往属于“群体施暴者 vs. 个体受害者”的多对一关系，存在明显的实力悬殊，因此可以在实践操作中倾斜对个体受害者的保护力度，而且对于在这一过程中识别出的明显超出网络平台可得裁量之事项，平台仍然应当依法将其

① 参见杨立新：《电子商务交易领域的知识产权侵权责任规则》，载《现代法学》2019 年第 2 期。

② 参见王立梅：《网络空间下避风港原则的完善与网络服务提供者责任分类》，载《江西社会科学》2020 年第 5 期。

诉诸有关部门或申请公安司法机关的介入，以实现妥当处理。

“避风港规则”同样能起到更为准确划定平台责任范围的功能，事实上，这是该规则的初始之义，即免除网络平台对信息管理的普遍监控义务，即不再强制要求网络平台时时刻刻主动寻找网络中的违法信息，但同时保留网络平台处置违法信息的义务，对网络平台为保护网络暴力受害人而采取的正当技术行为予以有条件的保护，尤其是对于具有自动性、纯粹技术性以及被动性的算法处置行为等，应给予足够程度的包容。这一含义与充分释放平台治理活力的意旨是相符合的。但从另一面向来看，不宜过多着墨于网络平台的责任豁免，与世界立法趋势以及平台权力扩张的客观现实相适应，应当更多强调网络平台在保障双方平等申辩权利当中的作为义务：首先，应当借鉴传统权力理论中的公开性原则，要求网络平台事先制定纠纷裁决的具体机制，充分公开私权力行使的程序和方式，除个人隐私等不应当公开的信息以外其他“两造”对抗过程中产生的沟通商谈均应当以适当的方式对外公开，减少决策“黑箱”造成的信息不对称效应；其次，应当比照传统权力理论中的参与性原则，强调网络平台制定的纠纷裁决机制应当充分吸收网民的意见，反映网民的正当利益诉求，直接关系到网民利益的相关规则之“立改废释”均应当确保参与群体的广泛代表性，保障其知情同意的权利；最后，平台在网络暴力相关的纠纷中行使“准司法权”的实质是国家向网络平台的“行政外包”，即国家将部分裁决权力让渡给平台，①但是这种外包必然不能是终局性的，否则既可能引发“公法责任向私人关系逃逸”的局面，也有可能放纵网络平台权力膨胀得不到制约，因此，在网络平台裁决“两造”纠纷已成客观事实的情况下，国家有权机关仍然应当保持事前的规则审查与事后的“绩效性”考核，确保平台规则的合理性及其运行的妥当性。

（三）加强网暴信息内容管理

大量的网络暴力或筑基于有意伪造的虚假事实，或以真伪尚有待考究的“传言”为载体，或通过一系列技术手段张冠李戴混淆视听，为有效阻遏网暴信息的传播扩散，及时对网暴信息进行强化管控并适时发布真

---

①　参见高秦伟：《论行政法上的第三方义务》，载《华东政法大学学报》2014 年第 1 期。

实可靠的权威信息是截断网暴信息传播之环、消弭错误网络言论的有效途径。传统语境下，言论表达牵涉的是“政府”与“个人”的二元关系，前述信息内容管理及相应制度自然也是由政府来完成建构的，网络平台兴起后，传统的话语以数据信息的形式集散于平台空间中，面对海量的信息和极快的传播速度，政府已经无法实时掌控，更遑论管理规制，而必须借助具备技术优势和资源优势的网络平台的力量，此时不可避免地促使言论表达转变为“政府—平台—个人”的三方关系，[①]正是在这种社会经济背景下，网络平台承担了网络暴力信息内容管理的重要义务。2022 年《关于切实加强网络暴力治理的通知》明确要求，网络平台要加强对评论环节、重点话题群组和版块、直播和短视频等领域涉网暴内容的管理，严防网暴信息的传播扩散，在各地网信部门密切关注涉网暴舆情和信息动向，协调有关部门和地方加强权威信息发布的同时，对于存在网暴风险的热点事件，网站平台要及时转发推送权威信息，引导网民理性发声，共同抵制网暴行为。结合 2021 年 11 月《网信系统法治宣传教育第八个五年规划（2021—2025 年）》第 3 条第 4 项的规定，互联网平台应当加强对用户的普法宣传，综合运用图文、视频、动漫、直播等各种网络传播形态手段加强典型案例宣传，引导广大网民遵守用户协议和平台公约，依法用网、文明上网。要言之，对于网暴信息应当严加管控，对于正向信息应当加强披露，一正一反共同实现治理目的。

在网暴信息的管控环节，网络平台应当根据涉网暴信息内容所依附的不同载体，而采取不同的管理措施：在评论管理方面，要通过主动或被动的方式对网暴评论进行清理，严控其传播，国家互联网信息办公室最新修订并于 2022 年 12 月 15 日起正式施行的《互联网跟帖评论服务管理规定》亦规定了相似的内容，跟帖评论服务提供者应当严格落实跟帖评论服务管理主体责任，建立健全跟帖评论审核管理、实时巡查、应急处置、举报受理等信息安全管理制度，及时发现处置违法和不良信息，并向网信部门报告。具体到网络暴力治理领域，2023 年《网络暴力信息治理规定（征求

---

① 参见孔祥稳：《网络平台信息内容规制结构的公法反思》，载《环球法律评论》2020 年第 2 期。

意见稿)》第四章"网络暴力信息处置"中明确规定,网络信息服务提供者应当加强对跟帖评论信息内容的管理,及时处置以评论、回复、留言、弹幕、点赞等方式发布、传播的网络暴力信息。在重点话题群组和版块管理方面,结合前述征求意见稿的规定,网络平台要对那些主要以实施网络暴力为目的的话题版块严加管控,不得在词条、话题、超话、群组、贴吧等环节集纳网络暴力信息,禁止创建以匿名投稿、隔空喊话等名义发布导向不良等内容的话题版块和群组账号,应当采取解散、暂停新设等措施清理网暴内容。在直播和短视频管理方面,网络平台应当强化直播和短视频内容审核,及时阻断涉及网络暴力信息的直播,对于以实施网络暴力为内容的短视频或直播间,要及时予以拦截和封禁;对于网暴受害者开设的直播间,需要密切关注观众的舆论导向。

在正向信息的披露环节,网络平台承担信息披露义务是由其作为能力和功能主义期待决定的:一方面,网络平台作为网络空间中的基础设施,[①]对于自身场域中生发的网络暴力信息及相关主体有着极强的控制力,在阻截网络暴力信息并消除其负面影响方面,平台能施加根本性的影响;另一方面,功能主义理论期待对实施效果最佳的主体赋予实施义务,网络平台承担正向、权威、真实信息的披露义务对于达成网络暴力有效规制目标正是最为有效的途径。因此,网络平台应当建立权威信息披露机制,配合各地有关部门加强真实信息的发布,以消除虚假信息、真伪不明信息的潜在市场,达到正视听的功效。考察一些网络平台的实践,可发现常用形式有以下几种:其一,开辟专门的辟谣区域,如某平台建立了专门的"辟谣版块",集中在此不定时发布经权威鉴定系谣言的信息内容,通过检索功能,已事实上形成了一个颇具容量的"真相数据库";其二,通过专门的辟谣账号发布辟谣信息,如某平台的"微博辟谣""谣言粉碎机""谣言过滤器"等作为官方的辟谣账号,因其专业性和及时性受到众多好评;其三,配合各地机关单位的账号发布权威信息,如在重大舆情事件后,往往所涉地方的公安机关会在其认证账号上发布权威消息,网络平台利用算法等技术手段予以配合传播,能够有效达到驱逐网暴不实信息、恶意

---

① 参见郑佳宁:《电子商务经营者信息披露义务研究》,载《福建师范大学学报(哲学社会科学版)》2020 年第 4 期。

信息的效果。对于专门从事新闻信息服务的网络平台，政策法规进行了特别规定，如 2023 年《网络暴力信息治理规定（征求意见稿）》第 16 条明确规定，互联网新闻信息服务单位应当坚持正确的舆论导向，加强信息内容真实性、合法性审核，不得渲染炒作网络暴力事件，新闻信息跟帖评论实行先审后发。就此而言，从事新闻信息服务的网络平台应当承担更为严格的信息管理责任。

在强调应当压实网络平台的网络暴力治理责任的同时，也必然对其赋予了较大的信息网络内容管理权限，平台也因此掌握了关于用户、交易、产品、服务的大量信息，以此为手段，平台对各方使用者产生了举足轻重的影响，更遑论其中的部分头部平台，事实上甚至足以对用户群体“生杀予夺”，其能量显然已经超出了一般民商事主体的权利范围，跃迁进入“权力”之维度。[①] 因此也必须警惕网络平台作为“私权力”主体“夹带私货”的可能性，并对此予以规范，将其权限控制在合乎正当比例的区间。

（四）倡导跨平台间合作机制

在对现象考察的时候可以发现，很多网络暴力行为并非仅发生于个别的网络平台，原因在于各个网络平台之间一般都不具有空间壁垒或准入限制，以及网络热点事件具有溢出效应。考察众多涉网暴的热点案例即可发现，虚假消息并不会自动局限在某一个平台，而往往呈现出多平台“遍地开花”的状况，即便某一个平台及时采取了有力的遏制措施，也无法有效实现当事人保护。换言之，如果将平台治理限制在某一个具体的平台内部，而不与其他平台形成互动，则难免陷入一种点状的治理结构的困境：网络暴力主体溢散在网络空间的各个区域，网络暴力的后果也弥散至更为广阔的范围，而网络平台自身却各自为政，无法形成信息的良性流动，也难以实现对网络暴力案件的全面治理、综合治理。因此，必须建立有效的跨平台合作机制，形成网络状的治理模型，在应对网络暴力事件时才能游刃有余。中国传媒大学人类命运共同体研究院王四新教授团队于 2022 年 7 月 1 日发布了《网络暴力现象治理报告》，报告指出网络暴力往

---

① 参见［德］马克斯·韦伯：《经济与社会》（下卷），林荣远译，商务印书馆 1997 年版，第 81 页。

往多发于社交平台并在多个平台之间跳转,因此网暴治理工作必须全社会共同努力,联合多部门、多平台,健全流程治理机制。

跨平台的网络暴力问题治理机制主要包括三个方面的内容,这也是建立这一机制的重点难点。首先,打通平台之间的合作关隘构成跨平台间合作机制的前提基础。考察相关平台的规则及实践情况不难发现,由于平台同质化程度较高、商业竞争激烈等缘故,目前各大平台几乎仍然处于“各自为政”甚至是“以邻为壑”的状态,因此应当由行业组织或者政府牵头,促成主要网络平台之间达成一定的合作机制,使各大平台之间能够突破自治现状,通力合作,促进跨平台网络暴力的规范治理。在这个过程中,也要充分考虑到不同网络平台自身的特色,如社交平台的互动性和话题性较强而容易成为不同观点争论生发并形成冲突的场域,如视频类平台则往往承担着对外输出各种观点集成的角色等,在治理时需要结合不同平台的不同传播特征,分阶段分平台进行整合,以最终实现全平台的整体治理。其次,各个平台根据其自身性质担当不同功能角色构成跨平台间合作机制的运作模式。由网络暴力的最新发展态势可以得知,当下的网络暴力多是受到利益驱动,呈现出组织产业化、专业分工化等特点,在完整的网络暴力黑灰产业链条当中,往往由组织者雇用“网络水军”等执行主体传达相应任务,由后者通过不同平台发布网络暴力信息,并伴随着以劳务费等名义实现利益输送,在此过程中可能涉及社交平台、内容发布平台、电商平台、结算支付平台等。只有根据平台性质充分发挥其个别化功能,如由社交平台限制或解散聊天群组、定位组织者,由支付结算平台切断资金来源和供应,由不同内容发布平台根据网络暴力信息的表现形式切断中间传播环节,才能有效形成整体协同效应,实现规制目的。最后,政府或行业自律组织的外部监督构成跨平台间合作机制的制度保障。当前各大网络平台基本属于私营经济的组织形式,资本天性在于追求经济效益最大化,网络暴力治理更多是社会效益层面的考量,因此,为确保跨平台合作机制的有效存续,应当由政府监管部门或行业自律组织进行外部监管,实施常态化运行效果评估,并根据网络暴力的最新形势实现协调机制的动态演进。

三、治理末端盘活平台多元效能

在网络暴力事件发生之后，平台面临着指向多个不同主体的问题：其一，当该网络暴力事件规模较大、情节较为恶劣，或造成了严重后果时，行政执法部门或公安司法机关有必要介入进行处理，此时平台负有协助执法的义务；其二，针对权利受损的主体，平台有必要建立适当的权利修复机制，减少其遭受的伤害；其三，平台有必要建立相应机制，对施暴者予以评价、惩戒；其四，平台的治理经验可能上升为行业规范、国家法规的立法来源。

（一）承担执法协助义务

一旦网络暴力产生了较为严重的"溢出效应"，网信部门、公安机关或者其他有关部门需要介入执法，包括采取调查取证、冻结账户、实施抓捕等侦查措施和强制措施。对于此时网络平台应当扮演何种角色，承担何种程度的执法配合义务，有必要结合政府与平台之间的关系予以分析。有学者依据目前的实践，将政府与平台企业之间的关系归纳为三种主要类型：政府作为管理主体、平台企业作为管理对象的管理型，政府主导、平台企业参与的协助型，政府、平台企业共治的合作型。[①] 管理型延续了早期网络时代的工具主义监管理念，即如同线下治理一样由政府绝对主导，将网络平台作为贯彻政府执法目的的工具，此时平台处于绝对被动服从的状态；协助型则强调政府向网络平台下放一定的裁量权限，尽管仍然由政府在追究违法犯罪现象时承担主导地位，但是网络平台只在法律明确规定的义务职责范围内为政府提供配合；合作型模式下政府与平台的关系是平等的，平台承担的执法协助并非法律义务，而是合同约定的义务。显然，管理型已经不适合当下的治理环境，合作型又过分强调主体平等性，容易导致前述"公法责任向私人关系逃逸"的问题，因此目前多数具有代表性的国家采取的是协助型的关系模式，如美国、英国、德国、法国

---

① 参见周辉：《网络平台治理的理想类型与善治——以政府与平台企业间关系为视角》，载《法学杂志》2020 年第 9 期。

等,我国亦然。

在协助型模式下,平台往往应当为政府执法机关承担两个方面的协助义务:一方面是证据保全的义务,由于网络暴力事件即发生在平台场域当中,一切主体、行为、结果都表现为平台数据的形式,因此平台应当尽量在可执行的情况下,将相关信息进行固定、保存,以便后续呈交作为行政执法或刑事追诉的证据;另一方面是为有关机关提供执法便利的义务,在国家机关依法对网络暴力事件及当事人进行调查、追究时,平台应当回应有关机关的执法需求,提供必要的与网络暴力相关的技术、数据等支持和协助,具体又可以分为对行政机关的执法协助与对司法机关的执法协助。[①] 2021 年《互联网用户公众账号信息服务管理规定》规定,网信部门依法对互联网信息服务提供者管理互联网用户注册、使用账号信息情况实施监督检查。2016 年《网络安全法》同样规定,国家网信部门和有关部门依法履行网络信息安全监督管理职责,发现法律、行政法规禁止发布或者传输的信息的,应当要求网络运营者停止传输,采取消除等处置措施,保存有关记录,互联网信息服务提供者应当予以配合,并提供必要的技术、数据等支持和协助。此外,强化用户取证的便利性也能提升网络平台的执法协助效能,2023 年《网络暴力信息治理规定(征求意见稿)》第 22 条即在规定网络平台应当"依法依规为用户维权,司法机关、有关部门调查取证工作等提供及时必要的技术支持和协助"的同时,明确规定网络平台应当向用户提供针对网络暴力信息的一键取证等功能,提高证据收集的便捷性。

目前对于网络平台的协助执法义务要求存在加重的趋势,总体上与"压实平台责任"的监管趋势相吻合。但是,一味强调严格平台的协助义务,有可能给平台造成不合理的负担,而对于执法协助的尺度和程序,现行法缺少明确、具体的规定,对此应当在网络暴力行为严重程度与网络平台的执法协助义务之间取得平衡,并通过相关法律法规对网络平台应当承担的具体协助事项予以明确,一般来说,包括消除、保存、报告、报送等。当网络平台自身涉及制作、复制、发布、传播含有谣言的内容时,则额外具有了消除影响、恢复原状的附带性义务。虽然平台没有对网络谣言制造

---

① 参见皮勇:《网络平台犯罪及其治理对策》,载《中国检察官》2019 年第 10 期。

者、传播者进行处罚或刑事制裁的法定职责，但是平台作为信息传递者，必须要向网络监管部门或公安部门进行报告，交由国家机关进行处理。网络平台还具有保存网络谣言信息的义务，以便于主管部门识别，作为执法证据加以认定。

此外，应当提及的问题是，平台承担执法协助义务，实际上可能使自身面临重大的两难问题，即平台严格遵守部分行政规范的要求履行执法协助义务，可能会损害其对用户的保密义务或用户的信息权利等，应当妥善处理这一潜在冲突。当今网络环境中信息种类极为复杂，网络暴力的载体形式更是千变万化，在上位法尚未能够对权利保护之位阶达成共识的情况下，平台一旦误删正常言论或未能及时删除网络暴力言论即被科以严格的行政责任，显然有失公平。因此，在这种义务冲突或性质难辨的场景中，应当尽量对平台宽缓处理。当然从根治的角度来说，应当在网络暴力涉及的规范性文件或专门制定的网络暴力治理规范中，对义务冲突时平台的执法协助责任的减免进行明文规定。

(二)建立权利修复机制

近年来因网络暴力行为而引发的一系列触目惊心的案例，宣告了一个血淋淋的事实：严重的网络暴力不仅可能致使被害人遭受巨大的财产损失、精神损害，甚至在没有及时进行外部干预的情况下，可能导致被害人自杀等严重结果。即便施暴者已经受到应有的惩罚，网络暴力事件已然落幕，从台前隐匿到幕后的受害者仍然值得进一步的关怀，尤其当该等受害者为未成年人、老年人等弱势群体时，一旦陷入巨大的负面阴影当中，很有可能会留下长久的创伤，因此，有必要建立包括心理疏导在内的权利修复机制。

一套有效的权利修复机制包含以下几个方面的内容：其一，建立健全辟谣机制。很大一部分的网络暴力表现为传播谣言的方式，因此，本着从源头上消除虚假信息负面影响的目标，在原平台甚至多个平台共同开展辟谣工作，有助于恢复被害人的名誉等合法权利。及时公布事实真相以及典型案例处置情况，推动权威机构和专业人士的理性发声也是可行举措。2018 年国家互联网信息办公室颁布的《微博客信息服务管理规定》第 11 条也作了规定，微博客服务提供者应当建立健全辟谣机制，发现微博客服务使用者发布、传播谣言或不实信息,应当主动采取辟谣措施。其二,网络平台可以建立健全网络暴力受害人的心理辅助机制,通过提供心理咨询、法律咨询等方式,为受害人提供心理支撑,恢复心理健康状态。具体形式可以是提供远程的网上心理辅导,也可以在心理创伤极为严重的案例中,通过与当地的心理康复机构合作,提供现实中的心理治疗。其三,优化搜索算法。在很多网络暴力事件中,尽管行为人已经服法,但其造成的负面后果始终在网络平台中存在甚至蔓延,平台可以通过优化搜索算法的方式,适当降低网络暴力内容的检索权重。常言道"互联网是有记忆的",信息只要留存在网络上就将永远存在,这对于受害者权利修复显然是不利的,因此可以借鉴"被遗忘权"的基本框架,①使那些因网络暴力产生的负面记忆尽量被遗忘,这也可以促使受害者更有勇气重新迎接新的生活。其四,平台可以针对重点保护群体提供倾斜性保护,如为未成年人或残疾人等群体专门提供个性化的权利修复途径,这种个性化的服务可以与其本人或监护人协商具体确定,如通过一定的平台奖励机制实现填补损伤等。

当今的网络时代背景下,网络平台往往实力雄厚,亦乐于承担相应的社会责任,因此,其有必要也有能力为被害人或被害人群体建立一套以权利修复为导向的网络暴力末端治理机制。但是,值得注意的是,尽管网络平台在建立事后的权利修复机制中有着其他主体无法比拟的优势,但是并不能据此给网络平台增加过重的社会责任负担,除了法律明文规定的义务外,应当以倡导为主,或辅以奖励性机制,即有关政府部门或公益组织对于积极承担权利修复责任的网络平台予以嘉奖,如此才符合治理规律。

(三)设定信用管理制度

如何对网络施暴者实施恰当的惩戒,达到预防其再犯的目的,也是在治理末端发挥平台作用的要点之一。虽然目前尚无专门的法律法规对网络暴力治理中的事后惩戒制度进行规定,但是2016年《互联网直播服务管理规定》关于互联网直播领域的黑名单管理制度可以提供重要参考,其

① 参见丁晓东:《被遗忘权的基本原理与场景化界定》,载《清华法学》2018年第6期。

第15条规定,互联网直播服务提供者应当建立互联网直播发布者信用等级管理体系,提供与信用等级挂钩的管理和服务,互联网直播服务提供者应当建立黑名单管理制度,对纳入黑名单的互联网直播服务使用者禁止重新注册账号。在中共中央办公厅、国务院办公厅、(原)文化部、全国“扫黄打非”办等部门陆续发文的推动下,中国演出行业协会网络表演(直播)分会于2018年正式发布了《网络表演(直播)内容百不宜》,宣告主播黑名单工具开始正式运行,迄今为止已公布了10批主播黑名单,在直播行业内禁止这些主播注册和直播,封禁期限长达5年,实施行业内的联合抵制、联动惩戒。

网络平台同样可以且应当建立网络暴力治理情境下的信用等级管理制度。2022年《关于切实加强网络暴力治理的通知》与2023年《网络暴力信息治理规定(征求意见稿)》亦明确规定要分类处置网暴相关账号与机构:一是加强账号发文前警示提醒,对发布不友善信息的账号,提示理性发言;二是对参与网暴的账号进行警示教育,并视情况采取禁言、暂停私信功能等措施;三是对首发、多发、煽动发布网暴信息的账号,依法依规采取关闭账号等措施,情节特别严重的,全网禁止注册新账号;四是对借网络暴力事件实施恶意营销、违规营利等行为的,还应当额外依法依约采取清除新增粉丝、暂停营利权限等处置措施;五是对组织、煽动发布网络暴力信息的网络机构,网络平台应当依法依规采取警示沟通、暂停商业收益、限制提供服务、入驻清退等处置措施;六是涉及违法犯罪的,移交相关部门依法追究法律责任,网站平台要强化曝光力度,及时对外公布热点网暴事件处置情况。这种分类处置的规定与网络暴力信用管理制度的制度目的是一致的。

除直播行业黑名单制度的重要实践经验以外,某平台制定的《投诉操作细则》对违法内容及其发布用户规定了呈梯级分布的管理处置措施,亦可以为前述信用管理制度的建立提供经验借鉴,具体而言,可以划分为以下几个层次:第一,对于初次实施较轻网络暴力行为的用户,施以限制使用平台部分或全部服务若干时长的惩罚;第二,对于实施一般网络暴力行为的用户,施以终止使用平台服务或注销用户账号的惩罚;第三,对于实施了严重网络暴力行为的用户,除以上措施外,还应当将其移交有关行政机关、司法机关处置;第四,对于实施了特别严重网络暴力行为的用户,还应额外在前述跨平台间合作的机制下,在更大范围内对其用户权利进行限制。此外,对于以未成年人、残疾人等特殊保护群体为对象的网络暴力行为人,可以在相应的幅度内从重处罚。

尽管建立网络暴力信用管理制度或曰黑名单制度势在必行,仍然应当对以下几个重要问题予以澄清:其一,警惕网络平台权力滥用问题,在私权力理论的框架下,相对于平台服务使用者而言,网络平台具有巨大的资源和信息优势,而其又是逐利型市场主体,应当避免黑名单制度成为网络平台强化自身垄断性权力、夺取网络空间话语权的工具,黑名单制度及其制定应当经过正当程序原则和比例原则的审查;其二,应当确保规制对象的知情权和申辩权,网络平台应当以显著的方式向网民群体公布信用管理制度的调整对象、实施规则、违规后果、救济程序等必要信息,并在规制对象初犯时采取警告措施,而不得直接适用最严厉的封禁惩罚;其三,依托于跨平台合作机制,在不同平台中尽量制定"类案同判"的统一标准,实现信用名单多平台互认的协调机制;其四,应当建立黑名单制度的外部监督机制,即由政府主管部门或行业自律组织对网络平台的该等制度及实施情况进行监管审查,确保平台治理权限与公民权利保护之间的良性互动。

(四)参与网暴治理立法

在网络暴力治理的末端,由于网络平台经历了事前、事中、事后全过程的治理环节,积累了大量有效经验,有必要也应当将其掌握的一线经验予以适当的归纳、总结、分析,并在时机成熟的时候,通过法定途径将其转化为行业规范,甚至国家立法。由于立法惯例等因素,网络暴力行为行政规制的规范供给次序往往是自上而下的,即由国务院、国家互联网信息办公室或国家部委制定相应的规范准则,下发通知推广至基层、地方等。这种规范供给的次序自然有其合理性与优越性,但是在信息网络的相关治理当中,不应当过分强调这种单向的顺序,事实上,如同信息网络技术的创新大多发轫于基层的科技公司、科研实验室等,对网络暴力行为的现象归纳、成因总结、治理技术等方面的研究同样存在显著的基层优势。因此,在网络暴力行为治理当中,应当重视并加强立法机关、执法机关与网络平台之间的互动。

具体而言存在以下三个面向：其一，由于网络平台冲锋在网络暴力治理的第一线，其往往掌握了大量的第一手资料，并在网络暴力治理的数字技术、实践经验等方面有着其他主体无法比拟的优势，应当认可并将某些平台的先进经验上升为行业规范，甚至纳入行政法规的规范供给源当中，以避免一些顶层立法孤悬浮寄；其二，应当重视并信任网络平台对网络暴力治理的技术优势，积极对其赋予治理权限，充分借助其网络暴力识别算法、信息分级制度、暴力识别与监测机制等数字技术，使网络平台充当先行于立法的"试验田"，在小范围内尝试性地验证制度草案的可行性，为实际推动立法落地奠定扎实的实践基础，实现网络暴力的积极治理、源头治理、精准治理、综合治理；其三，遵循从行业性分别规制到整体规制的立法规律，充分发挥各网络平台的行业优势并适时整合为具有普遍性意义的上位规范，由于网络暴力所依托的平台载体不同，其行为方式亦有显著差异，如新闻平台中的网络暴力往往是通过发布虚假新闻进行的，而即时通信平台中的网络暴力则一般是通过即时信息的传递而实施的，而行为方式不同又决定了对不同平台的监管要求不可能等同视之。因此，根据这种不同平台类型的差异，应当吸纳网络平台的行业经验从而制定不同的专项网络治理规范，由此形成具有体系性的行政规范群落，避免规范间的重合或冲突。事实上，我国现有的平台监管规则已逐步采纳这一思路，如国家互联网信息办公室 2017 年发布了《互联网新闻信息服务管理规定》，2016 年发布了《互联网直播服务管理规定》，2014 年发布了《即时通信工具公众信息服务发展管理暂行规定》，等等。在此基础上，适时促成跨行业平台之间的经验互补与立法联动，通过上位法的制定，统一概念用语、更为准确划定各类平台的义务范围、增设行为竞合时的衔接规则，可切实提升网络暴力治理中行政规范的体系性与科学性。

第三节　网络暴力治理的公民权责

网络暴力的治理人人有责，公民作为网络空间的主力军，应当积极参与网络治理。具体而言，公民应当全方位提升自身的网络素养，严格遵守言论自由的义务边界，并且规范自身的网络行为。

一、全方位提升自身网络素养

2021年,中央网络安全和信息化委员会办公室印发了《提升全民数字素养与技能行动纲要》,旨在提升全民数字素养与技能,其中,强化数字社会法治道德规范是主要任务之一。该纲要提出要引导全民依法规范上网用网、提高全民网络文明素养、强化全民数字道德伦理规范。网民作为提升数字素养的主体,应当主动养成良好的网络文明素养、培育并遵守数字公民伦理、强化法律意识和法治思维。

(一)养成良好的网络文明素养

网络文明是新形势下社会文明的重要内容,是建设网络强国的重要领域。党的十八大以来,在习近平总书记关于网络强国的重要思想的指引下,我国积极开展了网络文明的建设工作,推动完善网络文明建设的顶层设计。2021年9月,中共中央办公厅、国务院办公厅印发了《关于加强网络文明建设的意见》,指出加强网络文明建设,是推进社会主义精神文明建设、提高社会文明程度的必然要求,是适应社会主要矛盾变化、满足人民对美好生活向往的迫切需要,是加快建设网络强国、全面建设社会主义现代化国家的重要任务。在网络暴力频发的社会背景下,加强网络文明建设是预防网络暴力的必然要求和重要举措。

习近平总书记关于网络文明建设的重要论述的核心内容之一即为网络文明素养建设,网络文明素养是人们在正确认识网络媒介的基础上,以自身成长和社会发展为目的,在理性获取、客观评价、科学传播、交互运用网络信息过程中形成的意识、能力和修养。网民是网络文明体系的核心构成部分,在网络文明素养建设中居于主体地位。作为网络社会的参与者,网民应当积极提高自己的网络素养、维护网络文明、参与网络治理、携手抵制网络暴力、共同弘扬新风正气、共建网上美好精神家园。首先,应当深入学习习近平新时代中国特色社会主义思想,坚守社会主义核心价值观,强化自身的网络文明意识,自觉抵制歪风邪气,弘扬文明风尚。其次,遵守网络空间行为规范,依据网络伦理和行为规则规范自身行为,比如自觉规范网上用语、坚持文明互动与理性表达、使用适当的网络礼仪等。最后，积极参与网络文明素养实践教育基地的建设，踊跃参加各地开展的网络文明建设活动，比如 2022 年 8 月，天津举办的主题为“弘扬时代新风　建设网络文明”的中国网络文明大会，旨在全面推进文明办网、文明用网以及文明上网。还应当积极响应各地的网络文明倡议，比如 2021 年 9 月，山东启动了“网络文明周”，发布了《网络文明倡议》，倡议广大网民“文明互动、理性表达，争做新时代好网民”。众人拾柴火焰高，我们应当共同营造遵纪守法、诚信互助的网络风尚，推动形成崇德向善、见贤思齐的网络文明环境。

习近平总书记关于网络文明建设的重要论述指出，青少年群体的网络素养教化及培育工作是网络文明素养教育中的重点，因为青少年的价值观还未形成，判断力还不强，对各类信息缺乏良好的辨识能力，加上青少年群体自控能力较弱，因此要重视青少年的引导工作。[①] 父母和家庭在青少年成长过程中扮演着重要的角色，家长应当教育和引导青少年文明上网，让青少年在合理表达自己的同时也能学会尊重他人，学会自爱自律、包容理性。为增强青少年自觉抵御网上不良信息的意识，共青团中央、教育部、（原）文化部、国务院新闻办、全国青联、全国学联、全国少工委、中国青少年网络协会向全社会发布了《全国青少年网络文明公约》，倡导青少年善于网上学习，不浏览不良信息；要诚实友好交流，不侮辱欺诈他人；要增强自护意识，不随意约会网友；要维护网络安全，不破坏网络秩序；要有益身心健康，不沉溺虚拟时空。青少年应以《全国青少年网络文明公约》为准，规范自己的行为，提高自己的自律意识、自护能力和道德水平。

（二）培育并遵守数字公民伦理

综合对网络暴力案例的调研结果，我国网络暴力的频发与中国文化的道德审判基因、民众的价值判断思维、缺乏公民意识具有较强的关联性。网络暴力是一种具有群体属性、跨越双重空间的新型暴力，网络暴力发酵的根本原因是网络事件违背了群体的伦理价值观，又由于民众的价值判断思维使舆论脱离了事实本身，导致了群体言论表达失范。所以，治

---

① 宫承波、王伟鲜：《习近平关于网络文明建设重要论述的核心内容与价值取向——基于内容分析视角的探讨》，载《当代传播》2022 年第 1 期。

理网络暴力的重点是使网民保持对公正良善等社会正义的追求,这需要规范网民的认知和行为。在大数据时代,治理网络暴力的新路径是建设数字公民伦理、重塑群体认知并约束其行为,这样才能最大化网络对人类的正面价值,最终实现网络空间的持久清朗。

数字公民伦理的建设立足于数字公民这一概念。迈克·瑞布在《学校中的数字公民教育》一书中认为,“数字公民应是在利用数字技术的同时,能够恪守规范并且可以为自己行为负责任的人”。数字公民是数字化的公民或公民的数字化,是公民在数字世界的映射,是物理世界公民的副本,是公民责、权、利的数字化呈现,是构成公民个体的重要组成部分。数字公民将通过构建从百姓需求出发,由大数据等信息技术推动的自下而上的公共服务创新体系,帮助公民愿意参与、主动参与到社会治理中,与政府自上而下的治理体系形成合力,实现从政府单一主体的管理模式,走向多元主体的协同治理。[①] 网络暴力的治理理念之一即为多元主体的协同治理。对于数字公民而言,数字公民伦理能够规范网民的认知和行为,让网民形成尊重合法权利、肩负社会道义的自觉。

与物理空间的传统公民伦理不同,数字公民伦理是适用于网络空间的价值与规范体系。网络空间中的主体属性、主体关系、沟通表达方式、社会制约机制不同于物理空间,主体之间不是身份显现的具体的人,而是匿名的、虚拟的、海量的、流动的群体,在网络空间中每个网民都要实现自己从现实身份到数字身份的转变,秉持数字公民伦理。否则,直接的结果是生成于网络空间的、自由连接的各个群体之间价值观迥异,甚至会因对立而发生频繁的摩擦。但是,数字公民伦理与传统公民伦理也有相同之处,因为前者是从后者中吸取精华后发展而来的,并针对网络空间的人际关系特征做出了适当调整。比如数字公民伦理更强调减少功利色彩的理性和个人主义,而在增加人道、人情,更尊重人的主体价值的同时,也更关注集体秩序与公共利益。[②] 可见,数字公民伦理是针对网络空间发展出来的新型伦理,更加强调公民对公共利益的责任。

---

① 参见王晶:《“数字公民”与社会治理创新》,载《学习时报》2019年8月30日,A3版。

② 参见王静:《数字公民伦理:网络暴力治理的新路径》,载《华东政法大学学报》2022年第4期。

数字公民伦理不同于现有的治理手段，比如法律治理、平台规制等，也不是要取代这些手段，而是与现有规制网络暴力的手段形成协同治理的效果，从而重塑良好的数字法治秩序。法律治理和平台规制在网络暴力治理中发挥着重要且切实的功能，但是更侧重于事后补救，而且难以通过群体认知形成约束力。而数字公民伦理在治理网络暴力的过程中，具有事前和预防的特性，一方面可以补充现有治理手段的不足，另一方面可以减轻法律治理和平台规制的压力，降低网络暴力的发生频率。而且，数字公民伦理的优势就在于能够形成全体共识，数字公民伦理具有民主、公共、合法、合理、积极的自我约束性，能够将网络空间中海量的流动群体团结起来，共同营造清朗文明的网络环境。可以说，数字公民伦理能够起到由内而外约束网络行为的效果，促进公民内心形成对个人主义与公共利益的理性认识，促进公民共同维护自由与博爱、自尊与尊重他人的群体认知。因此，网络暴力的治理应当多管齐下、打“组合拳”。

总的来说，数字公民伦理符合网络虚实共生范式的价值和规范体系，具有传统文化、现代性和数字人文的多维包容性内涵，第一要义是使每个公民清楚地认识到数字符号背后是真实具体的人，要像期待他人能够尊重自己全部的合法权利那样，尊重他人的权利。因此，数字公民伦理的建设，一方面应充分借鉴西方经典理论，尤其是注重以事实判断为基础，重视个人自主性、理性思辨、社会责任感；另一方面需要以中国优秀传统人伦道德文化作为补充，吸收传统文化中仁义、自律、群体和谐、群体凝聚的精华，克服网络空间中数字公民的主体与道德虚无、克服网络空间泛滥的个人主义思潮、促进集体和谐与发展，从而保障个人之自由与合法权利。[①] 这样才能建设出兼具社会道义、人权关爱与理性分析、平和客观表述的数字公民伦理。

根据数字公民伦理，公民在网络平台发表看法与意见时，应当注重事实判断，而非人云亦云，坚持独立自主的理性思考并谨慎发言，同时以人为本，尊重他人的合法权益。具体而言，网络用户应当规范个人行为，拒绝欺凌与被欺凌，保护个人隐私、保持冷静克制、不煽动网暴、不跨平台传

---

① 参见王静：《数字公民伦理：网络暴力治理的新路径》，载《华东政法大学学报》2022 年第 4 期。

播、不回应或者理性回应攻击和挑战、通知平台或举报网暴者、向警方等机构寻求帮助、截屏或存储证据、做好个人心理辅导。公民应当不做施暴者,坚持相互尊重、提升网络法治素养、不通过网络恶意攻击他人。拒绝围观,不推波助澜,未经确认或不清楚的内容不评论、不转发。对于网络"大V"、流量博主等具有一定影响力的主体,在语言表达、图像选择方面,切忌追求流量至上,或通过"爽文"、情感煽动的方式带节奏,尽可能地保持冷静客观、有理有据。

(三)强化法律意识和法治思维

网民的法律意识和责任意识缺乏也是我国网络暴力频发的重要原因,实践中这样的情形很多,比如因未能意识到自己的行为可能触犯法律而实施了某行为,因此强化法律意识与法治思维就成为有效治理网络暴力的一个重要举措。法律意识和法治思维包括两个维度:一是如何行使和捍卫自己的权利,尤其是在行使权利时不得伤害他人或社会的合法权益;二是若伤害了他人或社会的权益,应当承担责任,对自己的行为负责。各政府部门及教育机构为公民提升法律意识提供了多种渠道和学习资料,并且大力弘扬法治思想,大力开展法律宣传、普及法律知识,创造了有利于法律意识形成的社会环境,公检法等部门也在大力加强法治建设,树立法律权威,由此在网络空间中了解法律的途径更为广泛。

为了提升自己的法律意识和法治思维,首先,公民应培养自己正当行使权利的意识,网暴治理中最为重要的权利就是言论自由,权利人在行使言论自由权利时应当遵守法律的规定,不得超越法律设置的边界,否则很容易伤害其他人的隐私权、名誉权、肖像权和个人信息权益等。公民应当培养自觉守法意识,自觉遵守相关法律规范,不滥用自己的权利,尊重他人的权利和自由。

其次,加强公民的自我防护意识,尤其是数据隐私和个人信息,不暴露自己的个人信息以及孩子的信息,比如莉亚·普朗科特在《晒娃请三思:数字时代的儿童隐私保护》一书中,就明确揭露了过度曝光对孩子隐私权的影响以及潜藏的未来风险。各平台大都为用户提供了隐私条款,公民可以积极运用以维护自己的隐私权。此外,还应当培养运用法律武器保护自己的意识,当遭遇网络暴力时,不逃避、不沮丧、不怕事,拿起法律武器积极维护自己的合法权益。

最后,应主动培养责任意识与责任感,公民的责任意识与权利意识是相辅相成的。网络暴力的产生折射出的是网民对于自身权利的滥用,对他人的权利保护缺乏责任感。公民应当清醒地认识到自己的角色,积极维护和使用自己的权利,尊重他人的合法权益,主动承担责任与义务。① 这就需要公民主动去学习和理解网络暴力违法行为的民事责任、治安处罚及刑事责任,以此提高自身反对网络暴力的法律意识和维权观念。网络暴力最容易侵害名誉权,以侵害他人名誉权的行为为例,若行为人存在捏造、歪曲事实,对他人提供的严重失实内容未尽合理核实义务,使用侮辱性言辞等贬损他人名誉的行为影响他人名誉时,行为人应当承担赔礼道歉、赔偿损失等民事责任。对公然侮辱他人或者捏造事实诽谤他人、散布他人隐私的人,根据《治安管理处罚法》,公安机关可以给予行政处罚。捏造事实诬告陷害他人,意图使他人受刑事追究,情节严重的,根据《刑法》第 243 条第 1 款的规定处 3 年以下有期徒刑、拘役或者管制;造成严重后果的,处 3 年以上 10 年以下有期徒刑。2013 年,最高人民法院、最高人民检察院《关于办理利用信息网络实施诽谤等刑事案件适用法律若干问题的解释》为诽谤罪设定了严格量化的入罪标准,该解释第 2 条规定同一诽谤信息实际被点击、浏览次数达到 5000 次以上,或者被转发次数达到 500 次以上的,应当认定为诽谤行为"情节严重"。公民无须了解法律条文的全部细节和背后法理,只需要认识到自己侵害他人合法权益的行为需要承担责任即可,而且行为和后果越严重需要承担的责任也越重。以法律责任的承担作为惩戒,能够督促网民依法上网用网。公民应当积极学习网络法律知识,关注热点事件的处理结果,了解网络暴力行为需要承担什么样的责任,自觉抵制网络不良信息和不法行为。

二、严守言论自由的义务边界

网络暴力表面上是网民的一种非理性行为,实质上是网民言论表达自由的异化,因此明确言论自由的边界是规制网络暴力的重要内容。

---

① 参见侯瑞雪:《公民法律意识视角下的网络暴力》,载《河北法学》2011 年第 6 期。

(一)遵守言论自由的宪法义务边界

《宪法》第35条规定了公民有言论自由。步入信息化时代,公民在网络空间可以随时随地行使言论自由。但是,由于网络空间的匿名性、开放性、迅捷性、交互性等特点,网络暴力容易滋生并蔓延,对名誉权、隐私权等权利造成侵害,扰乱网络秩序。根据权利与义务相一致的原则,公民在享有言论自由的同时,也要接受义务的限制和约束。《宪法》为公民行使言论自由设定了义务性限制条款,构成了宪法上言论自由的义务边界。具体包括不得破坏社会主义制度,不得损害国家的、社会的、集体的利益和其他公民的合法的自由和权利,不得歧视信仰宗教的公民,禁止侮辱、诽谤和诬告陷害,不得破坏国家统一和民族团结,不得泄露国家秘密,不得煽动扰乱公共秩序,不得违反社会公德,不得危害国家安全、荣誉和利益。因此,公民行使言论自由时,必须履行不得破坏社会主义制度等九类宪法义务。

在网络暴力防治的场合,一方面,公民应当谨言慎行,不发表捏造或者歪曲事实的言论对他人进行诬告陷害,应当尊重他人的隐私权、名誉权等合法权益。坚持理性分析和批判精神,看到网络上的新鲜事要多加思考,确保自己的善良不被利用。分清哪些属于宪法所保护的言论,哪些言论不受宪法保护,从而辨别言论自由的权利边界。另一方面,公民要养成良好的上网习惯,净化自己的网络视野,多关注有意义的事件,不随意评论、转发他人的网络评论,控制好自己的言行。公民不仅要保护自己的言论自由,同时应当尊重他人的合法权益、维护网络秩序。

(二)履行部门法设置的限制性义务

宪法是国家的根本法,在规范等级体系中处于基础规范的地位。宪法是一切法律规范性文件的法源,因此,所有法律规范性文件对于言论自由的限制性义务都来源于宪法上的义务边界。[①] 主要包括民法、行政法、刑法对言论自由设置的限制性义务。

---

① 参见范进学:《论我国宪法上的言论自由及其义务边界》,载《西北大学学报(哲学社会科学版)》2020年第4期。

其一,公民应当尊重民法对于言论自由的限制性义务。网络暴力行为严重影响和侵害了权利人的人格权益、知识产权和商誉。《民法典》第1019、1024、1032、1034、1185条等规定了言论自由的限制性义务包括任何组织和个人不得侵害他人的肖像权、名誉权、隐私权、个人信息、知识产权等合法权益。这源于《宪法》第38条和第51条。公民在行使言论自由权利时,不得以侮辱、诽谤等方式侵害他人的名誉权;不得以丑化、污损,或者利用信息技术手段伪造等方式侵害他人的肖像权;不得以刺探、侵扰、泄露、公开等方式侵害他人隐私权,不得通过电话、短信侵扰、"人肉搜索"等方式进行网络施暴,使他人的人身或财产遭受严重威胁;不能故意侵害他人知识产权,不得为了打击竞争对手,采取不正当手段聘请"黑公关"或"网络水军",大范围、大规模地贬损和诋毁竞争对手,严重降低竞争对手的社会评价和用户认可度。

其二,公民应当尊重行政规范对言论自由的限制性义务。根据《宪法》第4、38、53条对言论自由规定的义务边界,《治安管理处罚法》第25、42、47条对公民提出了以下限制性义务:公民不能发表煽动民族仇恨、民族歧视的言论;公民不能写恐吓信或者以其他方法威胁他人人身安全,公然侮辱他人或者捏造事实诽谤他人,捏造事实诬告陷害他人,企图使他人受到刑事追究或者受到治安管理处罚,偷窥、偷拍、窃听、散布他人隐私;不得散布谣言,谎报险情、疫情、警情或者以其他方法故意扰乱公共秩序以及扬言实施放火、爆炸、投放危险物质扰乱公共秩序。

其三,公民应当尊重言论自由的刑法边界。根据《宪法》第38、51、53条,《刑法》第29、120、221、243、246、278、291、293条等也对言论自由的义务边界作出了规定。现行《刑法》规定的网络言论型犯罪,大体可分为煽动宣扬型、编造传播型和侮辱诽谤型三种类型,分别可能侵犯国家法益、社会法益、个人法益。在网络时代,言论自由与言论犯罪之间的紧张关系进一步升级,因此,必须进一步明确把握言论自由的刑法义务边界。在言论型犯罪的构造中,应明确区分事实与观点,一般来说,发表对事实的见解不构成言论犯罪,除了某些煽动宣扬性言论,其无论是陈述事实,还是表达观点,都有可能构成煽动宣扬型言论犯罪。言论的内容若是客观真实和合理确信规则下的主观真实,则可以作为违法阻却事由。危害后果的认定也必须立足于现实和真实,比如"严重危害社会秩序和国家利益"

等人罪基准须是现实社会的秩序混乱。[①]

对于公民来说，在行使言论自由的权利时，应当做到实事求是、陈述真实、相信真实，不夸张、不妄言、不虚构。以《刑法》第246条规定的诽谤罪为例，其第3款规定制裁的是利用信息网络公然捏造事实诽谤他人的行为。对于公民而言，根据最高人民法院、最高人民检察院《关于办理利用信息网络实施诽谤等刑事案件适用法律若干问题的解释》第1条对"捏造事实诽谤他人"的界定，公民不得捏造损害他人名誉的事实，在信息网络上散布，或者组织、指使人员在信息网络上散布；不得将信息网络上涉及他人的原始信息内容篡改为损害他人名誉的事实，并且在信息网络上散布，或者组织、指使人员在信息网络上散布；不能在明知是捏造的损害他人名誉的事实的情况下，在信息网络上散布，情节恶劣的，以"捏造事实诽谤他人"论。

总的来说，相较于传统媒介途径，平台为更大规模的网民提供了更为便利的发声机会，但是这也间接成为网络暴力的孵化器，因此，网民在行使言论自由的基本权利的同时，应当以不侵犯公共福利为底线，同时不得侵犯公民合法的名誉权、隐私权等。网民在公共平台发声时，必须把控言论自由的边界，坚持理性表达与文明互动，坚持自律与反省自检，应在不伤害他人的情形下进行合理讨论。

三、规范与约束自身网络行为

广大网民是网络空间的"主人翁"和主力军，在网络暴力的综合治理中具有重要的作用。网民应当保持自律，文明健康使用网络，按照法律法规的要求和社区自律公约，切实履行相应义务，在以发帖、回复、留言、弹幕等形式参与网络活动时，坚持文明互动和理性发声。具体而言，公民应当做到以下几点：

（一）配合实名认证与账户注册

网络实名制是公民进入数字世界的起点，是网络空间治理和诚信体

① 参见刘艳红：《网络时代言论自由的刑法边界》，载《中国社会科学》2016年第10期。

系建设的基础,也是规范网络行为、提高数据真实性的基本保障。《互联网用户账号名称管理规定》第 5 条第 1 款规定,互联网信息服务提供者应当按照“后台实名、前台自愿”的原则,要求互联网信息服务使用者通过真实身份信息认证后注册账号。虽然这一规定并不代表全网实名制的实现,但却是网络实名制全面普及的开始。各大平台对此积极贯彻推行,比如《“抖音”用户服务协议》第 3.7 条就规定了,注册、使用和管理账号时,应保证身份信息的真实性,包括姓名、电子邮件地址、联系电话、联系地址等,按照相关法律规定完成实名认证。《微博服务使用协议》第 4.1 条进一步规定,若用户的个人资料有任何变动,用户应及时更新。同时不同的服务需要的个人信息是不同的,比如成为快手的用户需要提供手机号码、电子邮箱地址及密码信息,但是使用快手的用户认证服务则需要提供个人敏感信息,用户要提供身份证照片、用户本人手持身份证的照片及面部特征等身份信息。

对于公民而言,为了网络环境的清朗和用户权益的保障,为了解决网暴案件加害人锁定的难度,必须遵守网络实名制的认证要求,如实提供自己的基本信息。不过,网络实名制与个人信息保护之间存在紧张关系,为了保护和保存用户个人信息,各平台都有专门的隐私保护政策,为个人信息的保护提供技术支持、安全体系保证、敏感信息及密码保护提示、信息安全事件处理等服务。即便如此,网络实名制实施后可能还是会引发网络攻击,造成信息泄露和网络犯罪。对此,《民法典》和最高人民法院《关于审理利用信息网络侵害人身权益民事纠纷案件适用法律若干问题的规定》规定了自然人的个人信息受法律保护,若因个人信息公开造成他人损害,需承担侵权责任和 50 万元以内的赔偿数额。《刑法》第 253 条之一规定了侵犯公民个人信息罪。因此,公民在配合实名认证的同时,有足够的法律武器可以保护自己的合法权益。

(二)规范网络信息内容的发布

制作、发布、转发含有不良信息的文字、图片、视频等行为是网络暴力的主要来源,因此,网络信息内容是网络生态治理的主要对象。网络时代人人都是内容生产者,网民在参与网络信息内容生态治理的过程中发挥着重要的作用。与政府的监管义务、平台的主体责任不同的是,网民的义务是以自律的形式对自身行为予以规范。公民规范个人网络行为，能够从源头上降低内容审查和网暴治理的成本和难度。

为此，公民不得制作、发布、传播煽动颠覆国家政权、危害政治安全和社会稳定、网络谣言、淫秽色情，以及侵害他人名誉权、肖像权、隐私权、知识产权和其他合法权益等法律法规禁止的信息内容。具体而言，公民不得发布《网络信息内容生态治理规定》第6条规定的散布谣言，扰乱经济秩序和社会秩序的内容，以及侮辱或者诽谤他人，侵害他人名誉、隐私和其他合法权益的内容。而且，公民应当防范和抵制《网络信息内容生态治理规定》第7条规定的使用夸张标题，内容与标题严重不符的内容，以及煽动人群歧视、地域歧视等对网络生态造成不良影响的内容。公民也不得制作、发布、传播宣扬网络暴力的图文、音视频，不得利用网络发布伤害未成年人的内容。如果用户利用基于深度学习、虚拟现实等的新技术新应用制作、发布、传播非真实音视频信息，根据《网络音视频信息服务管理规定》第11条的规定，应当以显著方式予以标识。

根据《网络信息内容生态治理规定》第5条的规定，公民应当坚持尊德守法、文明互动、理性表达，主动制作、复制、发布含有下列内容的信息：宣传习近平新时代中国特色社会主义思想，全面准确生动解读中国特色社会主义道路、理论、制度、文化的；宣传党的理论路线方针政策和中央重大决策部署的；展示经济社会发展亮点，反映人民群众伟大奋斗和火热生活的；弘扬社会主义核心价值观，宣传优秀道德文化和时代精神，充分展现中华民族昂扬向上精神风貌的；有效回应社会关切，解疑释惑，析事明理，有助于引导群众形成共识的；有助于提高中华文化国际影响力，向世界展现真实立体全面的中国的；其他讲品味讲格调讲责任、讴歌真善美、促进团结稳定等的内容。通过积极主动的作为，为网络文明和网络环境的建设发挥自己的力量。

(三)坚持文明互动与理性传播

网络暴力的滋生既有信息传播者的参与也有接收者的参与，作为信息传播者，应当规范信息内容的发布，遵守法律规定与用户协议；作为信息传播接受方，则应当保持理性，改变根深蒂固的传统思想与刻板偏见，培养文明上网的意识，提高自己的道德素质，强化法律意识。语言是很有力量的一种方式，鼓励和温暖的语言可以给人信心和动力，诋毁和指责的语言则可以把人推向深渊，造成难以弥补的损害。在面对网络事件时，公民应当保持理性和客观，坚持冷静分析形成独立见解，不盲目从众、不随意站队跟风、不盲目转发，防止网络暴力的蔓延。学会换位思考、全局考量，不随意发泄自己的情绪、不站在道德制高点指责他人。当无法辨别事情真伪时，保持冷静中立持观望态度，等待事情真相的发布，事实如果没有证据予以佐证，很难辨别真伪，在这种情形下切忌盲目传播造势。在评论网络事件时，要秉承客观、公正、真实的原则对网络事件予以正确的评价，而不是受网络媒体的影响，以免对大众造成错误引导。①

世界是多元的，人是具有多样性的，当别人的观点和做法与我们不同时，不要急于说服对方，或者指责对方。很多事情无所谓对错，也不是非黑即白，只是出发点和看问题的视角不同而已，或者仅仅是选择不同而已，应当学会尊重不同、尊重少数人。因为言论自由不仅应该保护主流意见和观点，也应该保护少数的、边缘的和非正统甚至错误的意见。当别人说错话时，也不要过分苛责，因为言论自由允许人们说错话，如果每个人都必须对自己所讨论的每个问题以至于每个细节有了完全了解之后才能发言，结局只有一种，即无人敢言、无话可说。只要网民在发表言论时不是故意或恶意利用言论伤害他人、危及社会安全或有重大过失并从中获利即可。②

（四）遵守社区自律公约的指引

公民在网络暴力的治理中，除了个人自律外，还要遵守社区自律公约的指引。《网络信息内容生态治理规定》第 19 条规定，网络群组、论坛社区版块建立者和管理者应当履行群组、版块管理责任，依据法律法规、用户协议和平台公约等，规范群组、版块内信息发布等行为。这一规定能够促进社区成员共同监督侮辱、诽谤、威胁、散布谣言等网暴行为。其中，平台公约融合了法律法规和平台治理要求，对涉及侵犯人身权益、违法与不良内容、不实信息、违反公序良俗、侵害未成年人权益、虚假与不诚信行为

---

① 参见向承才、王彬彬：《网络暴力：言论自由下的新隐忧》，载《传媒论坛》2022 年第 3 期。

② 参见李大勇：《谣言、言论自由与法律规制》，载《法学》2014 年第 1 期。

等行为和内容予以限定，以此实现公民权益的保障和网络环境的维护。

平台公约是用户使用平台服务的指引性规范和行为准则。一方面，根据平台公约约束自己的网络行为，能够保障合法权益，维护网络环境的文明和清朗。比如《抖音社区自律公约》对各方关注的网暴、不实信息传播等现象给予了明确界定，进行了规范治理和正向引导。该公约倡导用户建立平等友爱社区，鼓励原创优质内容、表达真实自己、语言规范表达，拒绝拜金炫富，警惕网络诈骗，抵制传播不实信息等。该公约明确，用户不得使用同音、谐音、相近文字，拼音、数字、符号、字母和无意义文字等侵犯他人合法权益、谋取非法利益或者损害公共利益。另一方面，公民积极参与平台治理和社区建设，能够促进对网络暴力的协同治理。比如，抖音已为用户开发并提供了"抖音社区评审团"和多种维权投诉渠道，据此，平台能够结合用户服务需求和外部环境、产品功能等变化对公约进行及时修订，与各方联合共建平台健康生态。网络群组、论坛社区若能遵守和履行社区自律公约，实现社区中网民的相互监督，对于网络暴力的治理而言意义深远。

(五)主动举报与监督网暴行为

网民不仅是平台的主要客户群体，也是网络暴力的重要治理主体之一。在网暴治理中，公民应当发挥社会监督的作用，积极参与网络暴力综合治理，踊跃举报相关信息。网民人数众多且类型多样，相较于政府和平台，公民在网络暴力的治理中，尤其是网络暴力的举报和抵制中的作用日益凸显。根据中央网信办(国家互联网信息办公室)违法和不良信息举报中心的统计数据，2022 年 8 月，全国网信举报工作部门、主要网站平台受理举报 1601.7 万件，环比增长 11.1%。

公民举报的第一个优势是维权效率高。网络举报者所具有的弱势群体标签有着快速吸引广大网友关注的天然优势，随着网络传播"链式反应"的进行，以及网络"大 V"的正义发声，网络举报所裹挟的舆论压力将会迅速传导至地方政府舆情监测部门，而网民举报的不良信息，则会优先得到平台的处理，能够在网暴扩散前控制态势，实现对用户权益的保护。比如《知乎协议(草案)》规定平台收到举报后，将在 7 个工作日内处理完毕并给出回复。公民举报的第二个优势是维权成本低。网络实名举报无地域限制，而且平台为投诉举报设置了一键投诉等功能，方便快捷。比如《抖音侵权投诉指引》对投诉的内容和流程作出了精细和全面的规定，针对不同的侵权方式设置了不同的流程，包括视频侵权、直播侵权、私信侵权、评论侵权等。投诉举报所需要的材料都是电子版，收集更为省时方便，比如《抖音侵权投诉指引》中侵权投诉所需材料包括权利人身份证明材料和联系方式、构成侵权的初步证明材料、涉嫌侵权的内容链接等定位信息、侵权详情描述。对于材料的收集有明确指引，无须聘请律师、无须缴纳诉讼费，可以说平台投诉是一种零门槛、零花费的维权方式。

公民积极主动地举报和监督网暴行为，一方面可以实现自卫的目的，因为无论是法律治理还是平台治理都具有滞后性。在互联网平台，发布评论、私信是公众对社会热点事件和人物表达意见最主要的方式和场景，在这些场景中，用户在防控网暴过程中大有可为，当用户发现针对自己的网络暴力时，可以通过平台提供的屏蔽和举报不当评论、私信临时对话、一键防暴等功能，将网络暴力扼杀在摇篮里，或者控制网络暴力的扩散。另一方面，公民可以发挥民主监督的作用，与政府和平台一起净化网络生态，守护清朗健康的网络空间。对于政府和平台设置的举报机制，公民应当合理使用，主动地参与到网络暴力的防治中来。

（六）遭遇网络暴力时理性维权

2022 年 11 月，中央网信办秘书局发布《关于切实加强网络暴力治理的通知》，为强化网暴当事人保护，该通知提出设置一键防护功能，网站平台要根据自身特点，建立完善紧急防护功能，提供一键关闭陌生人私信、评论、转发和@ 消息等设置。同时，建立快速举报通道，向用户提供针对网暴信息的一键取证等功能，方便当事人快速收集证据。坚持最有利于未成年人的原则，优先处理涉未成年人网暴举报。这就为公民提供了充分的保护措施和救济途径。

网络暴力有自身的发展历程，根据事前、事中、事后三大阶段，公民可以采取不同的措施保护自己。事前侧重预防，当公民疑似遭遇或遭遇网络暴力时，保持冷静，可以积极运用一键防护功能，实现紧急防护的目的，通过一键关闭陌生人私信、评论、转发和“@”消息等，保护自己免受网暴信息骚扰侵害。公民还可使用优化私信规则，对接收陌生人私信附加数量、时间、范围等限制，根据自身需要设置仅接收好友私信或拒绝接收所有私信。当明确网暴发生之后，则可以利用快速举报通道维护自己的权益。

事中的主要任务是严防网暴信息传播扩散，此时需要公民保持冷静和理智，不要与网暴方辩论、互怼、吵架，避免引发更大规模的骂战，避免恶性影响的进一步蔓延和扩张。2019 年一位名为"硬核豌豆"的网友吐槽某明星有"露胸癖"，随后该明星进行回怼，"硬核豌豆"因受到该明星粉丝的大量攻击而选择起诉该明星，判决书认定该明星的行为属于教唆、使用激进的语言煽动粉丝和网民侮辱他人，判决其承担赔礼道歉的民事责任。其本意是为了澄清和制止负面言论，但是愤怒的情绪加上网络空间信息传播的特殊性，事实上却导致了第二次网络暴力，而且造成了不良影响。除了保持冷静克制，公民还可以及时收集证据，或者向法院申请禁止令，《民法典》第 997 条规定了针对人格权侵害的禁令救济条款，民事主体有证据证明行为人正在实施或者即将实施侵害其人格权的违法行为，不及时制止将使其合法权益受到难以弥补的损害的，有权依法向人民法院申请采取责令行为人停止有关行为的措施。

遭遇网络暴力之后，尽可能保持平和心态，不要陷入恐慌或焦虑，可以寻求心理咨询，明确网络暴力产生的背后是网络文明、数字伦理、法律意识的错位或缺失，同时伴随从众心理、看客心理、泄愤心理等行为心理因素才发展出来的异常现象，因此，无需将网络暴力的产生直接归因于自己有问题，进而怀疑自己、否定自己，甚至采取极端举措。对于侵害自己合法权益的网络暴力行为，还可以勇敢地拿起法律武器捍卫自己的权利，申请公权力机关的法律救助。

第六章

网络暴力治理的立法对策与重点关照

有效治理网络暴力既需要实体法层面提供充足的规范供给,亦需要强有力的正当程序保障。因此,完善我国网络暴力治理相关立法,应从程序法与实体法层面“双管齐下”,两者协同配合,相辅相成。同时,也要对未成年人这一弱势群体遭受网络欺凌予以重点关照和特殊保护,使得立法整体上兼具体系性和针对性,从而建立健全网络暴力治理法律规范体系。

第一节　网络暴力治理的实体层面立法完善

当前针对网络暴力的规制难点在于立法规定的滞后模糊,对于网络暴力的规制内容散见于民事、行政、刑事等领域多部规范性文件中。但是这种多方治理的体系存在立法表述模糊、惩罚力度轻微、缺乏有效衔接等问题,导致各方虽然都涉足网络暴力的治理却依旧规制乏力,所以法治化治理最终仍应落足于法律规则体系的完善,而这个完善应该从法法衔接的角度,亦即行政法规范与专门的网络暴力立法衔接的角度推动法律规则体系的建立。

一、制定防治网络暴力专项法律规范

目前我国治理网络暴力的相关规定散见于《民法典》《治安管理处罚法》《刑法》《网络安全法》《未成年人保护法》《全国人民代表大会常务委员会关于维护互联网安全的决定》《网络信息内容生态治理规定》《互联网信息服务管理办法》《互联网用户账号信息管理规定》《互联网

用户公众账号信息服务管理规定》《互联网跟帖评论服务管理规定》《互联网信息内容管理行政执法程序规定》等多部法律、法规、部门规章及规范性文件中,《关于审理利用信息网络侵害人身权益民事纠纷案件适用法律若干问题的规定》《关于办理利用信息网络实施诽谤等刑事案件适用法律若干问题的解释》《关于办理非法利用信息网络、帮助信息网络犯罪活动等刑事案件适用法律若干问题的解释》《关于办理利用信息网络实施黑恶势力犯罪刑事案件若干问题的意见》《关于办理实施"软暴力"的刑事案件若干问题的意见》《关于办理信息网络犯罪案件适用刑事诉讼程序若干问题的意见》等民事、刑事司法解释中也有所涉及。内容分散且缺乏协调配合的法律规范、司法解释数量虽多,但难以应对愈加复杂的网暴现状,应考虑对这些规定进行系统梳理和归纳总结,加快推进预防、遏制和惩治网络暴力的专项立法。[①] 从行政法规制的侧重阶段看,我国行政法规范体系可以分为规制行政机关的上游规范、规制行政行为的中游规范和作为救济规则的下游规范三个层面。[②] 在我国的行政法制实践中,往往是先制定处于下游规范层面的行政救济法规范,然后倒逼其他行政法规范相继制定,进而完善行政法体系。对于网络暴力法治化治理而言,由国务院先行制定"网络暴力防治条例(办法)",有助于从行政法规范体系的"下游"填补网络暴力行政救济制度的空白。在此基础上,逐步完善网络暴力防治行为法规范与调整专责机关的组织法规范,最终推动制定全面系统的"反网络暴力法",对网络暴力进行系统性的预防、遏制和惩治。同时,"反网络暴力法"的制定应该与现有的民法、刑法、行政法等规范形成良好的衔接,根据网络暴力的严重程度,搭建多法域互动的梯级规则网络,通过阶梯化治理体系实现整体性的法治化治理。

(一)"反网络暴力法"的总则规定

在"反网络暴力法"的总则部分,应该明确界定立法目的,为确定保

---

① 参见赵晨熙:《"键盘侠"网络暴力何时休——业内人士建议出台反网络暴力法防治网暴》,载《法治日报》2022 年 2 月 8 日,第 5 版。

② 参见周佑勇:《中国行政法学学术体系的构造》,载《中国社会科学》2022 年第 5 期。

护法益奠定价值基础,从而协调具体的规范内容,构建具体的立法体系。[①] 而与之对应的网络暴力的定义、行为类型(内容和形式)、认定标准、治理思路和基本原则也需要围绕“反网络暴力法”的立法目的与保护法益展开,参与网络暴力治理的各个主体的权力和职责以及各部门、各地区协作配合、快速联动工作机制也就有了相应的工作重心。

1.“网络暴力”的内涵确定

“网络暴力”的实质是在网络空间发送诽谤性、侮辱性和煽动性影音文字等侵害他人名誉、精神的行为。当前各国网络暴力主要包括网络欺凌、网络诽谤侮辱、网络仇恨言论、网络跟踪、网络恐吓等类型,这也是我国“反网络暴力法”调整的核心区域。

2.“反网络暴力法”的适用范围

网络暴力行为的预防、监测、处置、救助、制裁等应对活动,适用本法。境外的组织、个人针对中华人民共和国境内实施网络暴力行为的,或者为他人针对境内实施网络暴力行为提供产品、服务等帮助的,依照本法有关规定处理和追究责任。

3.“反网络暴力法”的基本思路

“反网络暴力法”应建立统一领导、综合协调、分类管理、分级负责的管理体制,即坚持党委指导,确立政府监管、行业自律、企业规范、公民参与、社会监督的协同治理机制;借助监管制度、网络伦理等对网络暴力进行源头治理;依托大数据、人工智能等数字技术实现对网络暴力的精准治理。

4.“反网络暴力法”的基本原则

反网络暴力应坚持总体国家安全观,以预防为主,救济和惩处相结合的原则。未成年人遭遇网络暴力的,应当给予特殊保护。

(二)“反网络暴力法”的主要制度及框架结构

“反网络暴力法”的具体规范内容应当基于“事前预防、事中干预、事后救济”的全链条闭环治理思路加以展开,规定全链条闭环治理过程中的各项具体内容作为法律文本的主干内容,对应设置监测识别、风险预警、实时保护、干预处置、溯源追责、警示曝光、正向引导、权利救济等章节的

---

① 参见张明楷:《催收非法债务罪的另类解释》,载《政法论坛》2022 年第 2 期。

内容,以明确监管部门的具体权责、强化网站平台的主体责任、完善用户行为规范。

1. 网络暴力的预防机制

网络用户和相关部门应从提升网络素养、加强技术应用等方面来预防网络暴力行为。(1)网络用户应养成良好的网络文明素养、培育数字公民伦理,强化法律意识和法治思维。(2)网站平台应确立网络暴力预警预防机制,即建立内容审核过滤机制,构建网暴技术识别模型、网络暴力应急响应机制和首发溯源机制。(3)互联网行业协会应在头部企业带领下,统一网络暴力识别标准、共享信息样本库,共建网络暴力风险预警平台。(4)监管部门在网络暴力发生前做好网络信息审查工作,建构信息分级与审查机制、网络暴力识别与预警机制。

2. 网络暴力的监测机制

相关部门应对网络暴力进行监测与识别,并及时报告、通报、公布正在发生的网络暴力行为。(1)网络用户发现网络暴力行为应及时向网站平台或者监管部门报告,并严守言论自由的义务边界,规范自身网络行为。(2)网站平台应加强对网络暴力的监测和报告。健全评论审核管理、实时巡查、及时受理举报信息等安全管理制度,并在发现网络暴力行为后及时向监管部门和其他网站平台报告。(3)监管部门应强化网上巡查,加强对网络暴力信息的通报。通过建立健全数据库,完善监测网络,划分监测领域,对可能发生的网络暴力进行监测,时刻关注网络暴力的发展动态与舆论导向,及时评估可能造成的影响,并及时向上级报告。

3. 网络暴力的处置机制

相关部门应对已经发生的网络暴力行为予以控制,并及时采取干预处置措施。(1)网站平台应建立网络暴力阻断机制,防止网络暴力信息扩散传播。应及时屏蔽相关暴力言论,清理过滤违法信息,解散网暴信息集中的话题板块。同时建立网络暴力黑名单机制,对涉及网暴行为的个人或组织采取限流、禁言、关闭账号等措施。(2)监管部门应及时对网络暴力行为作出判断和处置,完善信息公开和舆论引导机制。对网络暴力实施者采取约谈、封号等处置手段,并通过政务平台、官方网站、新闻媒体等完善舆情引导、谣言澄清工作机制,防止网络暴力扩大化。

4. 网络暴力的救助机制

相关部门应对网络暴力被害人提供法律援助和社会救助，减轻网络暴力的后续影响。(1)网站平台应建立网络暴力被害人权利修复机制。应畅通举报、投诉和维权救济渠道，并建立健全辟谣机制和心理辅助机制。(2)监管部门、妇联等应完善社会帮扶与救济体系，为网络暴力被害人提供心理疏导、经济援助、社会救助等。(3)建立未成年人特别救助机制。监管部门、网站平台、未成年人保护机构、医院、学校等应重点关照未成年人身心健康与未来发展，对参与实施网络暴力的未成年人应提供及时的教育、疏导。

5. 网络暴力的制裁机制

相关部门应及时采用技术措施、平台公约和法律手段对网络暴力行为进行制裁。(1)网站平台应及时处置涉网络暴力账号，依法依规关闭相关账号，将涉嫌违法犯罪情形移交相关部门，并承担执法协助义务。(2)监管部门应及时问责处罚失职失责的网站平台，对其采取通报批评、限期整改、罚款、暂停信息更新、关闭网站等措施。(3)公安机关、人民检察院、人民法院对实施网络暴力的个人或组织，可依照《民法典》《治安管理处罚法》《刑法》等追究其民事责任、行政责任和刑事责任。同时，承担反网络暴力职责的国家工作人员玩忽职守、滥用职权、徇私舞弊的，依法给予政务处分；构成犯罪的，依法追究刑事责任。

(三)"反网络暴力法"的具体适用

1. "反网络暴力法"的适用应注意和其他部门法的协调性。"反网络暴力法"应当与民法、行政法、刑法上的具体规定形成有效衔接，构建系统化的法律规范体系，在"反网络暴力法"中根据网络暴力的危害程度合理配置法律责任，理顺不同类型法律责任之间的界限与联系。首先，当网络暴力侵犯他人民事权益时，根据《民法典》第 1194 条至第 1197 条的规定，侵害者应为其利用网络侵害他人民事权益的行为承担相应的侵权责任。在民事责任衔接上，应将"反网络暴力法"中规定的网络暴力侵权行为与《民法典》中的具体规定相对应，比如谣言诽谤类网络暴力和公民的名誉权直接联系，可以将《民法典》第 1024 条中对名誉权的规定引入"反网络暴力法"作为网络暴力的判断标准。同时，鉴于网络平台在网络暴力监管过程中扮演主导角色,所以可以根据《民法典》第 1197 条的规定来强化对网络平台的责任监管,网络服务提供者知道或应当知道用户利用其服务实施网络暴力侵犯他人民事权益而未采取必要措施的,应与该用户承担连带责任,这将对平台起到合规引导作用。其次,当网络暴力已构成违反治安管理的违法行为时,应根据《治安管理处罚法》第 42 条的规定给予治安管理处罚,将多数网络暴力纳入规制范围。值得注意的是,在适用行政处罚规制网络暴力时,"反网络暴力法"也要规定权威部门与主流媒体对社会公众关心问题的回应流程,避免简单依赖行政权力进行信息封锁,而是根据"反网络暴力法"从正面积极引导舆论。最后,优化"反网络暴力法"与刑法的衔接,公私法的同源性与共通性决定了刑法具备强化保障的重要作用,[①]当网络暴力的危害程度已达到刑事不法程度时,"反网络暴力法"应规定由刑法介入适用刑事制裁,并为确定实质保护法益提供必要的规范依据。当"反网络暴力法"制定之后,为了满足公众治理网络暴力犯罪的诉求,刑法中的具体条文与法定刑也会随之调整,比如在侮辱罪、诽谤罪中增加"情节特别严重"的量刑档次,配置"三年以上七年以下有期徒刑"的升档法定刑,以体现刑法应有的威慑力。但值得注意的是,刑法中调整情节认定与法定刑必须以"反网络暴力法"提供明确的保护法益为基础,在刑事不法的认定上也需要参考"反网络暴力法"对网络暴力行为的类型划分与情节认定,在刑罚配比上保持法秩序内部的相对一致。

2. "反网络暴力法"应在内容上强调对网络暴力重点风险领域的监管,在规范内容上与《未成年人保护法》《妇女权益保障法》保持价值理念上的一致。其一,在未成年人领域,网络暴力作为对未成年人身心健康带来严重伤害的潜在风险,在制定"反网络暴力法"时有必要和专门的未成年人保护法保持协调一致,尤其是在未成年人保护法中设置网络保护章节,可以配合"反网络暴力法"形成协调治理,同时避免未成年人因为认知上的欠缺而沦为网络暴力的"帮凶",避免发生"网课爆破"案之类的恶性案件。其二,在妇女权利保障领域,针对社交媒体上频发的性别歧视、

---

① 参见刘艳红:《人性民法与物性刑法的融合发展》,载《中国社会科学》2020 年第 4 期。

女性羞辱、性别威胁等网络暴力事件,[①]需要“反网络暴力法”强调对女性权利的保障,同时推行男女平等的价值理念,以“反网络暴力法”的方式消除网络空间的性别歧视。在利用新兴技术处理网络暴力问题时,需要注意算法偏见本身给女性的数字化生存带来的广泛而系统的性别歧视风险,[②]在技术合规的理念下通过“反网络暴力法”来消除针对女性的技术性偏见和社会性偏见,在利用技术消除针对女性的网络暴力的同时,确保技术本身不存在算法偏见的嫌疑。

总之,制定“反网络暴力法”作为规制网络暴力的专门立法,是针对网络暴力进行长效治理的必要之举,只有通过专门立法明确网络暴力的概念以及侵害的法益,约束针对网络暴力的治理举措的施行范围,才能真正对网络暴力进行长效治理,同时避免网络暴力治理的宽泛化威胁公民个人的言论自由,实现对网络暴力的精准治理。

二、民事、行政与刑事责任的有效衔接

网络暴力属于综合性的社会问题,单一部门法不足以完成法律治理任务,需要整体法秩序予以系统应对。当前,我国已初步构建起法律体系以规范网络空间的信息传播。网络暴力法律治理的整体框架,包括规制整体网络空间的民事、行政、刑事等相关法律法规。检视现有立法,我国针对网络暴力的相关法律规定比较零散,法条之间又缺乏协调配合,适用性、衔接性不强,难以应对十分复杂且日益严重的网络暴力。有待进一步完善网络空间信息传播治理的法律体系,明确网络暴力行为的民事侵权责任、行政违法责任及刑事犯罪责任,实现三者之间有效衔接,在法治框架内最大限度控制网络空间违法信息的传播。

首先,在这一网络空间治理结构下,根据网络暴力危害程度的区别,厘清相关行为不同层次法律责任的联系与区别,组织起法律规范体系对网络暴力风险有效且联动的反应,是完善网络暴力法律治理的基本方向。

---

① 参见黄雅兰、陈昌凤:《自由的困境:社交媒体与性别暴力》,载《新闻界》2013 年第 24 期。

② 参见张欣、宋雨鑫:《人工智能时代算法性别歧视的类型界分与公平治理》,载《妇女研究论丛》2022 年第 3 期。

当网络暴力尚未造成值得科处治安管理处罚或刑罚的危害结果时，国家网信部门应充分发挥监督检查与执法功能，督促网络服务提供者加强对其自有互联网生态系统的管理，防止网络暴力的危害升级。以“饭圈网络暴力”治理为例，2021 年 8 月，中央网信办秘书局出台《关于进一步加强“饭圈”乱象治理的通知》，提出 10 条整治措施，微博、豆瓣等社交媒体对多个违规账号做出了禁言或关闭处理。

其次，当网络暴力已侵犯他人民事权益时，根据《民法典》第 1194 条至第 1197 条的规定，网络用户或网络服务提供者应为其利用网络侵害他人民事权益的行为承担相应的侵权责任。网络暴力行为可能涉及侵犯肖像权、名誉权、隐私权等民事侵权责任，分析收集到的与网络暴力行为相关的民事判决书可知，网络暴力案件中的大多数受害者提起诉讼时会提出精神损害赔偿的请求，但是得到支持的却很少，而且赔偿数额不高。一般情况下，原告会要求赔偿损失，但法院支持赔偿全部损失的很少，甚至有些法院判决赔偿损失的数额不足以折抵原告所支付的医疗费。一方面，较少的赔偿导致网络暴力实施者的违法成本过低，惩戒力度不足，网络暴力的治理效果会大打折扣；另一方面，网络暴力的受害者诉讼成本过高也不利于将网络暴力行为纳入法律规制的范围，会助长网络暴力的猖獗态势。因此，追究施暴者的民事责任时，可以借鉴美国的惩罚性赔偿制度，加重损害赔偿责任，以此增强威慑力度。此外，根据《民法典》第 1197 条的规定，网络服务提供者知道或应当知道用户利用其服务实施网络暴力侵犯他人民事权益而未采取必要措施的，应与该用户承担连带责任。

再次，当网络暴力已构成违反治安管理的违法行为时，应根据《治安管理处罚法》第 42 条的规定，按照行为的危害程度依法给予治安管理处罚。[①]应将写恐吓信或者以其他方法威胁他人人身安全，公然侮辱他人或者捏造事实诽谤他人，多次发送淫秽、侮辱、恐吓或者其他信息干扰他人正常生活等大多数网络暴力行为纳入规制范围。值得注意的是，在适用行政处罚规制网络暴力时，要认识到有关事件信息的模糊度与违法信息的滋

---

① 《治安管理处罚法》第 42 条第 2 项规定，公然侮辱他人或者捏造事实诽谤他人的，处 5 日以下拘留或者 500 元以下罚款；情节较重的，处 5 日以上 10 日以下拘留，可以并处 500 元以下罚款。

生传播呈正比关系这一信息传播的规律，加强权威部门与主流媒体对社会公众关切问题的回应，及时、准确发布权威信息，避免简单依赖行政权力加持的信息封锁，才能充分发挥治安管理处罚对违法信息产生与传播的治理效果。当网络暴力的危害程度已达到刑事不法要求、涉嫌犯罪时，应当准确适用刑法规制此类行为。

最后，当网络暴力的危害程度涉嫌犯罪时，可以适用刑法规制此类行为。2000 年 12 月 28 日全国人大常委会通过，并于 2009 年 8 月 27 日修正的《关于维护互联网安全的决定》规定，利用互联网侮辱他人或者捏造事实诽谤他人的，依照刑法有关规定追究刑事责任。在刑事治理层面，对于造成严重后果的网络暴力行为，我国刑法中相关罪名的适用标准仍不够明确，对其进行有效的刑事规制存在一定障碍，不利于刑法发挥其作为保障法的功能。关于如何强化网络暴力的刑事规制，后文将具体展开。总体来看，理顺网络暴力涉及的不同类型法律责任之间的界限与联系，根据网络暴力行为的危害程度适当分配法律责任，才能实现民事、行政与刑事法律规范之间的有效衔接，将各部门法对网络暴力规制的有效性纳入综合考量，使我国整体的法律规范体系能及时回应当代社会网络暴力的发展变化。

三、严密刑事法网并提高个罪法定刑

在大多数网暴案件中，虽然施暴者受到了法律制裁，但结合事件对当事人权益、社会秩序和网络生态造成的严重后果来看，处罚相对偏轻，难以有效遏制和震慑网络暴力行为，而受害者的维权成本却较高，这有可能导致施暴者有恃无恐，网络暴力愈演愈烈。针对实施网络暴力违法犯罪成本较低这一突出问题，要加大对网络暴力责任主体的惩治力度，[①]特别是强化网络暴力的刑法规制。对于情节较为严重的网络暴力，应当充分发挥刑法的保障作用，准确适用刑法进行严厉打击。基于最后手段性原则的要求，尽管刑法在当前的信息风险社会积极参与社会治理具有必要性与合理性，但仍应维持其介入社会治理的限度，确保网络暴力行为刑事

① 参见赵晨熙：《加大网暴责任主体惩治力度》，载《法治日报》2022 年 3 月 8 日，第 7 版。

可罚性的判断标准明确且确定。

网络暴力行为可能涉嫌多种犯罪，在网络上公然辱骂或者捏造事实诽谤他人，可能涉嫌侮辱罪、诽谤罪，侵害英雄烈士名誉、荣誉罪；利用网络进行“人肉搜索”并曝光公民隐私信息，可能涉嫌侵犯公民个人信息罪；在网络上造谣生事、散播虚假言论，严重扰乱社会公共秩序的，可能涉嫌寻衅滋事罪。[①] 通过侮辱谩骂形式的网络暴力导致他人自杀，是网络暴力危害性与攻击性最极致的体现，目前主要以侮辱罪、诽谤罪追究刑事责任。[②] 以德阳女医生遭受网暴自杀一案为例，四川省绵竹市人民法院最终以常某一、常某二与孙某利用信息网络平台煽动网络暴力公然侮辱他人，致被害人安某自杀身亡、情节严重为由，认定三人行为均构成侮辱罪，判处常某一有期徒刑 1 年 6 个月；常某二有期徒刑 1 年，缓刑 2 年；孙某有期徒刑 6 个月，缓刑 1 年。[③] 而在服装店主蔡某“人肉搜索”侮辱中学生徐某一案中，被害人徐某跳河自杀，蔡某最终也只以侮辱罪被判处有期徒刑 1 年与赔偿 12 万元。[④] 由于侮辱罪与诽谤罪的法定刑均较低，产生了以两罪评价网络暴力致人自杀罪刑不均衡的争议。

2013 年 9 月 6 日，最高人民法院、最高人民检察院联合发布的《关于办理利用信息网络实施诽谤等刑事案件适用法律若干问题的解释》规定，利用信息网络诽谤他人，同一诽谤信息实际被点击、浏览次数达到 5000 次以上，或者被转发次数达到 500 次以上的，应当认定为《刑法》第 246 条第 1 款规定的“情节严重”，构成诽谤罪。根据《刑法》第 246 条规定，侮辱罪、诽谤罪的法定刑是 3 年以下有期徒刑、拘役、管制或者剥夺政治权利。这意味着，惩治网络暴力行为最严厉的刑事责任，刑期最高不会超过 3 年，难以满足人民群众对公平正义的期待以及打击网络暴力犯罪的现

---

① 最高人民法院、最高人民检察院《关于办理利用信息网络实施诽谤等刑事案件适用法律若干问题的解释》第 5 条第 2 款规定：“编造虚假信息，或者明知是编造的虚假信息，在信息网络上散布，或者组织、指使人员在信息网络上散布，起哄闹事，造成公共秩序严重混乱的，依照刑法第二百九十三条第一款第(四)项的规定，以寻衅滋事罪定罪处罚。”

② 参见蔡荣：《“网络语言暴力”入刑正当性及教义学分析》，载《西南政法大学学报》2018 年第 2 期。

③ 参见张微：《网络暴力的传播研究——以 8 月 25 日德阳女医生自杀为例》，载《新媒体研究》2019 年第 4 期。

④ 参见广东省陆丰市人民法院刑事判决书，(2014)汕陆法刑初字第 151 号。

实需要,应加大对网络暴力行为的刑事处罚力度。比如,可以在刑法的侮辱罪、诽谤罪条款中,增设“利用信息网络侮辱、诽谤他人的,应当从重处罚”的规定;也可以在侮辱罪、诽谤罪中增加“情节特别严重”的量刑档次,配置“三年以上七年以下有期徒刑”的升档法定刑,以体现刑法应有的威慑力。

对于“人肉搜索”形式的网络暴力,若行为人在“人肉搜索”过程中非法获取被害人的公民个人信息,并向他人提供或出售,情节严重的可能构成侵犯公民个人信息罪,应当承担相应的刑事责任。值得注意的是,现实中常常存在个人信息保护意识不强的公民,将重要个人信息,例如面部肖像、家庭住址、行踪轨迹等公开于社交媒体,被他人获取后用于实施“人肉搜索”形式网络暴力的情形。对于此类获取公开个人信息并以引发网络暴力为目的进行公开、传播的行为,当已涉及现实法益侵害,且行为人之间存在犯意联络时,此类行为人应承担侵犯相应法益犯罪的共犯责任。[①]对于公开与传播个人信息而未造成现实法益侵害,或仅公开、传播个人信息引发网络暴力,但与造成现实法益侵害者无犯意联络的行为人,目前难以对其进行刑事规制,应进一步完善刑事立法,将此类行为纳入刑法规制的范围,但相较于新设“网络暴力罪”[②],将非法利用公民个人信息的行为入罪,更有利于准确界定此类提供或公开公民个人信息行为的刑事不法类型,是更为合理的选择。

第二节　网络暴力治理的程序层面立法完善

一、优化网暴案件的溯源取证规则

电子数据是网络暴力违法犯罪案件中最主要的证据类型。2017 年 5 月 2 日,国家互联网信息办公室发布的《互联网信息内容管理行政执法程

---

① 参见敬力嘉、胡隽:《网络暴力法律规制的完善路径》,载《中国人民公安大学学报(社会科学版)》2021 年第 5 期。

② 石经海、黄亚瑞:《网络暴力刑法规制的困境分析与出路探究》,载《安徽大学学报(哲学社会科学版)》2020 年第 4 期。

序规定》(已失效)第20条明确界定了电子数据的具体范围,包括但不限于网页、博客、微博客、即时通信工具、论坛、贴吧、网盘、电子邮件、网络后台等方式承载的电子信息或文件。2019年12月25日,最高人民法院出台的《关于民事诉讼证据的若干规定》第14条进一步列举式规定了电子数据包括下列信息、电子文件:(1)网页、博客、微博客等网络平台发布的信息;(2)手机短信、电子邮件、即时通信、通讯群组等网络应用服务的通信信息;(3)用户注册信息、身份认证信息、电子交易记录、通信记录、登录日志等信息;(4)文档、图片、音频、视频、数字证书、计算机程序等电子文件;(5)其他以数字化形式存储、处理、传输的能够证明案件事实的信息。电子数据作为一种法定证据,是受害者寻求公力救济的关键所在,尤其是面对发生在虚拟空间的网络暴力违法犯罪案件,电子数据的溯源取证就显得尤为重要,有关部门可以参考借鉴2022年最高人民法院、最高人民检察院、公安部联合发布的《关于办理信息网络犯罪案件适用刑事诉讼程序若干问题的意见》,将其中关于信息网络犯罪案件取证的成熟经验吸纳进防治网络暴力专项立法中,进一步规范网络暴力违法犯罪案件的取证工作。

第一,公安机关在调查核实过程中依法收集的电子数据等材料,可以根据有关规定作为证据使用。公安机关向网络服务提供者调取电子数据的,应当制作调取证据通知书,注明需要调取的电子数据的相关信息。调取证据通知书及相关法律文书可以采用数据电文形式。跨地域调取电子数据的,可以通过公安机关信息化系统传输相关数据电文。

第二,网络服务提供者向公安机关提供电子数据的,可以采用数据电文形式。采用数据电文形式提供电子数据的,应当保证电子数据的完整性,并制作电子证明文件,载明调证法律文书编号、单位电子公章、完整性校验值等保护电子数据完整性方法的说明等信息。数据电文形式的法律文书和电子证明文件,应当采用电子签名、数字水印等方式保证完整性。

第三,对于调取的电子数据,人民检察院、人民法院可以通过核验电子签名、数字水印、电子数据完整性校验值及调证法律文书编号是否与证明文件相一致等方式,对电子数据进行审查判断。对于调取的电子数据有疑问的,一般由公安机关、提供电子数据的网络服务提供者作出说明,或者由原调取机关补充收集相关证据。

第四,针对网络暴力违法犯罪案件中普遍存在电子数据等证据材料数量特别众多且具有同类性质、特征或者功能的情况,确因客观条件限制无法逐一收集的,应当按照一定比例或者数量选取证据,并对选取情况作出说明和论证。人民检察院、人民法院应当重点审查取证方法、过程是否科学。经审查认为取证不科学的,应当由原取证机关作出补充说明或者重新取证。

二、完善人格权侵害行为禁令制度

《民法典》第997条首次规定了针对人格权侵害的禁令救济条款,也被称为“人格权侵害行为禁令”(以下简称人格权禁令),[①]即民事主体有证据证明行为人正在实施或者即将实施侵害其人格权的违法行为,不及时制止将使其合法权益受到难以弥补的损害的,有权依法向人民法院申请采取责令行为人停止有关行为的措施。针对网络暴力案件适用人格权禁令,最高人民法院、最高人民检察院、公安部联合发布的《关于依法惩治网络暴力违法犯罪的指导意见》第15条规定:“权利人有证据证明行为人正在实施或者即将实施侵害其人格权的违法行为,不及时制止将使其合法权益受到难以弥补的损害,依据民法典第九百九十七条向人民法院申请采取责令行为人停止有关行为的措施的,人民法院可以根据案件具体情况依法作出人格权侵害禁令。”上述规定旨在为人格权提供更全面的保护,即通过建立一种高效快捷的人格权请求权的程序实现机制,以及时制止侵害人格权的行为,为权利人提供高效的救济,避免侵害行为给人格权主体造成难以弥补的损害。[②] 人格权禁令制度的意义不仅仅在于加强了对人格权的保护,也在于为我国未来在所有权利类型中普遍建立禁令制度提供了“先行试验区”。

依据《民法典》第997条的规定,人格权禁令的适用应当具备如下要件:第一,行为人正在实施或者即将实施侵害人格权的行为;第二,如不及

---

① 《民法典》第997条规定:“民事主体有证据证明行为人正在实施或者即将实施侵害其人格权的违法行为,不及时制止将使其合法权益受到难以弥补的损害的,有权依法向人民法院申请采取责令行为人停止有关行为的措施。”

② 参见程啸:《论我国民法典中的人格权禁令制度》,载《比较法研究》2021年第3期。

时制止将会使损害后果迅速扩大或难以弥补;第三,申请人具有较大的胜诉可能性;第四,申请人有证据证明行为人正在实施或者即将实施相关侵害行为;第五,禁令的适用不要求行为人具有过错。因遭受网络暴力,人格权受到紧迫侵害的当事人可以依法向人民法院申请人格权禁令,及时制止网络暴力对其合法权益的损害。例如,行为人在网上散播严重毁损他人名誉的言论,受害人一经发现,即可以申请法院颁行禁令,要求网站予以封锁、屏蔽、断开链接、删除等,以防止该行为损害后果的扩大。虽然禁令与停止侵害的作用类似,但是不能将禁令等同于停止侵害的人格权请求权。禁令的适用不需要证明损害已经发生,只需要证明禁令的要件即可请求,如行为有侵害之虞。[①] 此外,禁令的适用可以发生在诉讼开始之前,也就是说,民事主体有证据证明他人正在实施或者即将实施侵害其人格权益的行为,如不及时制止将会使其合法权益受到难以弥补的损害的,可以依法向人民法院申请采取责令停止有关行为的措施。因此,禁令制度能够通过将法院强制性命令发出时间点提前而将损害预防更早实现。

人格权禁令制度的设立,改变了我国“侵权诉讼 + 行为保全 + 民事责任”的权利保护结构。为了确保实体法立法目的顺利实现,《民事诉讼法》应尽快作出调整以便实现与《民法典》规定的对接与协调。[②] 应以非讼程序为基础,构建人格权禁令的具体程序规则。首先,采用职权探知主义,同时为实现对被申请人最低限度的程序保障,要保护被申请人的意见陈述权、获悉通知权、复议权等,人民法院的审查应围绕《民法典》第 997 条所规定的要件,综合各种因素加以权衡;其次,建立非讼程序和诉讼程序之间的合理转换机制,如果申请人不能按照非讼程序的证明要求证明禁令申请符合《民法典》第 997 条规定的要件,被申请人提出的异议无法通过审查即刻排除,则可以裁定驳回申请,并告知申请人可以依法启动保全程序和诉讼程序;最后,作为非讼程序的人格权禁令,应当由法院以裁定的方式作出,一经作出即发生效力,当事人即便可以申请复议,也不停

① 参见王利明:《论侵害人格权禁令的适用》,载《人民司法(应用)》2020 年第 28 期。

② 参见郭小冬:《人格权禁令的基本原理与程序法落实》,载《法律科学(西北政法大学学报)》2021 年第 2 期。

止执行，由于非讼程序不能提供类似诉讼程序的程序保障，裁定不具有既判力。[①] 其他的具体程序规则也应根据现行法予以解释构建，例如，申请禁令时，不将“通知—反通知”规则作为适用人格权禁令的前置程序。

从总体上看，《民法典》第 997 条的规定仍然过于抽象、原则，在治理网络暴力法治实践中，要运用好人格权禁令制度，还需要解决以下几个关键问题，进一步完善人格权禁令制度。

第一，明确证据要件。民事主体有证据证明行为人正在实施或者即将实施侵害其人格权的违法行为时，才能申请人民法院颁发禁令。一般而言，对于已经发生的侵害人格权的行为，权利人举证较为容易，对其证明程度的要求也应当更高；而对即将发生但尚未发生的侵害行为，权利人证明较为困难，对权利人举证的要求也应当相对较低。因此，为了保障人格权禁令制度的准确运用，权利人在不同情形下究竟要达到何种证明程度，需要司法解释予以明确，细化证据要求。

第二，明确程序要件。由于禁令是基于紧迫情况而发布的，不同于法院的终局判决，禁令的程序保障程度较低，法院往往只是根据申请人的陈述即可颁行禁令，而且由于情况紧急，法院往往只是对当事人的申请进行书面审查，这就使得禁令缺乏审判中的质证等程序，需要对禁令的适用程序作出规定。通常，禁令应当通过特别程序发布，关于禁令的期限问题，应当区分不同情形，分别予以认定：如果禁令旨在实施一次性的行为，如删除，则禁令没有期限限制；而如果禁令旨在实施持续性的行为，如封锁、屏蔽等，则应当有一定的期限限制。

第三，明确担保问题。关于民事主体申请人民法院颁发人格权禁令时是否需要提供担保，应当区分不同情形分别予以确定：对于显而易见的侵权，如行为人在网上发布他人裸照，或者发布侮辱他人的言论等，此时无须申请人提供担保；对于即将实施但尚未实施的侵权行为，申请人如果无法提供充足的证据证明行为人即将实施侵权行为，则应当提供担保；当行为人正在实施相关行为，但行为是否构成侵权并不确定时，申请人也应当提供担保。

第四，明确申请人格权禁令错误时的法律责任。在禁令申请错误的

---

① 参见朱虎：《人格权侵害禁令的程序实现》，载《现代法学》2022 年第 1 期。

情形下,人民法院应当采取相关措施,恢复行为人发布的信息等;同时,因颁发禁令造成行为人损害的,申请人应当予以赔偿。

三、修订侮辱罪、诽谤罪的追诉方式

实施网络暴力行为可能触犯侮辱罪、诽谤罪,此类案件在刑法上被规定为“告诉才处理”的案件,即一般情况下需要受害者提起刑事自诉,但是严重危害社会秩序和国家利益的除外。可见,刑事立法上对侮辱罪、诽谤罪采取了以自诉为主、以公诉为例外的制度设计。在传统社会中,立法者之所以规定告诉才处理,主要是考虑到侮辱、诽谤行为本身的社会危害性不大,多数情况下可以通过较为缓和的方式来消解。这是因为侮辱、诽谤行为大都发生在邻居、同事之间,在多数场合可以通过调解方式解决。[①] 但在虚拟社会,侮辱、诽谤行为正在由熟人犯罪为主转变为匿名化陌生人犯罪为主,由单位、社区、乡村小范围的负面名誉影响转变为网络暴力下的社会影响,亲告罪通常以特定关系人之间的轻罪(较轻的危害性)为基础、以侵害个人权利为主的情况出现变化。[②] 步入互联网时代,侮辱罪、诽谤罪以自诉为主、公诉为例外的模式面临全新的挑战。

在利用信息网络实施的侮辱、诽谤犯罪案件中,被害人提起自诉存在很大的现实困难,“网络诽谤案刑事审判面临的首要问题是被告人的确定,由于网络的匿名性,这一问题在网络诽谤案中更加突出;其次是被告人犯罪事实证据的提交”[③]。首先,由于网络传播快捷、迅速、广泛,依靠自诉人的个人力量难以从互联网中获得完整的犯罪过程和实际损害结果的相关证据。其次,自诉人获取的证据是否真实、是否有效、能否达到情节严重的标准给当事人的举证带来巨大压力。最后,自诉人提供的证据要达到证据确实、充分的证明标准也是比较困难的问题。[④] 自诉人的调查取证能力有限而公安机关又没有立案管辖权将导致自诉人无法充分保护自己的合法权益。而司法机关介入网络暴力犯罪案件的调查取证过

---

① 参见张明楷:《刑法学(下)》(第6版),法律出版社2021年版,第921页。
② 参见金鸿浩:《论互联网时代诽谤罪的公诉范围》,载《政治与法律》2021年第3期。
③ 刘艳红:《网络时代言论自由的刑法边界》,载《中国社会科学》2016年第10期。
④ 参见卢蝴蝶:《网络暴力的法律规制》,载《西部学刊》2022年第14期。

程,能够更为有力、全面地收集到网络暴力的相关证据。因此,可以考虑将造成严重危害后果的网络暴力案件纳入公诉案件范围。[①] 在自诉人同意或自诉人取证困难的情况下,由公安机关行使侦查权,由检察机关向法院提起公诉,以便更好地追究网络暴力实施者的刑事责任。例如,杭州女子取快递被造谣出轨案从自诉转为公诉,有利于震慑“法不责众”的施暴者心理,维护网络秩序。

将涉嫌侮辱罪、诽谤罪的网络暴力行为纳入公诉案件范围可以通过修订司法解释的方式实现,即优化对“严重危害社会秩序和国家利益”情形的解释。2009 年 4 月,公安部印发的《关于严格依法办理侮辱诽谤案件的通知》(公通字〔2009〕16 号),列举了三类“严重危害社会秩序和国家利益”情形,[②]对符合相关情形的,要求公安机关应当以侮辱罪、诽谤罪立案侦查,作为公诉案件办理。2013 年 9 月,最高人民法院、最高人民检察院发布的《关于办理利用信息网络实施诽谤等刑事案件适用法律若干问题的解释》(法释〔2013〕21 号),在前者的基础上列举了七类“严重危害社会秩序和国家利益”的情形,[③]希望通过为相应情形的网络侮辱、诽谤犯罪赋予公诉权,满足司法上有法可依的紧迫需求。但该司法解释所列举的情形在适用于网络暴力案件时,客观上仍相对模糊,存在一定缺陷或不足。例如,将“诽谤多人”纳入公诉范围,但又通过要求达到“造成恶劣社会影响”进行限缩,这样一进一退看似周全,实际上似是而非,大大降低了其可操作性,缺乏对侮辱罪、诽谤罪特别是网络侮辱、诽谤的公诉范

---

① 参见王品芝、徐欣怡:《九成受访者支持将严重“网暴”行为纳入公诉案件》,载《中国青年报》2022 年 3 月 10 日,第 9 版。

② 公安部《关于严格依法办理侮辱诽谤案件的通知》第 2 条规定:“……对于具有下列情形之一的侮辱、诽谤行为,应当认定为‘严重危害社会秩序和国家利益’,以侮辱罪、诽谤罪立案侦查,作为公诉案件办理:(一)因侮辱、诽谤行为导致群体性事件,严重影响社会秩序的;(二)因侮辱、诽谤外交使节、来访的外国国家元首、政府首脑等人员,造成恶劣国际影响的;(三)因侮辱、诽谤行为给国家利益造成严重危害的其他情形……”

③ 最高人民法院、最高人民检察院《关于办理利用信息网络实施诽谤等刑事案件适用法律若干问题的解释》第 3 条规定:“利用信息网络诽谤他人,具有下列情形之一的,应当认定为刑法第二百四十六条第二款规定的‘严重危害社会秩序和国家利益’:(一)引发群体性事件的;(二)引发公共秩序混乱的;(三)引发民族、宗教冲突的;(四)诽谤多人,造成恶劣社会影响的;(五)损害国家形象,严重危害国家利益的;(六)造成恶劣国际影响的;(七)其他严重危害社会秩序和国家利益的情形。”

围的系统性思考。为有效应对上述问题,在短期内可以通过修订司法解释的方式予以缓解。具体方案为规定具有下列情形之一的,即可认定为属于"严重危害社会秩序和国家利益":(1)造成被害人精神失常、自杀等严重后果,影响恶劣;(2)随意以普通公众为侵害对象,相关信息在网络上大范围传播,引发大量低俗、恶意评论,严重破坏网络秩序,影响公众安全感;(3)侮辱、诽谤多人,造成恶劣社会影响;(4)多次散布诽谤、侮辱信息,或者组织、指使人员大量散布诽谤、侮辱信息,造成恶劣社会影响;(5)其他严重危害社会秩序的情形。

此外,民事公益诉讼作为刑事自诉的补充,在网络暴力行为追责中具有不可替代的地位。网络是有序的社会生活的重要载体,典型的网络暴力行为不仅仅侵害人格尊严、名誉直接受损的当事人,也是对网络生态文明的直接侵害,涉及公共表达秩序,具有显在的公益属性。网络暴力往往由多个主体参与,各自主体的不法行为性质认定及证据固定比较困难,一律实行民事自诉对切实保障受害人的权益不利,有必要根据网络暴力的不同情况启动民事公益诉讼模式,公平合理地追究网络暴力中存在不法行为的多个主体的法律责任,防止有责不惩。[①] 对此,最高人民法院、最高人民检察院、公安部联合发布的《关于依法惩治网络暴力违法犯罪的指导意见》第16条明确规定:"网络暴力行为损害社会公共利益的,人民检察院可以依法向人民法院提起公益诉讼。网络服务提供者对于所发现的网络暴力信息不依法履行信息网络安全管理义务,致使违法信息大量传播或者有其他严重情节,损害社会公共利益的,人民检察院可以依法向人民法院提起公益诉讼。"民事公益诉讼的主体可以根据案情实际加以区别考虑,就"寻亲男孩"刘某州遭网络暴力自杀事件而言,公益诉讼的原告可以是未成年人保护组织或行业协会,也可以是人民检察院。

第三节 未成年人遭受网络欺凌的立法完善

网络欺凌是未成年人在网络空间面临的严峻风险之一,给未成年

---

① 参见陈堂发:《强化法律适用:网络暴力的法治途径》,载《人民论坛》2022年第9期。

人的身心健康带来严重的伤害,而且往往伴随终身,甚至在极端情况下,网络欺凌还可能导致未成年人自残、自杀。联合国儿童基金会在2019年2月发布警告称,全球70.6%的青少年网民正面临网络欺凌和骚扰的威胁,并呼吁采取协调行动,解决和预防针对青少年的网络欺凌行为。2022年11月30日,共青团中央维护青少年权益部和中国互联网络信息中心联合发布的《2021年全国未成年人互联网使用情况研究报告》显示,我国未成年网民数量达1.91亿,未成年网民在网上遭到讽刺或谩骂的比例为16.6%;自己或亲友在网上遭到恶意骚扰的比例为7.0%;个人信息未经允许在网上被公开的比例为6.1%。因此,我国在完善网络暴力治理相关立法时,有必要对防治未成年人遭受网络欺凌问题作出专门性回应。

一、《未成年人网络保护条例》设置"网络欺凌防治"专章

2020年10月修订的《未成年人保护法》增设"网络保护"专章,并专门针对防治网络欺凌设计了单独条款,①界定了网络欺凌的实施形式(文字、图片、音视频等)及行为类型(侮辱、诽谤、威胁或者恶意损害形象等),赋予未成年人及其父母或者其他监护人通知网络服务提供者删除、屏蔽、断开链接等权利,同时要求网络服务提供者接到通知后及时采取必要的措施制止网络欺凌行为,防止信息扩散。2021年6月1日,教育部出台的《未成年人学校保护规定》,针对校园欺凌等社会高度关注的问题构建了专项保护机制,其中明确规定教职工应当制止学生"通过网络或者其他信息传播方式捏造事实诽谤他人、散布谣言或者错误信息诋毁他人、恶意传播他人隐私",防止校园内同学之间的网络欺凌。2022年3月14日,国家互联网信息办公室就《未成年人网络保护条例(征求意见稿)》再次公开征求意见,新的法规文本对防治未成年人遭受网络欺凌的相关内

---

① 《未成年人保护法》第77条规定:"任何组织或者个人不得通过网络以文字、图片、音视频等形式,对未成年人实施侮辱、诽谤、威胁或者恶意损害形象等网络欺凌行为。遭受网络欺凌的未成年人及其父母或者其他监护人有权通知网络服务提供者采取删除、屏蔽、断开链接等措施。网络服务提供者接到通知后,应当及时采取必要的措施制止网络欺凌行为,防止信息扩散。"

容作了进一步补充完善，[①]要求网络产品和服务提供者应当设置便利未成年人及其监护人保全遭受网络欺凌证据、行使通知权利的功能、渠道。

目前来看，将要出台的《未成年人网络保护条例》作为保障未成年人在网络空间的合法权益的专项立法，仅用1个条款来防治未成年人遭受网络欺凌，内容上较为单薄，建构的治理机制尚不健全，无法为未成年人提供较为全面、立体的网络保护。该条例未就未成年人遭受网络欺凌发生时监护人、学校、平台企业的强制报告义务以及救助方式、救助程序、失职责任等作出规定。建议参照“个人信息保护”“网络沉迷防治”的专章体例，在即将出台的《未成年人网络保护条例》中设置“网络欺凌防治”专章，明确参与网络欺凌治理的各方主体的权利（力）、职责以及常态化协作机制。例如，网络平台要落实主体责任，健全有关管理制度，加强对未成年人网上报道的管理，同时要严格管理网民自发上传、分享涉及网上未成年人犯罪和欺凌事件的内容，及时删除违法违规信息；[②]防治网络欺凌是全社会共同的责任，要建立学校、家庭、社区（村）、公安、司法、媒体等各方面沟通协作机制，畅通信息共享渠道，进一步加强对未成年人网络保护工作的正面宣传引导，防止媒体过度渲染报道事件细节，避免学生欺凌和暴力通过网络新媒体扩散演变为网络欺凌。

二、建立协同联动式校园网络欺凌防范、干预和救济机制

网络欺凌受害人呈现出低龄化和校园化的趋势，已成为校园欺凌的新形式。对网络欺凌应始终坚持“零容忍”态度，建立健全防范和处理校园网络欺凌机制。政府、互联网企业、社会组织、学校和家长要通力合作、

---

① 《未成年人网络保护条例（征求意见稿）》第27条规定：“任何组织和个人不得通过网络以文字、图片、音视频等形式，对未成年人实施侮辱、诽谤、威胁或者恶意损害形象等网络欺凌行为。网络产品和服务提供者应当设置便利未成年人及其监护人保全遭受网络欺凌证据、行使通知权利的功能、渠道。遭受网络欺凌的未成年人及其监护人有权通知网络产品和服务提供者采取删除、屏蔽、断开链接、限制账号功能、关闭账号等必要措施。网络产品和服务提供者接到通知后，应当及时采取必要措施予以制止，防止信息扩散。”

② 参见张盼：《试论我国青少年网络欺凌及应对策略》，载《预防青少年犯罪研究》2014年第5期。

协同联动，共同预防和治理校园网络欺凌。[①]

一是教育部门要统一编写“青少年反校园网络欺凌手册”下发到各学校，帮助学校师生初步认识网络欺凌现状、表现、危害、救济渠道等情况。网信部门要加强对网络平台的监管，实行网络平台准入制，严把入网关，坚决关停服务质量差、安全系数低和对发布内容审核不严格的网络平台或责令网络平台彻底整改，净化网络环境。

二是网络平台要通过技术手段对涉及校园网络欺凌的信息进行自动过滤和屏蔽，对不良信息进行预警，让网络欺凌行为丧失滋生的土壤，从源头防范和减少网络欺凌现象。[②] 网络平台要加强内容审核，实行实名注册信息发布制，主动构建反校园网络欺凌系统，采取删除、屏蔽、断开链接等措施制止网络欺凌行为，防止信息扩散。网络平台要降低受欺凌者寻求保护和救济的成本，可以通过功能扩展增加精准举报的功能，制定详细的用户使用规范，对欺凌行为进行列举式与概括式并行的规定，使受害者能够结合自己的遭遇寻求准确保护，制止或反击网络欺凌行为。[③]

三是社会组织要利用专业力量与学校共同搭建教育和干预处置平台，完善援助服务体系，对遭受欺凌和暴力的学生及其家人提供帮助，及时开展相应的心理辅导和家庭支持，帮助他们尽快走出心理阴影，树立自信，恢复正常学习生活。

四是学校要将反网络欺凌政策纳入学生行为准则，对学生开展反网络欺凌教育，举办形式多样、内容丰富的专题教育活动，营造浓厚的反校园网络欺凌文化。开设反网络欺凌教育课程，提升青少年网络素养，引导学生不在网上分享私人信息，不参与、不回应、不转发网络欺凌信息。受到网络欺凌时，通过截屏、复制、粘贴等途径保留网络欺凌的证据，记录发生网络欺凌事件的时间、地点和频率。建立校园网络欺凌防范和处理机制，制定包括发现机制、受理调查机制、纪律处分和后续服务机制等一系

---

① 参见朱晶：《国外校园网络欺凌的干预策略》，载《中国社会科学报》2021 年 11 月 11 日，第 9 版。

② 参见陈美华、陈祥雨：《网络欺凌现象与青少年网络欺凌的法律预防》，载《南京师大学报（社会科学版）》2016 年第 3 期。

③ 参见李菲：《未成年人网络欺凌：网络运营者的角色责任探赜》，载《青少年研究与实践》2019 年第 4 期。

列详细的反欺凌计划。[①] 具体包括,及时向有关部门报告校园网络欺凌事件;设立反校园网络欺凌热线,为受害人及其家属举报校园网络欺凌行为提供途径;由专门部门负责对网络欺凌行为的受理、调查、处理。确属网络欺凌现象的,对于欺凌者采取批评教育、不参加课外活动、停学、申请特殊教育等措施,对于受害者进行专业的心理疏导,防止因网络欺凌行为对其造成更大的身心伤害。

五是家长要加强对未成年人的监护,营造良好的家庭教育氛围,引导未成年人文明科学使用网络,提高其网络文明素养和防范校园网络欺凌的意识。

三、加大针对未成年人群体实施网络欺凌行为的惩治力度

因未成年人身心发育尚未成熟,针对未成年人实施的网络欺凌行为,具有更为严重的社会危害性,从特殊保护未成年人的立场出发,应当依法从重惩处。世界各国也普遍都对未成年人遭受网络欺凌作出了特别的法律规制。适当合理地加大针对未成年人群体实施网络欺凌行为的惩治力度,具体可以从以下几个方面着手:

其一,对针对未成年人实施的网络欺凌行为从重处罚。无须针对未成年人遭受网络欺凌现象另外增设罪名,可以对针对未成年人实施的网络欺凌行为作出特别规定,对此类行为适用不同于一般行为的法定刑或者对于情节严重的针对未成年人实施的网络欺凌行为进行从重处罚。应当看到,我国刑法中针对不同对象实施同一行为完全可能适用不同的刑罚。例如,强奸罪中规定了奸淫不满 14 周岁的幼女的从重处罚,并且有关量刑建议中已经指出对于对未成年人进行性侵害的犯罪行为应当从严惩治。毫无疑问,未成年人是需要特殊保护的一类群体,在对针对未成年人实施的网络欺凌行为的刑法规制中可以参考借鉴这一立法技术,以期更好地实现对未成年人健康成长的保护。

其二,重视对精神伤害的刑法评价。针对未成年人实施网络欺凌和现实物理欺凌不同,其行为不仅是对未成年人社会评价的贬损,更是一种对未

---

① 参见崔丹:《网络欺凌:青少年需要得到保护》,载《北京青年研究》2020 年第 3 期。

成年人尚未发育完成的人格的精神伤害。对针对未成年人实施的网络欺凌行为的刑法规制本质上涉及刑法对精神伤害的评价问题。我国刑法目前对精神伤害没有进行单独评价，故意伤害罪主要评价的是被害人躯体上的损伤，正因如此，以非公开的形式利用网络进行点对点式的欺辱、谩骂或威胁既不能构成侮辱罪、诽谤罪也不能构成故意伤害罪。而实际上，医学领域已经承认精神健康和人体的正常运作有着十分紧密的联系，因此，刑法可以考虑适度将被害人受到的精神伤害作为对危害结果评价的一部分进行综合考量。特别是在信息网络快速发展的当今社会，我们可以发现言语上对人的伤害有时超过常人的估计，因此重视对精神伤害的刑法评价显得十分重要。[①] 此外，针对未成年人实施的网络欺凌行为和被欺凌者遭到精神伤害或者自杀、自残等危害结果之间的因果关系认定容易受到质疑，有人可能认为针对未成年人实施的网络欺凌行为造成的危害结果和未成年人自身的心理素质有关，不像实体伤害那样不可避免。这种观点和认识是不正确的。刑法中因果关系的认定只需要考虑行为和结果是否是引起和被引起的关系即可，例如，明知他人有心脏病还故意对其进行刺激造成患者死亡，这时行为和死亡结果之间仍应当认定存在因果关系。因此，应当认为未成年人所受到的网络欺凌与其遭受到的精神伤害之间有因果关系。

其三，调整有关罪名发生在信息网络空间时的法定刑。以侮辱罪、诽谤罪为代表，目前侮辱罪、诽谤罪的最高法定刑为 3 年有期徒刑。然而古谚有云："众口之毁誉，津石沉术；并亦所抑，以直为曲。"未成年人遭受网络欺凌中的许多鲜活案例已经告诉人们谣言的恶劣影响之大，传统犯罪的社会危害性有时不会因为经济社会的发展而淡化或减轻，反而会因为犯罪技术的改进而使危害升级。最明显的莫过于，传统犯罪与互联网的结合使得同一犯罪行为的社会危害性明显超出立法者原先的想象与预设，传统罪名的规制力度已不足以满足当下的需要。因此从应然层面看，刑法对传统犯罪网络化行为的规制力度应当更大，在法定刑的配置上，一方面，应将网络异化情形充分考虑进来，建立多梯度、宽幅度、强力度的刑罚体系。在对针对未成年人实施的网络欺凌行为进行刑法规制的过程中

---

① 参见刘宪权、林雨佳：《青少年网络欺凌现象的刑法规制》，载《青少年犯罪问题》2017 年第 4 期。

应该考虑到其具有较之普通侮辱、诽谤更严重的社会危害性,从而适度提高有关罪名的法定刑,或在现有法定刑基础上明确对发生在网络空间的同一犯罪行为进行从重处罚,以符合罪责刑相适应原则。另一方面,考虑到未成年人的抗压承受能力,对于网络欺凌受害者是未成年人的案件,通过司法解释适当降低侮辱罪、诽谤罪中"情节严重"的认定标准,根据未成年人的身心特点,采取定性与定量相结合的方式予以单独规定。

附　录

关于完善网络暴力治理的立法修正建议

随着网络通信技术的迭代升级和普及应用,互联网已深深嵌入当下社会生产生活的方方面面,网民规模不断扩大,公民的言论自由空间借助网络得以拓展和充实。而网络暴力是言论自由的异化,在无序的舆论渲染和激烈的情绪宣泄中演化为多数人的“暴政”与“狂欢”,触及道德底线和法律红线。以河北寻亲男孩刘某州自杀案、杭州女子取快递被造谣出轨案、河南女教师遭网暴猝死案等为代表的恶性网络暴力事件引起全社会的高度关注。伤害性、侮辱性、煽动性网络暴力信息在网络空间的迅速蔓延,不仅侵犯公民的自由权利,而且严重“污染”网络生态,引发广泛的社会风险。

网络空间是亿万民众共同的精神家园。习近平总书记在网络安全和信息化工作座谈会上指出,互联网不是法外之地,要本着对社会负责、对人民负责的态度,依法加强网络空间治理。党的二十大报告提出,加强全媒体传播体系建设,推动形成良好网络生态。2022 年 11 月,中央网信办印发《关于切实加强网络暴力治理的通知》,要求切实加大网暴治理力度,健全完善长效工作机制。以深入学习贯彻党的二十大精神为契机,坚持以习近平法治思想为指导,加强网络暴力治理法治化研究对于推进我国网络空间治理体系和治理能力现代化具有重要意义,有利于营造风清气正、安全有序、积极健康的网络生态。

法律是治国之重器,良法是善治之前提。有法可依是网络暴力治理法治化的先决条件,一个健康有序的网络生态需要系统完备的法治保障。当前我国规制网络暴力的规定散见于民事、行政、刑事等领域多部法律法规、部门规章及司法解释中,存在立法表述模糊、惩罚力度轻微、缺乏有效衔接、可操作性有限等突出问题。因此,课题组从完善网络暴力治理立法的角度,针对民事、行政、刑事以及未成年人保护等重点领域的部门法提出全方位、体系化的修正建议,旨在进一步健全规制网络暴力的法律规范体系,为网络暴力治理法治化提供充足且有效的规范供给。

一、民法的立法修正建议

(一)修正《民法典》第185条【英雄烈士等特定人群保护】

1. 立法条文

(1)立法原文

《民法典》第185条:侵害英雄烈士等的姓名、肖像、名誉、荣誉,损害社会公共利益的,应当承担民事责任。

(2)立法修正

建议在《民法典》第185条中增加一款,作为第2款:对特定地域、性别、民族等人群发表仇恨言论而引发社会不良影响的,应当承担民事责任。

2. 立法理由

仇恨言论在国际上通常被定义为任何基于特定特征(如肤色、种族、性别、性取向、国籍和宗教等)对个人或群体造成冒犯的信息;在中国主要是指对特定群体、个人发表的歧视、侮辱言论和破坏民族团结的言论。《民法典》创设了人格权编,主要包含特定自然人的人格权,对于英雄烈士的保护属于一大创新。然而,在国内外对于仇恨言论加强治理的同时,我国对于仇恨言论的民事责任缺乏规定。目前,对个体发表仇恨言论的,受侵害方可以通过名誉权、隐私权等方式获得保护,但是对群体发表仇恨言论的,虽然在互联网时代屡见不鲜,受侵害方却难以通过民事诉讼得到保护。

将具有特定地域、性别、民族等属性的人群作为保护对象,有利于改善网络空间生态,避免群体暴力和仇恨歧视,更好地维护团结友好氛围。在具体保护模式上,可以通过该规则驱动平台承担责任,也可以通过公益诉讼等方式对主要肇事者寻求赔礼道歉、损害赔偿等民事责任。这一条的规定,也将形成民法对特定群体人格权进行保护的制度创新。

(二)修正《民法典》第1033条【侵害隐私的行为】

1. 立法条文

(1)立法原文

《民法典》第1033条:除法律另有规定或者权利人明确同意外,任何组织或者个人不得实施下列行为:

(一)以电话、短信、即时通讯工具、电子邮件、传单等方式侵扰他人的私人生活安宁;

(二)进入、拍摄、窥视他人的住宅、宾馆房间等私密空间;

(三)拍摄、窥视、窃听、公开他人的私密活动;

(四)拍摄、窥视他人身体的私密部位;

(五)处理他人的私密信息;

(六)以其他方式侵害他人的隐私权。

(2)立法修正

建议将《民法典》第1033条第1项修改为:以电话、短信、即时通讯工具、电子邮件、传单等方式侵扰或者以造谣、恐吓、跟踪等方式影响他人的私人生活安宁。

2. 立法理由

《民法典》第1032条明确隐私权的保护对象包括个人的私密空间、私密活动、私密信息和私人生活安宁。对私人生活安宁的侵害主要体现在安宁利益被破坏,安全稳定的生活秩序被打乱,从而造成精神疾病或其他后果。然而,《民法典》第1033条列举的侵害私人生活安宁行为仅仅包括以电话、短信、即时通讯工具、电子邮件、传单等方式侵扰他人私人生活安宁,这些行为主要是通过广告过载的方式干扰生活安宁,但是缺乏对更为严重的网络跟踪、网络恐吓、网络造谣等行为对私人生活安宁影响的规定。

在网络暴力治理中,对于个体的核心保护目标就是私人生活安宁的状态,应当在本条列举以明确网络用户享有生活安宁而不被恶意影响的权利。网络造谣、网络恐吓、网络跟踪等方式都是干扰私人生活安宁的典型非法行为,但是在证明名誉权损害或者其他人格权损害时存在模糊不清的情况,应当在本条纳入生活安宁的保护范围以实现更好的网络治理效果。考虑到造谣、跟踪、恐吓等方式不限于网络，结合《民法典》的基础性立法地位，可以规定为“以造谣、恐吓、跟踪等方式影响他人的私人生活安宁”。其中，造谣行为不仅限于网络用户的造谣，也可以涵盖网络平台以算法的方式将人与虚假检索词或者虚假信息进行关联，本条的规定有助于此类行为的治理。

（三）修正《民法典》第1195条【网络平台责任】

1. 立法条文

（1）立法原文

《民法典》第1195条：网络用户利用网络服务实施侵权行为的，权利人有权通知网络服务提供者采取删除、屏蔽、断开链接等必要措施。通知应当包括构成侵权的初步证据及权利人的真实身份信息。

网络服务提供者接到通知后，应当及时将该通知转送相关网络用户，并根据构成侵权的初步证据和服务类型采取必要措施；未及时采取必要措施的，对损害的扩大部分与该网络用户承担连带责任。

权利人因错误通知造成网络用户或者网络服务提供者损害的，应当承担侵权责任。法律另有规定的，依照其规定。

（2）立法修正

建议在《民法典》第1195条中增加一款，作为第4款：网络服务提供者应当采取措施主动过滤、识别网络暴力信息，对于知道或者应当知道的网络暴力信息未采取必要措施的，应当对损害的扩大部分与发布网络暴力信息的网络用户承担连带责任。

2. 立法理由

网络平台内容治理目前遵循转通知规则，此治理模式适用于一般信息内容。网络暴力信息具有严重的社会危害，网络平台应当承担更高的注意义务。在内容算法过滤技术日益完善的背景下，网络平台不仅可以建立人工审核机制，同时也可以借助自动化技术来提高内容治理水平。

网络平台承担过滤和识别义务是国际立法趋势。2019年欧盟颁布的《数字单一市场版权指令》第17条规定，提供在线内容分享服务的网络服务商对用户传播的内容应当履行过滤义务；2022年欧盟颁布的《数字服务法案》规定平台有义务减轻风险，如虚假信息或选举操纵、针对妇女的网络暴力或对未成年人的在线伤害等。在美国,大型互联网平台也在通过自动化工具和一系列“可信标记者”(trusted flaggers)来识别非法内容,帮助过滤相关内容。

网络平台承担内容识别义务以知道或者应当知道为限度可以平衡保护数字经济的活力和必要的法律秩序。对于广泛可知的网络暴力信息,网络平台应当第一时间采取措施处置,未采取措施导致损害扩大的,需要根据其过错承担相应的损害赔偿责任。在具体实施过程中,网络平台可以借助自动化工具监测网络暴力信息,也可以允许用户在网上标记非法内容或者与专门的“可信标记者”合作,以识别和删除网络暴力信息。

二、行政法的立法修正建议

(一)修订《治安管理处罚法》第42条【加重违法主体的行政责任】

1.立法条文

(1)立法原文

《治安管理处罚法》第42条:有下列行为之一的,处五日以下拘留或者五百元以下罚款;情节较重的,处五日以上十日以下拘留,可以并处五百元以下罚款:

(一)写恐吓信或者以其他方法威胁他人人身安全的;

(二)公然侮辱他人或者捏造事实诽谤他人的;

(三)捏造事实诬告陷害他人,企图使他人受到刑事追究或者受到治安管理处罚的;

(四)对证人及其近亲属进行威胁、侮辱、殴打或者打击报复的;

(五)多次发送淫秽、侮辱、恐吓或者其他信息,干扰他人正常生活的;

(六)偷窥、偷拍、窃听、散布他人隐私的。

(2)立法修正

建议在《治安管理处罚法》第42条中增加一款,作为第2款:利用信息网络实施上述行为的,处十日以上十五日以下拘留,可以并处一千元以下罚款。

2. 立法理由

行政法是网络暴力治理的前置法，我国现行有效的行政法中并无针对“网络暴力”的专门规定，对网络暴力行为的处罚往往依赖于《治安管理处罚法》第 42 条的解释适用。但是以网络技术为媒介实施的诽谤侮辱、造谣陷害、公开隐私等人身攻击，相较传统的侵害方式而言，突破了时间和空间的限制，具有传播速度快、传播范围广、传播人群多、传播时间长等特征，给当事人的人格权益和网络公共秩序造成更为严重的危害后果。尤其是“网络水军”“黑公关”等组织性、营利性网络暴力行为，具有极大主观恶性，严重恶化网络生态，扰乱公共秩序。如果依旧根据现行《治安管理处罚法》第 42 条的规定来调整网络暴力行为，相应的处罚结果并不能妥当评价网络暴力行为的危害后果，难以发挥行政处罚的预防与惩罚功效，无法有效规制网络暴力行为。根据《治安管理处罚法》第 5 条第 1 款的规定，治安管理处罚必须以事实为依据，与违反治安管理行为的性质、情节以及社会危害程度相当。行政处罚应当遵循比例原则，保证违法行为的法益侵害性与应受的处罚幅度相匹配，才能实现法律效果与社会效果相统一。现行《治安管理处罚法》第 42 条的处罚标准与网络暴力行为的危害后果不成比例，应适当提升利用信息网络实施该条相关行为的处罚幅度。为了维持该法在处罚标准上的体系融贯性，针对“利用信息网络实施该条相关行为”的处罚幅度不得突破法律内部限度。根据该法第三章第三节“侵犯人身权利、财产权利的行为和处罚”部分的规定，同类性质单一违法行为的最高处罚幅度为拘留 15 天与罚款 1000 元。而根据该法第 16 条的规定，有两种以上违反治安管理行为，行政拘留处罚合并执行的，最长不超过 20 日。该法第 42 条已经确立了“5 日以下拘留”与“5 日以上 10 日以下拘留”这两个基准罚，所以第三个基准罚就可以设置为“10 日以上 15 日以下拘留”。故为了实现网络暴力行为在行政处罚效果上的合比例性与体系协调，可以在《治安管理处罚法》第 42 条中增加一款，作为第 2 款：利用信息网络实施上述行为的，处 10 日以上 15 日以下拘留，可以并处 1000 元以下罚款。

(二)修订《网络安全法》第47条【赋予平台充分的处置权利】

1. 立法条文

(1)立法原文

《网络安全法》第47条:网络运营者应当加强对其用户发布的信息的管理,发现法律、行政法规禁止发布或者传输的信息的,应当立即停止传输该信息,采取消除等处置措施,防止信息扩散,保存有关记录,并向有关主管部门报告。

(2)立法修正

建议在《网络安全法》第47条中增加一款,作为第2款:对于发布或传输上述信息的用户,网络运营者应该按照分类处置原则,处置相关用户的账号。

2. 立法理由

《网络安全法》作为网络治理领域的基本法,应为各种网络暴力行为治理提供基础规范依据。现行《网络安全法》第47条规制的是实施网络暴力行为的信息内容,亦即网络运营者应当采取停止传输、消除等措施对用户发布的侮辱谩骂、造谣诽谤、侵犯隐私等违法信息及其他不友善信息进行处置,而未涉及对发布上述信息的主体采取处置措施,这种法律规制方式治标不治本。为了从根源上解决网络暴力问题,应对实施网络暴力行为的主体采取处置措施。网络服务提供者或网络平台在网络暴力治理中处于核心地位,网络用户的账号是实施网络暴力行为主体的身份象征和权利枢纽,应该赋予网络服务提供者充分的处置权限与裁量空间,根据用户参与实施网络暴力行为的情节与发布网络暴力信息的内容,对相关账号进行分类处置。在网络暴力治理实践中,国家互联网信息办公室已经根据《网络安全法》制定了《网络信息内容生态治理规定》《互联网用户账号信息管理规定》等部门规章。《网络信息内容生态治理规定》主要是规范网络信息内容,也就是为治理网络暴力信息内容提供了明确的指引,这在《网络安全法》中有概括性依据。《互联网用户账号信息管理规定》主要是规范网络用户账号信息,也就是为治理网络暴力行为主体提供了明确的指引,但是这在《网络安全法》中并未有任何依据。《互联网用户账号信息管理规定》第1条明确指出该规定是根据《网络安全法》等法律、行政法规制定的,而《网络安全法》的规定却存在疏漏,为此需要补足上位法的内容,方能保证法秩序的统一性。《互联网用户账号信息管理规定》第17条规定:“互联网信息服务提供者发现互联网用户注册、使用账号信息违反法律、行政法规和本规定的,应当依法依约采取警示提醒、限期改正、限制账号功能、暂停使用、关闭账号、禁止重新注册等处置措施,保存有关记录,并及时向网信等有关主管部门报告。”该条赋予互联网信息服务提供者对用户账号的处置权,采取列举的方式规定用户账号处置的类型。中央网信办印发的《关于切实加强网络暴力治理的通知》更是明确指出要分类处置网暴相关账号:一是加强账号发文前警示提醒,对发布不友善信息的账号,提示理性发言;二是对参与网暴的账号进行警示教育,并视情况采取禁言、暂停私信功能等措施;三是对发起、多发、煽动发布网暴信息的账号,依法依规采取关闭账号等措施,情节特别严重的,全网禁止注册新账号;四是涉及违法犯罪的,移交相关部门依法追究法律责任。网站平台要强化曝光力度,及时对外公布热点网暴事件处置情况。综上,为了更好地统合网络暴力治理的下位法律规范,应当在《网络安全法》中赋予网络服务提供者对用户账号的处置权利,促进网络暴力治理体系和治理能力现代化。

(三)修订《网络安全法》第49条【促进用户合法权利保障】

1. 立法条文

(1)立法原文

《网络安全法》第49条:网络运营者应当建立网络信息安全投诉、举报制度,公布投诉、举报方式等信息,及时受理并处理有关网络信息安全的投诉和举报。

网络运营者对网信部门和有关部门依法实施的监督检查,应当予以配合。

(2)立法修正

建议将《网络安全法》第49条第1款修改为:网络运营者应当建立网络信息安全投诉、举报和申诉制度,公布投诉、举报和申诉方式等信息,及时受理并处理有关网络信息安全的投诉、举报和申诉。

2. 立法理由

在《网络安全法》第 49 条第 1 款中增加关于用户申诉的内容，旨在保障用户的言论自由和程序性救济权利。网络暴力治理是为了保障自由安全的网络空间秩序，其中，网络言论自由价值是网络空间有序安全发展的前提，网络安全价值是网络空间自由运转的保障，两者相互依存、缺一不可。该条通过建立多元社会主体参与的投诉和举报制度，有助于及早发现网络暴力行为，推动网络暴力“多方协同共治”，有效保障网络空间公共秩序和公民的人格权利。但是在一定程度上忽视了保护用户的言论自由价值，我国《宪法》第 35 条规定了公民有言论自由，网络暴力涉及公民的网络表达自由，需要做好捍卫当事人名誉权、隐私权和保护公民的言论自由权利之间的衡量，防止在打击网络暴力时，不当压缩公民合法发言和参与公共辩论的权利。由于网络暴力行为往往附着于言论载体，不可避免存在多义性与模糊性，网络运营者在介入网络暴力事件后，若没有经过审慎的检验即对施暴者与受害者进行分别处置，有误判的可能性。事实上，此时网络平台担任的角色类似于“准裁判者”，其中纠纷双方分别为举报者与被举报者，只有从机制上赋予双方平等的举证与申辩机会，形成良性的对抗，才能确保网络平台参与网络暴力治理的民主性与科学性。通过赋予用户程序性的申诉权，有助于增进沟通理性，允许用户对网络平台管理信息活动中的处置行为进行质疑，并将决策系统的理由告知用户，体现了对公民言论自由的尊重。经过对申诉的处理，在确认用户发布的信息的真实性、合法性后，网络平台应当及时解除对相关账户和信息的临时性处置措施，并作出解释说明和合理补偿。

三、刑法的立法修正建议

（一）修正《刑法》第 246 条【升格侮辱罪、诽谤罪的法定刑】

1. 立法条文

（1）立法原文

《刑法》第 246 条：以暴力或者其他方法公然侮辱他人或者捏造事实诽谤他人，情节严重的，处三年以下有期徒刑、拘役、管制或者剥夺政治权利。

前款罪，告诉的才处理，但是严重危害社会秩序和国家利益的除外。

通过信息网络实施第一款规定的行为，被害人向人民法院告诉，但提供证据确有困难的，人民法院可以要求公安机关提供协助。

（2）立法修正

建议将《刑法》第246条第1款修改为：以暴力或者其他方法公然侮辱他人或者捏造事实诽谤他人，情节严重的，处三年以下有期徒刑、拘役、管制或者剥夺政治权利；情节特别严重的，处三年以上七年以下有期徒刑。

在《刑法》第246条中增加一款，作为第2款：利用信息网络侮辱、诽谤他人的，应当从重处罚。

2. 立法理由

在大多数网络暴力案件中，虽然施暴者受到了法律制裁，但结合事件对当事人权益、社会秩序和网络生态造成的严重后果来看，处罚相对偏轻，难以有效遏制和震慑网络暴力行为，而受害者的维权成本却较高，这有可能导致施暴者有恃无恐，网络暴力愈演愈烈。针对实施网络暴力违法犯罪成本较低这一突出问题，要加大对网络暴力责任主体的惩治力度，特别是强化网络暴力的刑法规制。对于情节严重的网络暴力，应当充分发挥刑法的法益保护机能，准确适用刑法进行严厉打击。基于最后手段性原则的要求，尽管刑法在当前的信息风险社会积极参与社会治理具有必要性与合理性，但仍应维持其介入社会治理的功能边界，确保行为刑事可罚性的判断标准明确且确定。

通过侮辱谩骂、造谣诽谤等方式实施网络暴力导致他人自杀，是网络暴力攻击性和严重性最极致的体现，目前主要以侮辱罪、诽谤罪追究刑事责任。以德阳女医生遭受网暴自杀一案为例，四川省绵竹市人民法院最终以常某一、常某二与孙某利用信息网络平台煽动网络暴力公然侮辱他人，致被害人安某自杀身亡、情节严重为由，认定三人行为均构成侮辱罪，判处常某一有期徒刑1年6个月；常某二有期徒刑1年，缓刑2年；孙某有期徒刑6个月，缓刑1年。而在服装店主蔡某“人肉搜索”侮辱中学生徐某一案中，被害人徐某跳河自杀，蔡某最终也只以侮辱罪被判处有期徒刑1年与赔偿12万元。由于侮辱罪、诽谤罪的法定刑均较低，产生了以两罪评价网络暴力致人自杀罪刑失衡的争议。

根据《刑法》第246条的规定,侮辱罪、诽谤罪的法定刑是3年以下有期徒刑、拘役、管制或者剥夺政治权利。这意味着惩治网络暴力行为最严厉的刑事责任,刑期最高不会超过3年,难以满足人民群众对公平正义的期待以及打击网络暴力犯罪的现实需要,应加大对网络暴力行为的刑事处罚力度。比如,可以在侮辱罪、诽谤罪中增加"情节特别严重"的量刑档次,配置"三年以上七年以下有期徒刑"的升档法定刑,并增设"利用信息网络侮辱、诽谤他人的,应当从重处罚"的规定,以彰显刑法应有的威慑力。

(二)修正最高人民法院、最高人民检察院《关于办理利用信息网络实施诽谤等刑事案件适用法律若干问题的解释》第3条【优化侮辱罪、诽谤罪的追诉方式】

1. 司法解释条文

(1)司法解释原文

最高人民法院、最高人民检察院《关于办理利用信息网络实施诽谤等刑事案件适用法律若干问题的解释》(法释〔2013〕21号)第3条:利用信息网络诽谤他人,具有下列情形之一的,应当认定为刑法第二百四十六条第二款规定的"严重危害社会秩序和国家利益":

(一)引发群体性事件的;

(二)引发公共秩序混乱的;

(三)引发民族、宗教冲突的;

(四)诽谤多人,造成恶劣社会影响的;

(五)损害国家形象,严重危害国家利益的;

(六)造成恶劣国际影响的;

(七)其他严重危害社会秩序和国家利益的情形。

(2)司法解释修正

建议将最高人民法院、最高人民检察院《关于办理利用信息网络实施诽谤等刑事案件适用法律若干问题的解释》(法释〔2013〕21号)第3条修改为:利用信息网络诽谤他人,具有下列情形之一的,应当认定为刑法第二百四十六条第二款规定的"严重危害社会秩序和国家利益":

(一)引发群体性事件的;

(二)引发公共秩序混乱的;

(三)引发民族、宗教冲突的;

(四)诽谤多人,造成恶劣社会影响的;

(五)损害国家形象,严重危害国家利益的;

(六)造成恶劣国际影响的;

(七)侮辱、诽谤多人(三人及以上),并且散布传播次数达到30次以上的,或者同一侮辱、诽谤信息实际被点击、浏览、转发次数达到现有司法解释情节严重标准三倍以上的;

(八)造成被害人或者其近亲属自残重伤、自杀死亡或严重精神失常的;

(九)其他严重危害社会秩序和国家利益的情形。

2. 修正理由

实施网络暴力行为可能触犯侮辱罪、诽谤罪,此类案件在刑法上被规定为"告诉才处理"的案件,即一般情况下需要受害者提起刑事自诉,但是严重危害社会秩序和国家利益的除外。可见,刑事立法上对侮辱罪、诽谤罪采取了以自诉为主、以公诉为例外的制度设计。在传统社会中,立法者之所以规定告诉才处理,主要是考虑到侮辱、诽谤行为本身的社会危害性不大,多数情况下可以通过较为缓和的方式来消解。这是因为侮辱、诽谤行为大都发生在邻居、同事之间,在多数场合可以通过调解方式解决。但在虚拟社会,侮辱、诽谤行为正在由熟人犯罪为主转变为匿名化陌生人犯罪为主,由单位、社区、乡村小范围的负面名誉影响转变为网络暴力下的社会影响,亲告罪通常以特定关系人之间的轻罪(较轻的危害性)为基础、以侵害个人权利为主的情况出现变化。步入互联网时代,侮辱罪、诽谤罪以自诉为主、公诉为例外的模式面临全新的挑战。

在网络暴力犯罪案件中,被害人提起自诉面临被告人难以确定、调查取证困难等现实难题。首先,由于网络传播快捷、迅速、广泛,依靠自诉人的个人力量难以从互联网中获得完整的犯罪过程和实际损害结果的相关证据。其次,自诉人获取的证据是否真实、是否有效、能否达到情节严重的标准给当事人的举证带来巨大压力。最后,自诉人提供的证据要达到证据确实、充分的证明标准也是比较困难的问题。自诉人的调查取证能力有限而公安机关又没有立案管辖权将导致自诉人无法充分保护自己的合法权益。而司法机关介入网络暴力犯罪案件的调查取证过程，能够更为有力、全面地收集到网络暴力的相关证据。因此，可以考虑将造成严重危害后果的网络暴力案件纳入公诉案件范围。在自诉人同意或自诉人取证困难的情况下，由公安机关行使侦查权，由检察机关向法院提起公诉，以更好地追究网络暴力实施者的刑事责任。例如，杭州女子取快递被造谣出轨案从自诉转为公诉，有利于震慑“法不责众”的施暴者心理，维护网络秩序。

将涉嫌侮辱罪、诽谤罪的网络暴力行为纳入公诉案件范围可以通过修正司法解释的方式实现，即优化对“严重危害社会秩序和国家利益”情形的解释。2009 年 4 月，公安部印发的《关于严格依法办理侮辱诽谤案件的通知》，列举了三类“严重危害社会秩序和国家利益”情形，对符合相关情形的，要求公安机关应当以侮辱罪、诽谤罪立案侦查，作为公诉案件办理。2013 年 9 月，最高人民法院、最高人民检察院联合发布的《关于办理利用信息网络实施诽谤等刑事案件适用法律若干问题的解释》，在前者的基础上列举了七类“严重危害社会秩序和国家利益”的情形，希望通过为相应情形的网络侮辱、诽谤犯罪赋予公诉权，满足司法上有法可依的紧迫需求。但该司法解释所列举的情形在适用于网络暴力案件时，客观上仍相对模糊，存在一定缺陷或不足。例如，将“诽谤多人”纳入公诉范围，但又通过要求达到“造成恶劣社会影响”进行限缩，这样一进一退看似周全，实际上似是而非，大大降低了其可操作性，缺乏对侮辱罪、诽谤罪特别是利用信息网络实施侮辱、诽谤犯罪的公诉范围的系统性思考。为有效应对上述问题，在短期内可以通过修正司法解释的方式予以缓解。具体方案为规定具有下列情形之一的，即可认定为属于“严重危害社会秩序和国家利益”：(1)侮辱、诽谤多人(3 人及以上)，并且散布传播次数达到 30 次以上的，或者同一侮辱、诽谤信息实际被点击、浏览、转发次数达到现有司法解释情节严重标准 3 倍以上的；(2)造成被害人或者其近亲属自残重伤、自杀死亡或严重精神失常的。

四、未成年人保护法的立法修正建议

(一)修正《未成年人网络保护条例(征求意见稿)》第13条【建立校园网络暴力防范、干预和救济机制】

1. 立法条文

(1)立法原文

《未成年人网络保护条例(征求意见稿)》第13条:国务院教育行政部门应当将网络素养教育纳入学校素质教育内容,并会同国家网信部门制定未成年人网络素养测评指标。

教育行政部门应当指导、支持学校开展未成年人网络素养教育,围绕网络道德意识和行为准则、网络法治观念和行为规范、网络使用能力建设、人身财产安全保护等,培育未成年人网络安全意识、文明素养、行为习惯和防护技能。

(2)立法修正

建议在《未成年人网络保护条例(征求意见稿)》第13条中增加一款,作为第3款:国家网信部门应当会同教育行政部门协调建立政府有关部门、互联网平台、社会组织、学校和监护人等多方主体共同参与的校园网络暴力防范、干预和救济机制。

2. 立法理由

目前我国未成年人上网比例已远高于成年人群体,互联网已成为未成年人认知世界的重要渠道和价值观形成的重要来源,在浮躁、混乱的网络环境中,如果未能及时进行正向引导,未成年人既容易成为网络暴力的施行者,也由于其风险应对能力的缺失而容易成为受害者,事实上,网络暴力受害人已显著地呈现出低龄化和校园化的趋势。《未成年人网络保护条例(征求意见稿)》第13条通过学校素质教育的方式塑造未成年人的数字公民伦理,规范其使用网络时的认知和行为,使其遵守相关的行为规范和义务边界,文明健康使用网络,侧重于防范未成年人成为施暴者。但是针对网络暴力尤其是校园网络暴力中的多重危害,该条文未能对未成年人作为受害者的侧面予以对等关注,目前与网络暴力未成年人保护相关的多个主体(政府、学校、平台、监护人等)仍处于各自为政的散点式状态,缺乏联动,未能形成互补的应对网络,对未成年人的权益保护难谓周全。因此,迫切需要建立并完善多方主体协同的防范、干预和救济机制。

在校园网络暴力事件的未成年人保护机制中,域外多国存在可资借鉴的先进治理经验,如美国《学校及家庭网络教育法》旨在促进各州教育机构、非政府组织、学校、家庭对未成年人权益的全方位保护,日本也通过《欺凌防止对策推进法》联合政府、学校、在校儿童及其监护人共同建立网络欺凌处理制度。因此,在贯彻多措并举的积极治理理念、践行多方协同的治理路径的基础上,应当在《未成年人网络保护条例》中对这种多方协同的保护机制进行明确规定。具体而言:网信部门作为我国互联网信息内容的主管部门,应当起总体协调作用;由于本条规定的主要保护场景为校园,教育行政部门也应当在其职责范围内发挥行业性功能,如统一编写"青少年反校园网络暴力手册"等;互联网平台要通过技术手段对涉及校园网络暴力的信息采取预警、过滤、屏蔽、删除、阻断、澄清等措施;社会组织要利用专业力量与学校共同搭建教育和干预处置平台,完善援助服务体系,对遭受欺凌和暴力的学生及其家人提供帮助;学校则通过教育教学等方式履行教育管理责任,并及时发现、干预及报告校园网络暴力行为,最大限度防止网络暴力危害的生成或扩大化,从而在校园网络暴力的未成年人保护领域形成"共建共治共享"的综合治网新格局。

(二)修正《未成年人网络保护条例(征求意见稿)》第20条【建立网络暴力内容识别预警机制】【建立网络暴力信用管理制度】

1. 立法条文

(1)立法原文

《未成年人网络保护条例(征求意见稿)》第20条:未成年人用户数量巨大、在未成年人群体具有显著影响力的重要互联网平台服务提供者,应当履行下列义务:

(一)在互联网平台服务的设计、研发、运营等阶段,充分考虑未成年人身心健康发展特点,定期开展未成年人网络保护影响评估;

(二)提供青少年模式或者未成年人专区等,便利未成年人获取有益身心健康的平台内产品或者服务；

（三）按照国家规定建立健全未成年人网络保护合规制度体系，成立主要由外部成员组成的独立机构，对未成年人网络保护情况进行监督；

（四）遵循公开、公平、公正的原则，制定专门的平台规则，明确平台内产品或者服务提供者未成年人网络保护的义务，并以显著方式提示未成年人用户依法享有的网络保护权利和遭受网络侵害的救济途径；

（五）对严重违反法律、行政法规侵害未成年人身心健康或者侵犯未成年人其他合法权益的平台内的产品或者服务提供者，停止提供服务；

（六）每年发布专门的未成年人网络保护社会责任报告，并通过公众评议等方式接受社会监督。

（2）立法修正

建议在《未成年人网络保护条例（征求意见稿）》第 20 条中增加两项，作为第 7 项和第 8 项：（七）建立网络暴力内容识别预警机制，对涉及严重侵害未成年人身心健康或其他合法权益的网络暴力信息进行预警、过滤或者屏蔽。

（八）建立网络暴力信用管理制度，分类处置涉未成年人网络暴力相关账号，根据情节处以警告、限制功能、关闭账号、移送相关部门追究法律责任的管理措施。

2. 立法理由

在涉未成年人的网络暴力事件中，互联网平台不仅作为网络服务提供者或网络暴力的发生场所而存在，更充当了积极治理者的角色，能否合理配置其权责，充分发挥其治理积极性，对未成年人权益的保护至关重要。为此，应当结合互联网平台的功能定位与技术特性，从网络暴力发生的各个环节对其赋能。《未成年人网络保护条例（征求意见稿）》第 20 条从六个方面，对未成年人用户数量巨大、在未成年人群体具有显著影响力的重要互联网平台服务提供者进行了义务设定，但并未直接针对涉未成年人的网络暴力对互联网平台应有何作为予以规定，未能充分激活平台的治理潜能。

在网络暴力的前端治理中，互联网平台建立合理的内容识别预警机制，对相关的内容进行研判、预防与警示，是及时发现并在网络暴力处于萌芽阶段时即将其予以遏制的关键。中央网信办印发的《关于切实加强网络暴力治理的通知》亦要求互联网平台加强内容识别预警,构建网暴技术识别模型,建立涉网暴舆情应急响应机制。值得注意的是,不能片面强调互联网平台的普遍审核义务,科以过重的责任负担,这既容易使其陷于客观履行不能的窘境,也会限制平台的正常发展,更有可能不当损害用户正常表达言论的权利。因此,应当严格限定互联网平台内容识别预警机制的适用范围,根据网络暴力对象的不同而进行区别化规制,为贯彻我国对未成年人重点保护的理念,平台应当充分建立涉及未成年人的网络暴力内容数据库,对相关内容予以重点筛查,对涉及严重侵害未成年人身心健康或其他合法权益的网络暴力信息采取预警、过滤或者屏蔽的措施。

在网络暴力的末端治理中,互联网平台有必要建立包括黑名单制度在内的信用管理制度,对涉未成年人网暴者分级评价、分别惩戒,实现再犯预防的作用。某平台制定的《投诉操作细则》对违法内容及其发布用户规定了呈梯级分布的管理处置措施,可以为信用管理制度的建立提供借鉴。《关于切实加强网络暴力治理的通知》要求互联网平台根据涉网暴相关账号的不同情节,施以由轻到重的分类处置措施。具体到侵害未成年人权益的网络暴力中,对于发布涉嫌侵害未成年人的暴力信息的用户,予以警告提示;对于未成年人网络暴力的参与者,限制其使用部分功能;对于首发、多发、煽动发布未成年人网络暴力的用户,予以关闭账号的惩罚;更为严重者,则移交有关部门追究违法犯罪的法律责任。互联网平台制定的网暴黑名单还可以跨平台共享,通过全网曝光打击严重侵害未成年人权益的网络暴力行为。

(三)修正《未成年人网络保护条例(征求意见稿)》第27条【设置网络暴力自助保护工具】

1. 立法条文

(1)立法原文

《未成年人网络保护条例(征求意见稿)》第27条:任何组织和个人不得通过网络以文字、图片、音视频等形式,对未成年人实施侮辱、诽谤、威胁或者恶意损害形象等网络欺凌行为。

网络产品和服务提供者应当设置便利未成年人及其监护人保全遭受网络欺凌证据、行使通知权利的功能、渠道。遭受网络欺凌的未成年人及其监护人有权通知网络产品和服务提供者采取删除、屏蔽、断开链接、限制账号功能、关闭账号等必要措施。网络产品和服务提供者接到通知后，应当及时采取必要措施予以制止，防止信息扩散。

(2)立法修正

建议将《未成年人网络保护条例(征求意见稿)》第27条第2款修改为：网络产品和服务提供者应当设置完善的用户保护工具，为未成年人及其监护人提供一键防护功能、优化私信规则、建立快速举报通道，并设置便利未成年人及其监护人保全遭受网络欺凌证据、行使通知权利的功能、渠道。遭受网络欺凌的未成年人及其监护人有权通知网络产品和服务提供者采取删除、屏蔽、断开链接、限制账号功能、关闭账号等必要措施。网络产品和服务提供者接到通知后，应当及时采取必要措施予以制止，防止信息扩散。

2. 立法理由

在网络暴力治理中往往存在一个误区，即过度依赖互联网平台自身的直接能力，但是在体量巨大的平台中，完全中心化的手段难以应对形式多变的网络暴力现象，亦难以为不同受害群体提供差异化的保护。平台为用户设置网络暴力自助保护工具是一种“去中心化”的赋权式治理举措。2020年《未成年人保护法》的防治网络欺凌条款，并未明确要求互联网平台为受害者设置自助保护工具，《未成年人网络保护条例(征求意见稿)》第27条在此基础上进行了规则优化，增加了对互联网平台设置便利未成年人及其监护人保全网络欺凌证据、行使通知权利等工具的要求，极大提高了未成年人面临网络暴力时的自我保护能力。但是该等规定对未成年人的保护力度仍有所不足，原因在于只规定了网络暴力末端的便利工具，而未能兼顾其他环节：从施暴意图确定或诱发，到暴力内容生成，进入扩散环节，抵达被害人，进一步形成规模效应造成严重后果等。出于对未成年受害者的重点保护，在网络暴力行为实现的各个节点，平台均应当且有能力为未成年人提供相应的便利工具或防范手段。

《关于切实加强网络暴力治理的通知》亦明确规定平台要通过多种保护工具的设置强化网暴当事人保护。具体而言：首先，由于未成年人身心仍处于较为脆弱的发育阶段，互联网平台可以为其量身定制权限更高的一键防护功能，如将私信、评论、转发、关键词检索等多个功能统合起来,当未成年人及其监护人认为自身可能遭受网络暴力侵害时,即可一次性在全部渠道拦截网暴内容的入侵;其次,网络暴力内容往往是陌生人发布并经由私信渠道而得以扩散,平台可以为未成年人及其监护人优化相关规则,使其可以便捷过滤私信接收对象或接收内容,甚至借由平台权限阻断网暴内容的私信传播;最后,在网暴内容逐渐规模化的过程中,平台可以为未成年人及其监护人设置更为有效的举报通道,减轻举证负担,加大保护力度,并优先处理涉未成年人的举报,避免严重后果的出现。